Burckhardt Löber – *Grundeigentum in Spanien*

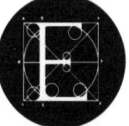

Dr. Burckhardt Löber

Rechtsanwalt • Notar • Abogado

Grundeigentum in Spanien

Handbuch für
Eigentümer, Käufer und Verkäufer

Erläuterungen in alphabetischer Reihenfolge
Neueste Gesetzesbestimmungen
Praktische Hinweise

6. völlig überarbeitete und aktualisierte Auflage

edition für internationale wirtschaft
Frankfurt am Main   *2000*

Die Deutsche Bibliothek – CIP-Einheitsaufnahme

Löber, Burckhardt:
Grundeigentum in Spanien: Handbuch für Eigentümer, Käufer und Verkäufer; Erläuterungen in alphabetischer Reihenfolge, neueste Gesetzesbestimmungen, praktische Hinweise / Burckhardt Löber … 6., völlig überarbeitete und aktualisierte Auflage – Frankfurt am Main: Ed. für Internat. Wirtschaft 2000
ISBN 3-921326-41-9

© 2000 by Verlag edition für internationale wirtschaft, Frankfurt am Main
Verlagsauslieferung: Postfach 1425
                          D-61284 Bad Homburg
                          Tel.: (0 61 72) 94 17 05
                          Fax: (0 61 72) 94 17 06
                          E-Mail: edition-spanien.de

Inhaltsverzeichnis

Löber/Pérez

Wohnungseigentum in Spanien

Deutsch-spanische Gesetzesausgabe
Praktische Erläuterungen
Zweisprachige Formularsammlung

€ 24,-

4. überarbeitete und aktualisierte Auflage

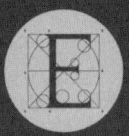

edition für internationale wirtschaft
verlags- und kommunikations gmbh
Frankfurt a. M. 2000

Vorwort

In dem nunmehr in 6. Auflage erscheinenden Werk **Grundeigentum in Spanien** werden neue Entwicklungen und Veränderungen der spanischen Immobilienlandschaft dargestellt und auch neue Erkenntnisse wiedergegeben. Aufgrund der stichwortartigen Darstellung und der Verweistechnik soll der Leser/die Leserin schnell und unkompliziert an die ihn/sie interessierenden Themenbereiche herangeführt werden.

Sprachlich wurde großer Wert darauf gelegt, die Materie trotz ihrer Kompliziertheit mit einfachen, verständlichen Worten darzustellen.

In die Neuauflage sind unendlich viele praktische Erfahrungen vor Ort durch Mitwirkung von Frau Rechtsanwältin und Abogada Thekla Vonnahme–Roca (Ibiza) eingeflossen. Ihr sei an dieser Stelle auch für die umfangreichen redaktionellen Arbeiten an der Neuauflage mein herzlicher Dank ausgesprochen.

Für die kritische Durchsicht des Manuskripts bedanke ich mich bei Herrn Referendar Kai Fischer. Darüberhinaus möchte ich noch einmal meinen Dank an die Co–Autoren der 1. Auflage — Prof. Dr. Antonio Pérez Martín (Múrcia), Luis Terrasa (Andraitx) und Pedro Ripol (Teneriffa) — aussprechen.

Frankfurt am Main, im Dezember 1999

Dr. Burckhardt Löber
Rechtsanwalt und Notar in Frankfurt am Main
(mit Zulassung als *Abogado* in Spanien)
Kaulbachstraße 1
D — 60594 Frankfurt am Main
E–Mail: info@L–S–W.de

Löber

Ausländer in Spanien

Hinweise - Rechte - Möglichkeiten

5. Auflage

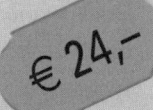

edition für internationale wirtschaft
Frankfurt a. M. 2000

Einführung für den deutschsprachigen Leser in das spanische Grundstücksrecht

'Europa ohne Grenzen' heißt nicht 'Europa ohne Unterschiede'. Deutlich wird dies auf dem Liegenschaftssektor durch die Regelung des Artikels 295 der Römischen Verträge, in dem bestimmt ist, daß die nationalen Eigentumsordnungen von der sonstigen rechtlichen Einigung Europas unberührt bleiben. Mit anderen Worten: für Grundstücke in Deutschland gelten weiterhin die Regeln des BGB und für solche in Spanien die des *Código Civil*. Allerdings hat das internationale Privatrecht beider Länder durch den Beitritt Spaniens und Deutschlands zum europäischen Schuldrechtsabkommen weitgehend eine gemeinsame Basis erhalten. Danach gilt hinsichtlich des auf Grundstückskaufverträge anwendbaren Rechts die — widerlegbare — Vermutung, daß das Recht des Belegenheitsstaates gilt, also Verträge über Liegenschaften in Spanien dem spanischen Recht und solche über Liegenschaften in Deutschland dem deutschen Recht unterliegen.

■ Grundbuch — *Registro de la Propiedad*

Beiden Ländern ist gemeinsam die Einrichtung von Grundbüchern, die von den Grundbuchämtern *(Registro de la Propiedad)* geführt werden. Eintragungen und Eigentumsrechte, Belastungen etc. in diesen öffentlichen Registern genießen den Schutz des 'öffentlichen Glaubens', das heißt, es wird der gute Glaube an die Richtigkeit der Eintragung geschützt.

Wie in Deutschland können auch jenseits der Pyrenäen Eintragungen, Änderungen und Löschungen nur aufgrund von öffentlichen Urkunden vorgenommen werden, was unter anderem bedeutet, daß nur notarielle oder konsularische Kaufverträge im Grundbuch eintragbar sind.

In Spanien wie in Deutschland sind Wohnungseigentum und das Eigentum an Geschäftslokalen jeweils in Sondergesetzen geregelt. Für Wohnungen wird jeweils ein getrenntes Grundbuchblatt angelegt, in Deutschland wie in Spanien.

■ Öffentlicher Vertrag — *Escritura Pública*

Rechtsinstitutionen wie Hypothek, Nießbrauch, Wegerechte, Dienstbarkeiten, Vorkaufsrecht und vieles andere mehr, alles bereits von den römischen Juristen vorgedacht, befinden sich in den Gesetzbüchern beider Staaten mit sehr ähnlichen Ausgestaltungen. Sowohl in Deutschland als auch in Spanien bedürfen Grundstücksschenkungen zu ihrer Gültigkeit der öffentlichen Form.

Aufgrund des sehr ähnlichen Berufsbildes des Notars und der Übereinstimmung der wichtigsten Beurkundungsprinzipien in beiden Ländern gehören Deutschland und Spanien der Union des Lateinischen Notariats an.

Man könnte anhand des aufgezeigten Umfangs der Gemeinsamkeiten meinen, das Grundstücksvertragsrecht, der Eigentumserwerb und das Grundbuchsystem beider Länder seien weitgehend identisch. Dies wäre allerdings ein Irrglaube — ein Irrglaube, der manch einen teuer zu stehen kam, weil er etwa meinte, ein Vorvertrag über eine spanische Liegenschaft wäre nichts weiter als eine rechtlich irrelevante bloße Absichtserklärung. Wer deshalb Interesse an Grund– oder Wohnungseigentum auf der spanischen Halbinsel oder den umliegenden Inseln, den Kanaren und den Balearen, hat, sollte insbesondere auch wichtige Unterschiede des spanischen Liegenschaftsrechts gegenüber der deutschen Regelung kennen.

■ Wichtige Unterschiede

Bei der Vertragsform — in Spanien ist ein öffentlicher Kaufvertrag, *Escritura Pública de Compraventa*, anders als in Deutschland, nicht Gültigkeitsvoraussetzung für den Vertrag — fangen die Unterschiede an: Nach spanischem Recht kann ein Grundstückskaufvertrag privatschriftlich, ja sogar in mündlicher Form wirksam zustande kommen. Empfehlenswert ist allerdings der Abschluß eines öffentlichen Kaufvertrages, um als Erwerber in das Grundbuch zu gelangen und damit den mit der Eintragung verbundenen Schutz zu genießen. Während in Deutschland das Eigentum aufgrund der im notariellen Kaufvertrag erklärten Auflassung mit der Eintragung des neuen Erwerbers im Grundbuch auf diesen übergeht, kann

Löber — Grundeigentum in Spanien

der Eigentumsübergang in Spanien bereits mit der Einigung der Parteien über einen bestimmten Vertrag, in dem alle Einzelheiten geregelt sind, und der Übergabe des Grundobjekts an den Erwerber (Lehre vom *Título* und *Modo*), also z.b. durch symbolische Schlüsselübergabe, erfolgen.

■ **Unterverbriefung**

Während nach deutschem Recht die Unterverbriefung, also die Deklarierung eines niedrigeren Kaufpreises im öffentlichen Kaufvertrag, zu seiner Nichtigkeit führt, kann die Angabe eines niedrigeren Kaufpreises in der spanischen *Escritura* zwar zu Steuerstrafen und einer höheren Besteuerung führen, nicht indes zur Nichtigkeit des Vertrages.

Der sogenannte *Asiento de Presentación* im spanischen Recht führt zu einer relativen Grundbuchsperre für einen Zeitraum von 60 Tagen, der bis zu 180 Tagen verlängerbar ist. Nach deutschem Recht bewirkt jedoch die Vormerkung eine absolute Grundbuchsperre, was bedeutet, daß insoweit anderweitige Verfügungen unwirksam sind.

■ **Grundschuld in Spanien nicht bekannt**

Das Grundpfandrecht der Grundschuld, welches forderungsunabhängig ist, existiert nur in Deutschland, nicht indes in Spanien. Umgekehrt können im spanischen Grundbuch — *Registro de la Propiedad* — Mietverträge eingetragen werden.

Das spanische Grundbuch ist lediglich ein Titelregister, das heißt, es findet eine Fortschreibung der Eigentums–, Rechts– und Belastungssituation statt, es gibt jedoch keine Grundakten wie in Deutschland. Auch wird das Eigentumsregister nicht übersichtlich wie in Deutschland in drei Abteilungen geführt, sondern es gibt lediglich eine Abteilung für alles, wenngleich Randvermerke *(Notas Marginales)* Aufschluß über das weitere rechtliche Schicksal der Eintragungen geben.

Eine Neubauerklärung in notarieller Form *(Escritura de Declaración de Obra Nueva)* gibt es nur in Spanien, nicht dagegen in Deutschland.

Diese Urkunde wird im Grundbuch eingetragen, so daß aus diesem ersichtlich ist, mit welchen Aufbauten das Grundstück selbst versehen ist.

In Spanien zahlt in der Regel der Verkäufer als Auftraggeber die Maklerprovision, während dies in Deutschland üblicherweise Käufersache ist.

Nach spanischem Steuerrecht beträgt die Grunderwerbsteuer *(Impuesto sobre Transmisiones Patrimoniales)* 6%, in Katalonien 7%. Hinzu kann eine gemeindliche Wertzuwachssteuer *(Arbitrio de Plusvalía)* kommen. Aufgrund des deutschen Steuerrechts wird der Grunderwerb lediglich mit 3,5% besteuert.

Die hier zusammengestellten Gemeinsamkeiten und Unterschiede im deutschen und spanischen Grundstücksrecht und in seinem Umfeld zeigen einerseits, daß derjenige gut schlafen kann, der als Erwerber lastenfrei im Grundbuch eingetragen ist; andererseits ist darauf hingewiesen worden, daß aufgrund der Wirksamkeit auch von nicht notariell beurkundeten Kaufverträgen für den spanischen Rechtsbereich Vorsicht geboten sein kann. Das gilt für den Käufer wie für den Verkäufer. Es gibt leider genug Fälle, in denen gewissermaßen aus Kostenersparnisgründen und ohne fachkundige Beratung, auch weil die Beurkundung eines Kaufvertrages nach spanischem Recht nicht Gültigkeitsvoraussetzung ist, ein privatschriftlicher Kaufvertrag mit zuvor nicht geahnten Konsequenzen abgeschlossen wurde.

A. Erläuterungen in alphabetischer Form

✔ Abtrennung — *Segregación*

Der grundbuchmäßige Vorgang bei einer Parzellierung und sukzessiver Veräußerung eines ursprünglichen Gesamtgrundstücks ist folgender: Der im Grundbuch eingetragene Eigentümer erklärt in notarieller Urkunde zunächst die Abtrennung von dem Gesamtgrundstück (*Segregación*, Art. 50 RH). Dieser Vorgang ist bereits steuerpflichtig (0,5% auf den deklarierten Wert). Zumeist in der selben Urkunde verkauft der Eigentümer das abgetrennte, parzellierte Grundstück an den Erwerber.

Das abgetrennte Grundstück wird rechtlich selbständig und erhält eine eigene Grundstücksbezeichnung. Es wird ein neues Grundbuchblatt für dieses Grundstück angelegt.

Die Grundbuchbeamten tragen eine Grundstücksteilung bzw. –abtrennung nur dann ein, wenn entweder die gemeindliche Genehmigung hierfür vorgelegt wird oder aber die Gemeinde bescheinigt, daß für die in Frage stehende Grundstücksteilung bzw. –abtrennung keine Genehmigung erforderlich ist. So ist denn auch in verschiedenen *Comunidades Autónomas* vorgesehen, daß eine Grundstücksteilung bzw. –abtrennung insbesondere von nicht bebaubarem Grund nur mit gemeindlicher Genehmigung vorgenommen werden kann (z.B. Balearen, Madrid, Kanarische Inseln, Katalonien u.a.m.). Auf diese Weise soll gewährleistet werden, daß die von der geltenden Bauplanung festgelegten Mindestgrößen für Grundstücke auch tatsächlich eingehalten werden.

> Zusammenlegung von Grundstücken — *Agrupación*

✔ Aloudialrechte

Es handelt sich hierbei um ein Rechtsinstitut, das dem mallorquinischen Foralrecht eigen ist. Grundstücke auf Mallorca können mit Belastungen zugunsten bestimmter Familien versehen sein, die diese berechtigen, im

Falle der Übertragung des Grundstücks auf einen Dritten von diesem den sog. *Alou* bzw. *Laudemio*, einen Übertragungszins, zu verlangen. Von Wichtigkeit ist, daß sich diese Aloudialrechte auch auf die Aufbauten des Grundstücks beziehen, sofern die Aufbauten nicht n a c h Bestellung der Aloudialrechte errichtet wurden.

Die Aloudialrechte sind ein Unterfall der sog. *Censos* (Reallasten), dinglicher Nutzungsrechte, die in anderen Foralrechten wie auch im *Código Civil* geregelt sind. Der Inhaber des Aloudialrechts kann sich nicht gegen die Löschung dieses Rechts wehren, wenn der Eigentümer dessen Ablösung gegen Zahlung der sich aus Art. 63 des balearischen Foralrechts ergebenden Summe verlangt.

> Foralrechte
> Reallasten — *Censos*

✔ Anfechtung von Verträgen

Eine Anfechtung von Verträgen wegen Irrtums ist nach Art. 1266 CC zulässig, wenn ein Irrtum über die Sachsubstanz oder ein Irrtum über Umstände vorliegt, die für den Vertragsabschluß maßgeblich waren. Es wird hierbei auf die subjektiven Vorstellungen der Vertragspartner zum Zeitpunkt des Vertragsabschlusses abgestellt.

Ausreichend ist nicht die dem Vertragspartner bekanntgegebene Willenserklärung über die Anfechtung, sondern allein die Erhebung einer Anfechtungsklage (Art. 1300 CC). Bei Erfolg der Anfechtungsklage wird das Vertragsverhältnis nicht rückwirkend, sondern mit dem Rechtsausspruch beseitigt.
Ein Irrtum über die Finanzierung berechtigt nicht zur Vertragsanfechtung.

> Nichtigkeit von Verträgen

✔ Anwachsung — *Agregación*

Ein im Grundbuch eingetragenes Grundstück, das durch Hinzuschreibung eines oder mehrerer Grundstücke oder Grundstücksteile vergrößert wird, wächst um dieses an (Art. 48 RH).

> Zusammenlegung von Grundstücken

✔ Anwendbares Recht

Verträge über Rechte an spanischen Grundstücken müssen nicht notwendigerweise spanischem Recht unterliegen. Das internationale Schuldrecht wird vom Prinzip der Privatautonomie beherrscht (Art. 27 Abs. 1 EGBGB 10 Nr. 5 Abs. 1 Satz 1 CC). Ein Vertrag über spanisches Grundeigentum kann deshalb, was die schuldrechtlichen Wirkungen betrifft, durchaus etwa deutschem Recht unterliegen, wobei jedoch die sachenrechtlichen Merkmale sich stets nach dem Recht der Belegenheit (lex rei sitae) bestimmen. Wegen der Bestimmung des § 313 des deutschen BGB, wonach Gültigkeitskeitsvoraussetzung eines Grundstückskaufvertrages die notarielle Beurkundung ist, entscheidet sich die Frage, ob ein privatschriftlicher Kaufvertrag über spanisches Grundeigentum gültig ist oder nicht, häufig danach, welches Recht im konkreten Fall anwendbar ist. Haben die Parteien in dem Vertrag keine wirksame Vereinbarung über die anwendbare Rechtsordnung getroffen, ist das deutsche bzw. spanische Internationale Privatrecht (IPR) ausschlaggebend dafür, welches Schuldrecht anzuwenden ist. Da das deutsche und spanische IPR erhebliche Unterschiede aufweisen — so kennt beispielsweise das spanische keinen stillschweigenden Parteiwillen (Art. 10 Nr. 5 CC) —, kann es für den Ausgang des Rechtsstreits von entscheidender Bedeutung sein, wo dieser geführt wird. Denn spanische wie deutsche Gerichte wenden jeweils ihr eigenes IPR an. Um diese Unwägbarkeiten zu vermeiden, ist es stets zu empfehlen, eine vertragliche Vereinbarung ausdrücklich einem bestimmten Recht zu unterwerfen.

Es ist ständige spanische Gerichtspraxis, nicht nur den Nachweis ausländischer Rechtssätze von der Partei zu verlangen, die dies vorträgt. Hierbei hat diese Partei das Bestehen der ausländischen Gesetze, deren Gültigkeit und deren Anwendung auf den streitgegenständlichen Sachverhalt zu beweisen. Andernfalls wenden spanische Gerichte auch auf Sachverhalte, für die die Anwendbarkeit ausländischen Rechts vereinbart worden ist, spanisches Recht an (*Tribunal Supremo*, 1. Kammer, Urteil vom 25.01.1999).

> Deutsches Internationales Privatrecht
> Gerichtsstand — *Jurisdicción*
> Spanisches Internationales Privatrecht

✔ **Apostille**

Die Konvention von Den Haag vom 5.10.1961 sieht vor, das öffentliche Urkunden eines Landes in einem anderen Mitgliedstaat dieser Konvention dann anerkannt werden, wenn sie mit der Apostille versehen sind. Spanien und die Bundesrepublik Deutschland sind Mitgliedstaaten der Haager Konvention. Die Apostille ist auf Gerichtsurkunden, auf Urkunden der Verwaltungsbehörden, auf notariellen Urkunden und auf amtlichen Bescheinigungen anzubringen. Zuständig für die Anbringung der Apostille sind, je nach Natur der Urkunde, die Landgerichtspräsidenten und andere vom Innenminister oder von den Bundesbehörden näher bezeichnete Behörden. Die Apostille ist ein Legalisierungsvermerk in der Grösse 8x8 cm. In ihr wird bescheinigt, daß eine Urkunde von einer bestimmten Person aufgrund ihrer Amtseigenschaft unterzeichnet und mit einem Stempel versehen ist. Mit der Apostille entfaltet eine öffentliche Urkunde eines Landes auch Rechtswirkung in den übrigen Mitgliedstaaten der Haager Konvention.

Nicht in spanischer Sprache errichtete ausländische Urkunden sind durch einen offiziellen, von dem zuständigen Landgerichtspräsidenten vereidigten Übersetzer in die spanische Sprache zu übersetzen. Sodann ist auch die Übersetzung mit der Apostille zu versehen und gemeinsam mit der bereits apostillierten Urkunde der zuständigen spanischen Stelle vorzulegen. In der Praxis wird auf die Apostille bezüglich der Übersetzung aber auch des öfteren verzichtet.

✔ **Arbeitsrecht für Urbanisationspersonal und Hausmeister**

Für die Beschäftigungsverhältnisse von Hausmeistern und Urbanisationspersonal gilt in erster Linie das Arbeitnehmerstatut (*Ley Estatuto de los Trabajadores* 1/1995 vom 24. März 1995, ET). In den Artikeln 1 und 3 des Real Decreto 1561/1995 vom 21. September 1995 befinden sich spezielle Vorschriften bezüglich der Arbeitszeit und Erholung von Hausmeistern und Urbanisationspersonal.

Häufig erfolgt die Vergütung des Hausmeisters, indem eine kostenlose Wohnung gestellt wird, in der Wasser-, Strom- und Gasverbrauch für den Angestellten umsonst sind und zu Lasten der Eigentümergemeinschaft gehen. Der Anteil an der Vergütung, der in Naturalien gewährt wird, darf aber 30% des Gesamtgehalts nicht überschreiten (Art. 6 Abs. 1 ET).

✔ **Architekt**

Der Titel des Architekten wird in Spanien erworben durch Besuch und abschließende Prüfung an einer Technischen Hochschule für Architektur mit sämtlichen im Studienplan vorgesehenen Ausbildungsvorschriften. Der spanische Titel Architekt allein reicht indes für die Ausübung des Architektenberufs in Spanien nicht aus; zusätzlich ist eine Mitgliedschaft in der jeweiligen Architektenkammer notwendig. Zudem können Tätigkeiten von in Spanien nicht als Architekt zugelassenen Personen als Straftat gemäß Art. 403 CP verfolgt werden.

In den Mitgliedstaaten der EU erworbene Architektentitel sind aufgrund des Prinzips der Niederlassungsfreiheit gemäß Art. 7 der Richtlinie 85/384 der Europäischen Union vom 10.6.1985 auch in Spanien anzuerkennen. Die Richtlinie wurde in spanisches Recht durch die *Real Decretos* 1081 / 1989 vom 28.8.1989 und 314/1996 umgesetzt.

➔ ➔ Abwicklung von Aufträgen über die Kammer

Verträge zwischen Bauherrn und Architekten werden stets über die Kammer abgewickelt. Der schriftliche Auftrag wird auf einem Formblatt bei der Kammer eingereicht. Solange der zunächst eingeschaltete Architekt nicht 'abgelöst' ist, kann ein anderer Architekt am selben Bauprojekt nicht tätig werden. Stets muß zunächst die Honorarabrechnung des ersten Architekten beglichen werden.

Die Kammern arbeiten in der Regel mit Versicherungsgesellschaften zusammen, die sich um die Haftpflichtversicherung der Architekten kümmern. Hinsichtlich ihrer Altersversorgung steht es Architekten mittlerweile frei, sich über die allgemeine Sozialversicherung oder über eine Altersversorgung speziell für Architekten abzusichern.

Per Gesetz 7/1997 vom 14. April wurde die Honorarabrechnung für Architekten sowie für andere über Berufskammern organisierte Berufe liberalisiert. Demnach dürfen die einzelnen Architektenkammern keine Mindesthonorare mehr festlegen. Die von den Kammern angegebenen Honorare haben daher für die Vereinbarung zwischen Architekt und Bauherrn reinen Orientierungswert.
Das Honorar für die Planung ist sofort nach Planvorlage fällig. Bei ausländischen Auftraggebern wird üblicherweise 1/4 der zu erwartenden Honorare als Vorschuß verlangt. Hinsichtlich der Bauleitung kann eine Pauschalvereinbarung getroffen werden, wobei folgende Vereinbarung üblich ist: je 1/3 bei Baubeginn, bei Fertigstellung und bei Endabrechnung. Es kann auch nach abgerechneten Bauleistungen entsprechend Baufortschritt gezahlt werden, was einerseits zwar teurer ist, andererseits aber den Vorteil hat, daß die Summe nicht bei Baubeginn bezahlt werden muß.

Dem Architekten obliegt es, nach Fertigstellung des Baus die Fertigstellungsbescheinigung *(Certificado Final de Obra)* auszustellen, die zur Erlangung der Bewohnbarkeitsbescheinigung notwendig ist.
Die Architektenhaftung ist in den Art. 1591 und 1593 CC geregelt.

Wie in Deutschland bewegen sich die Leistungen des Architekten auf einem vielfältigen Betätigungsfeld. Beim Hausbau ist zwischen Planung und Bauleitung zu unterscheiden, für die nicht notwendigerweise der gleiche Architekt zuständig sein muß.

> Bauabnahme — *Certificado de Final de Obra*
> Baumängelhaftung
> Baumeister — *Arquitecto Técnico*

✔ *Arras* — **Draufgeld**

Mit Abschluß eines privaten Grundstückkaufvertrages übergibt der Käufer dem Verkäufer in vielen Fällen zugleich einen Teil des Kaufpreises, der als *arras* oder *señal* bezeichnet wird. Welche rechtliche Bedeutung diesen *arras* zukommt, hängt in erster Linie von der beiderseitigen Parteivereinbarung ab, die sich aus dem Vertragstext und den Begleitumständen ergibt.

➜ ➜ Rücktritt vom Vertrag

Die *arras penitenciales* sind in Art. 1454 CC ausdrücklich geregelt. Danach können beide Vertragsparteien gegen Zahlung eines Reuegeldes vom Vertrag zurückzutreten. Der Käufer kann so unter Verzicht auf die von ihm geleistete Anzahlung vom Vertrag Abstand nehmen; auch der Verkäufer kann sich vom Vertrag lösen, indem er dem Käufer den zweifachen Betrag der Anzahlung zurückerstattet. Es kann jedoch nicht jede Anzahlung als *arras penitenciales* im Sinne des Art. 1454 CC angesehen werden, vielmehr muß sich aus einer entsprechenden Vereinbarung unzweideutig folgern lassen, daß es Wille beider Parteien war, der anderen durch Zahlung des erwähnten Reuegeldes ein Rücktrittsrecht einzuräumen.

✔ **Auflassung**

Das System des Eigentumsübergangs im spanischen Recht ist ein anderes als im deutschen Recht. Während das deutsche Recht das Institut der Auflassung kennt, mithin die notarielle Erklärung der dinglichen Einigung des Veräußerers und des Erwerbers eines Grundstücks, ist dies dem spanischen

Recht nicht bekannt. Die zum Eigentumsübergang erforderliche schuld-
rechtliche Einigung braucht anders als im deutschen Recht nicht in notarieller Form erklärt zu werden. Die Auflassung, die dingliche Einigung,
gibt es deshalb im spanischen Recht nicht (vgl. §§ 873, 925, 925a BGB).

>   Eigentumserwerb

✔ Auflassungsvormerkung

Im deutschen Recht stellt die Auflassungsvormerkung einen wirksamen
Schutz des Erwerbers gegen unberechtigte Zwischenverfügungen des Veräußerers dar. Das spanische Recht kennt indes die Auflassung nicht, so
daß eine Sicherung des Erwerbers mittels einer Auflassungsvormerkung
ausscheidet (vgl. §§ 883 ff. BGB).

>   Eintragungsverfahren
>   Grundbuchamt

✔ Auflösungsvertrag — *Contrato Extintivo*

Nach der im spanischen Recht herrschenden Parteiautonomie (Art. 1255
CC) können die Vertragspartner einen geschlossenen Vertrag jederzeit
wieder aufheben. Eine Vertragsaufhebungsvereinbarung kann nur durch
gegenseitigen, auch formlosen Vertrag geschlossen werden. Das ursprüng-
liche Schuldverhältnis erlischt damit. Der Auflösungsvertrag muß die allgemein für Verträge geltenden Voraussetzungen des Zustandekommens
und der Wirksamkeit erfüllen; ggf. sind auch der Rückgabegegenstand
und der Rückzahlungsbetrag zu bestimmen. Ein solcher Vertrag kann auch
die Modalitäten der auf die Auflösung folgende Vertragsrückabwicklung
regeln. Er entfaltet seinem Wesen nach die gegenteiligen Wirkungen
des ursprünglich von den Parteien geschlossenen Vertrages.

>   Vertragsauflösungsklausel — *Cláusula Resolutoria*

✔ **Bauabnahme** — *Certificado de Final de Obra*

Nach Fertigstellung des Baus haben zunächst der Architekt und der technische Baumeister das sogenannte *Certificado Final de Obra* auszustellen. Mit dem *Certificado Final de Obra* wird bescheinigt, daß der Bau fertiggestellt ist, mit dem Plan übereinstimmt und nach den gesetzlichen Vorschriften ausgeführt wurde.

Das von Architekt und technischem Baumeister ausgestellte *Certificado Final de Obra* wird bei der zuständigen Architektenkammer und der Kammer der Werkmeister und technischen Architekten zur Überprüfung eingereicht und bei Richtigkeit genehmigt. Es bedeutet die ordnungsgemäße Bauabnahme. Aufgrund der Bauabnahmebescheinigung der Kammer ist der Architekt berechtigt, sein Resthonorar vom Auftraggeber zu verlangen.

Zur Bauabnahme gehört ferner ein Bericht der Gemeindeverwaltung über die Einhaltung der Bauvorschriften während der Erstellung des Baus. Die von den Kammern und der Gemeinde ausgestellten Bescheinigungen über die Baufertigstellung sind in der Regel notwendig zur Erlangung der Bewohnbarkeitsbescheinigung. In diesem Zusammenhang ist darauf hinzuweisen, daß Voraussetzungen und Verfahren zur Erteilung der Bewohnbarkeitsbescheinigungen oftmals von den *Comunidades Autónomas* geregelt werden und somit die Anforderungen an die vorzulegende Dokumentation je nach Belegenheit des Grundstücks variieren.

> Bewohnbarkeitsbescheinigung — *Cédula de Habitabilidad*
> Neubauerklärung — *Declaración de Obra Nueva*

✔ **Bauen auf fremdem Grund**

Die Artikel 358 bis 365 CC regeln den Fall des Bauens auf fremdem Grund und Boden. Nach Art. 359 CC wird vermutet, daß sämtliche Anpflanzungen und Bauten auf einem Grundstück von dessen Eigentümer und auf dessen Kosten durchgeführt wurden.

Wer bösgläubig auf fremdem Grund baut, verliert die von ihm errichteten Baulichkeiten, ohne daß ihm gegen den Eigentümer Schadensersatzansprüche zustehen würden (Art. 362 CC). Der Eigentümer des Grundstücks kann von der bösgläubig handelnden Person verlangen, das Grundstück wieder in den ursprünglichen Zustand zu versetzen (Art. 363 CC).

Bei gutgläubiger Errichtung von Baulichkeiten auf fremdem Grund, hat der betroffene Grundstückseigentümer ein Wahlrecht. Er kann von der gutgläubigen Person die Bezahlung des Grundstücks verlangen, mit der Folge, daß diese Eigentümer des Grundstücks wird; er darf sich jedoch auch die Baulichkeit gegen entsprechende Entschädigungsleistung an die gutgläubigen Person aneignen.

Der *Tribunal Supremo* macht von dieser gesetzlichen Regelung nach gefestigter Rechtsprechung (7.11.1995, 31.5.1949) in folgendem Fall eine Ausnahme (sogenannte *accesión invertida*): wenn der Wert des auf fremdem Grund errichteten Gebäudes den Bodenwert wesentlich übersteigt, kann derjenige, der das Gebäude gutgläubig auf fremdem Grund und Boden errichtet hat, gegen Auszahlung des Grundstückseigentümers den Bau behalten und wird Eigentümer des Grundstücks nebst Aufbauten.

Für den Käufer eines Grundstücks bedeutet der Überbau eine Störung seines Eigentums gemäß Art. 1502 CC. Nach dieser Vorschrift darf er die Zahlung des Kaufpreises bis zur Beseitigung der Störung auszusetzen.

✔ Bauerlaubnis
— *Licencia de Construcción de Obras*

Durch spanisches Verfassungsgerichtsurteil vom 20.3.1997 wurden zahlreiche Bestimmungen des Real Decreto Legislativo 1/1992 für verfassungswidrig erklärt. Die Begründung war, daß die entsprechende Gesetzgebungskompetenz nicht Madrid, sondern den einzelnen *Comunidades Autónomas* zustehe. Eine Neuregelung erfolgte durch Gesetz 6/1997.

Jegliche Art von Bebauung, Veränderungen an einem Gebäude, Abriß etc. bedürfen der Genehmigung *(Licencia)* durch die Gemeinde. Diese wird in Übereinstimmung mit dem geltenden Recht und etwa vorhandenen Bebauungs– bzw. Flächennutzungsplänen erteilt. Zuständig ist das Bürgermeisteramt, in dessen Bereich sich das Baugrundstück befindet. Die Bestimmungen über die Erteilung der Bauerlaubnis finden sich in Art. 84 der Ley 7/1985 sowie in den Art. 9, 12, 13 und 21 des Decreto vom 17.6.1955.

Nach Art. 47 RD 2187/1978 haben die Bauanträge als Anlagen genaue Pläne zu enthalten, die von einem Architekten, der Mitglied der zuständigen Architektenkammer ist, abgezeichnet sein müssen. Den Plänen ist eine Bescheinigung über die Bebaubarkeit des Grundstücks bzw. über die Übereinstimmung mit dem Bauplanungsrecht und den Bauleitplänen beizufügen. Gemeinderatsmitglieder haften für die von ihnen erteilten bzw. abgelehnten Bauerlaubnisse (Art. 44 ff LRSV). In der Praxis bedeutet dies, daß heutzutage die Bauerlaubnisse nicht mehr mit leichter Hand erteilt werden, sondern erst nach genauer Prüfung der bestehenden Vorschriften.

→ → *suelo urbano / suelo no urbanizable / suelo urbanizable*
Auf städtischem Boden *(suelo urbano)* wird die Baugenehmigung nur erteilt, wenn das Grundstück als Bauland *(Solar)* bezeichnet ist (Art. 82 RD 1346/1976), d.h. voll erschlossen ist, oder die Erschließung mit der Baumaßnahme vorgenommen wird. Grundstücke, die nicht Bauland sind *(suelo no urbanizable)*, dürfen nur entsprechend ihrem besonderen Charakter (z.B. landwirtschaftlich, forstwirtschaftlich) genutzt nur dann bebaut werden, wenn die Eigenarten des Landstücks und die entsprechenden Pläne respektiert werden (Art. 9, 20 LRSV).

Grundstücke mit Einstufung als bebaubarer Boden *(suelo urbanizable)* dürfen bis zur Umwandlung des bebaubaren Bodens in städtischen Boden grundsätzlich keine Baugenehmigung erteilt bekommen. Die Eigentümer von bebaubarem Boden haben jedoch gem. Art. 15 und 16 LRSV das Recht, von der zuständigen Gemeinde die Umwandlung in städtischen Boden zu beantragen. Bis zur Umwandlung in städtischen Boden können auf bebaubarem Boden vorläufige Genehmigungen gem. Art. 17 LRSV erteilt werden. Ferner können auf bebaubarem Boden diejenigen Vorhaben genehmigt werden, die auch auf nicht bebaubarem Grund genehmigungsfähig wären (Art. 17 Abs. 2, 20 LRSV).

Sowohl das Gesetz als auch die Konkretisierung in den entsprechenden Plänen stellen oft strenge Anforderungen an die zu erteilende Baugenehmigung stellen, die Gesichtspunkte berücksichtigt wie Mindestgröße von Baugrundstücken und die Art der Bauausführung, die oftmals bis in alle Einzelheiten geregelt ist. So empfiehlt es sich, vor Unterzeichnung eines Kaufvertrages genaue Erkundigungen über die Bebaubarkeit des Grundstücks einzuholen. Gem. Art. 6 Abs. 2 LRSV hat jedermann das Recht, von der zuständigen Gemeinde schriftlich über die Bebaubarkeit eines Grundstücks informiert zu werden. Die zuständigen Gemeinden erteilen in der Regel auf Antrag, dem ein Lageplan des Grundstücks beizufügen ist, eine sogenannte *Cédula de calificación urbanística* (Art. 63 RD 1346 / 1976, Art. 168 RD 2159/1978), der die Daten über die Bebaubarkeit des Grundstücks zu entnehmen sind. Daneben steht jedermann das Recht zu, bei der Gemeinde die geltenden Bebauungspläne und sonstigen relevanten Normen direkt einzusehen (Disposición derogatoria 2 LRSV in Verbindung mit Art. 133 LS). Die dem Interessierten mit der *Cédula de calificación urbanística* mitgeteilten Bebauungsdaten haben für die Verwaltung allerdings in der Regel nicht stets bindenden Charakter.

In Katalonien hingegen ist die Gemeinde verpflichtet, die Baugenehmigung zu erteilen, wenn sich die Genehmigungsfähigkeit des Bauvorhabens aus der erteilten *Cédula de calificación urbanística* ergibt und der Genehmigungsantrag innerhalb von 4 Monaten nach Zustellung der *Cédula* gestellt wird (Art. 97.3 LSCat).

➜   ➜   Kleinere Bauarbeiten

Auch kleinere Bauarbeiten bedürfen der *Genehmigung (Permiso de Obra Menor)*. Hierfür genügt es, daß der Bauherr oder Bauunternehmer einen

Plan der Änderungen mit dem Antrag auf Genehmigung bei der Gemeinde einreicht.

➔ ➔ Bauerlaubnis bei Grundstücken außerhalb eines Erschließungsgebietes

Befindet sich das als bebaubarer Boden eingestufte Grundstück, das bebaut werden soll, nicht in einem Erschliessungsgebiet oder ist es noch nicht als Baugrundstück ausgewiesen, so kann eine Genehmigung erteilt werden, wenn folgende V o r a u s s e t z u n g e n vorliegen (siehe hierzu Art. 40 RD 3288/1978):

▪ Der Antragssteller muß sich im Bauantrag ausdrücklich zur gleichzeitigen städtebaulichen Erschließung und Bauausführung bereiterklären.

▪ Er hat eine Bankgarantie für die auf ihn entfallenden Erschließungskosten zu stellen.

▪ Er muß die schriftliche Erklärung abgeben, daß der Bau nicht genutzt wird, bevor die städtebauliche Erschließung beendet ist.

Werden die Verpflichtungen nicht eingehalten, so verfällt die Bankgarantie, und die Ingebrauchnahme des Neubaus kann von staatlicher Seite verhindert werden. Außerdem muß mit dem Widerruf der Baugenehmigung ohne Entschädigungsansprüche gerechnet werden.

Für bebaubare Grundstücke in einem genehmigten Erschließungsgebiet gilt Art. 41 RD 3288/1978.

➔ ➔ Bau–, Teilungs– und Veränderungsgenehmigungen

Der Real Decreto 2187/1978 vom 23.6.1978 enthält in Art. 1 einen Katalog derjenigen Vorhaben, mit deren Ausführung erst nach Einholung einer Verwaltungserlaubnis begonnen werden darf:

▪ Jedes Neubauvorhaben

▪ Erweiterung von Gebäuden und Einrichtungen jeder Art

▪ Modifizierung, die die Struktur von bereits bestehenden Gebäuden und vorhandenen Einrichtungen jeder Art betrifft

- Die Veränderung des äußeren Erscheinungsbildes von Gebäuden
- Vorhaben, aufgrund deren eine Modifizierung hinsichtlich der Bestimmung im Inneren des Gebäudes vorgenommen wird
- Die Vornahme von städtebaulichen Parzellierungen
- Die Vornahme von Erdbewegungen
- Der Abriß von Baulichkeiten
- Das Fällen von Bäumen unter bestimmten Voraussetzungen
- Das Anbringen von Reklameschildern, die von der öffentlichen Straße aus sichtbar sind

> Baupläne
> Bebauung von Grundstücken
> Küstengesetz
> Militärgenehmigung für den Erwerb von Immobiliareigentum

✔ Bauland–Bescheinigung

Urbanisationen liegen zumeist außerhalb geschlossener Ortschaften, und zwar näher an Feldern und Olivenhainen als an alten Stadtkernen. Wildes Bauen auf Ackerland führte zu einer außerordentlichen Zersiedelung der Landschaft. Wilde Urbanisationen bedeuteten in den 60er und beginnenden 70er Jahren eher die Regel als die Ausnahme.

Dem versucht der spanische Gesetzgeber durch den Erlaß verschiedener Normen einen Riegel vorzuschieben. So ist gem. Art. 20 Abs. 3 LRSV bei Grundstücken, die als nicht bebaubar eingestuft werden *(suelo no urbanizable)*, jegliche Teilung und Parzellierung untersagt, die den besonderen land– und/oder forstwirtschaftlichen Vorschriften ähnlicher Natur widerspricht. Hierfür sind die *Comunidades Autónomas* zuständig. Verschiedene autonome Gesetze (z.B. auf den Kanaren und den Balearen sowie in Madrid) sehen denn auch vor, daß für die Vornahme von Parzellierungen und Grundstücksteilungen und –trennungen eine vorherige gemeindliche Genehmigung erforderlich ist, sofern es sich um nicht bebaubares Land handelt.

Nach Art. 78 bis 81 des Real Decreto 1093/1997. dürfen die Grundbuchbeamten eine Grundstücksteilung oder –trennung nur noch dann in
das Grundbuch eintragen, wenn die entsprechenden Lizenzen vorgelegt
werden bzw. sich aus der Bescheingung der zuständigen Gemeinde ergibt,
daß keine Genehmigung erforderlich ist.

> Bebauung von Grundstücken

✔ **Baumängelhaftung**

Dem Eigentümer eines Gebäudes, an dem gravierende Mängel auftreten,
können Ansprüche gegen den Bauunternehmer, den Architekten, den
technischen Baumeister oder den Bauträger zustehen. Entsprechende Ansprüche können vorliegen, unabhängig davon, ob der Eigentümer selbst
den Bau des Gebäudes in Auftrag gegeben hat, das Gebäude als Neubau
von der Bauträgergesellschaft erworben oder aber das Haus gebraucht von
einem Privatmann gekauft hat.

Voraussetzung ist zunächst, daß ein Gebäude errichtet oder aber renoviert
worden ist und sich an diesem als *ruina* (Art. 1591 CC) zu qualifizierende
Mängel zeigen. Die spanische Rechtsprechung hat den Begriff *ruina* relativ weit ausgelegt und versteht hierunter nicht nur die totale Zerstörung
des Bauwerks, sondern auch solche schwerwiegenden Mängel, die den späteren Verlust des Gebäudes befürchten lassen oder das Gebäude zu dem
Verwendungszweck untauglich machen (SSTS 16.06.1984, 16.02.1985,
12.04.1989, 23.12.1991, 25.01.1993). Nach Immerschmitt — Die Haftung des Bauunternehmers für Mängel, Seite 10 — ist es erforderlich zur
Qualifizierung eines Baumangels als *ruina*, »daß der Baumangel in seiner
Stärke über die alltägliche oder gewöhnliche Fehlerhaftigkeit *(imperfec-
ciones corrientes)* hinausgeht und so zu einer Einschränkung der Brauch-
barkeit des vom Mangel betroffenen Bauwerks führt«. Für den Begriff
der *ruina* genügt es aber auch, wenn nur ein Teil des Gebäudes unbewohn-
bar ist. So hat die spanische Rechtsprechung z.B. das Vorliegen einer

ruina in folgenden Fällen bejaht: Auftreten von Feuchtigkeit, undichtes Dach, Ablösen von Dachziegeln, Risse im Gemäuer, Erdbewegungen unterhalb des Gebäudes. Nach ständiger Rechtsprechung wird die Haftung aus Art. 1591 CC – anders als im Falle des Art. 1484 CC – auch nicht durch die Offensichtlichkeit des Mangels bei der Bauabnahme ausgeschlossen.

Je nach dem, was die Ursache für den als *ruina* einzustufenden Mangel ist, haften hierfür der Bauträger, der Bauunternehmer, der Subunternehmer, der Architekt oder der technische Baumeister. So haftet der Bauunternehmer bspw. für Mängel, die ihre Ursache in der Bauausführung haben, während der Architekt für diejenigen Mängel einzustehen hat, die durch die Bodenbeschaffenheit oder die Bauleitung bzw. Bauplanung verursacht worden sind. Erforderlich ist zwar grundsätzlich ein schuldhaftes Verhalten des am Bau Beteiligten; dieses Verschulden wird aber vermutet. Der Bauunternehmer muß beweisen, daß er nicht schuldhaft gehandelt hat. Für den Fall, daß die Mängel verschiedene Ursachen haben und sich der genaue Verantwortlichkeitsgrad von Bauunternehmer, Architekt, Bauträger und technischem Baumeister nicht bestimmen läßt, haften sie gesamtschuldnerisch. Da sich die Ursache der Mängel vor Prozeßbeginn nur in seltenen Fällen eindeutig bestimmen läßt, werden daher häufig die verschiedenen Beteiligten gesamtschuldnerisch auf Schadensbehebung verklagt.

➔ ➔ Garantiefristen

Ferner muß der Mangel innerhalb der Garantiefrist von 10 Jahren nach Abnahme aufgetreten sein. Nach Art. 1591 CC beträgt die Garantiezeit sogar 15 Jahre, wenn der Mangel in der schuldhaften Verletzung der Vertragspflichten des Bauunternehmers begründet ist.

Anspruchsberechtigt nach Art 1591 CC ist nicht nur der Bauherr selbst sondern auch der Zweiterwerber des Gebäudes. Der neue Erwerber tritt in die Rechte seines Verkäufers gegen den Bauunternehmer, Architekten, den technischen Baumeister oder Bauträger ein. Bauträger *(promotor)* sind diejenigen juristischen oder natürlichen Personen, die sich mit der Entwicklung und Durchführung von Bauprojekten mit dem Ziel der Gewinnerzielung befassen. Die Haftung aus Art. 1591 CC kann nach der spanischen

Rechtsprechung — jedenfalls was den Wohnungsbau betrifft — grundsätzlich weder abbedungen noch beschränkt werden.

Ansprüche aus Art. 1591 CC verjähren gemäß Art. 1964 Abs. 2 CC nach Ablauf von 15 Jahren ab Kenntnis des Mangels.

Bei Mängeln, die nicht als *ruina* zu qualifizieren sind, können dem Bauherrn unter Umständen Nichterfüllungsansprüche (gerichtet auf Mängelbeseitigung, Minderung oder Schadensersatz) gegen seinen Vertragspartner aus Art. 1098, 1101, 1124 CC zustehen. Anders als bei Art. 1591 CC sind diese Nichterfüllungsansprüche aber ausgeschlossen, sofern der Bauherr das Bauwerk trotz erkennbarer Mängel (die keine *ruina* ausmachen) als vertragsgemäß entgegengenommen hat. Die Nichterfüllungsansprüche gehen ähnlich wie im Falle des Art. 1591 CC auf den Käufer über und verjähren innerhalb von 15 Jahren nach Bauabnahme. Bezüglich dieser Mängel kann die vertragliche Haftung jedoch beschränkt werden.

Eine detaillierte Darstellung der Baumängelhaftung befindet sich in der Monographie von **Immerschmitt** (→ siehe **Literaturverzeichnis**).

> Bauvertrag
> Rechtsmängelhaftung
> Sachmängelhaftung

✔ Baumeister — *Arquitecto Técnico*

Dem Baumeister (*Arquitecto Técnico* bzw. früher *Aparejador*) obliegt die Bauaufsicht und Bauüberwachung. Der Baumeister gehört einer speziellen Berufskammer an, der Baumeisterkammer (*Colegio de Arquitectos Técnicos* bzw. *de Aparejadores*). Er ist gegenüber dem Architekten weisungsgebunden. Mit dem Gesetz 7/1997 ist nunmehr auch die Vereinbarung der Honorare der Baumeister liberalisiert worden.

Von dem selbständig tätigen *Aparejador Liberal* ist der angestellte Baumeister *Aparejador Asalariado* zu unterscheiden.

> Architekt

✔ **Baupläne**

Baupläne müssen sowohl mit der LRSV im Einklang stehen als auch mit den entsprechenden gemeindlichen Bestimmungen.

Die Baupläne müssen nach der Erstellung durch den Architekten von der Architektenkammer, die quasi die hoheitliche Funktion der früheren deutschen Baupolizei ausübt, geprüft und abgestempelt werden. Die Baupläne bilden zusammen mit der Baubeschreibung, der statischen Berechnung und den Installationsplänen die Grundlage für die Erteilung der Baugenehmigung. Sie müssen zur Vorlage auch technische Details enthalten und so ausgearbeitet sein, daß auch ein anderer Architekt als der Planverfasser die Bauleitung durchführen kann.

Außer von der Gemeindeversammlung werden die Baupläne ggf. noch von der Provinzdelegation des Wohnungsbauministeriums geprüft und abgestempelt.

Aufgrund dieser Pläne wird sowohl die Fertigstellungsbescheinigung des Architekten *(Certificado Final de Obra)* erstellt als auch die Bewohnbarkeitsbescheinigung erteilt. Zur Bauabnahme gehört weiterhin ein Bericht der Gemeindeverwaltung über die Einhaltung der Bauvorschriften.

Bei Gebäuden, die für den Tourismus bestimmt sind, werden auch die zugehörigen Anlagen (Tennisplätze etc.) einer Prüfung unterzogen. Diese müssen gemäß Real Decreto 2877/1982 vom 15.10.1982 mit einem Minimum an Einrichtungen zur technischen und Freizeitgestaltung versehen sein. Es müssen verschiedene Ministerien informiert werden. Deren Zustimmung ist dem Ministerium für Handel und Tourismus mitzuteilen, um sodann von der Generaldirektion für touristische Unternehmen und Aktivitäten den zustimmenden Bericht *(informe favorable)* zu erhalten. Die endgültige Bescheinigung der genannten Ministerien ist schließlich die Voraussetzung für die Anmeldung zur gewerblichen Nutzung einer Liegenschaft.

> Architekt

✔ **Bauvertrag** — *Contrato de Construcción*

Partner dieses Vertrages sind einerseits der Bauherr und andererseits der Bauunternehmer (Art. 1588–1600 CC). Auf standardisierte Bauverträge, die gegenüber Verbrauchern verwendet werden, finden zusätzlich die *Ley General Para la Defensa de los Consumidores y Usuarios* (LCU / spanisches Verbraucherschutzgesetz) und die *Ley sobre condiciones generales de la contratación* (spanisches AGB–Gesetz) Anwendung.

Gegenstand des Vertrages ist die Errichtung eines Bauwerks. Zur Verpflichtung des Bauherren gehört die Zahlung des vereinbarten Preises. Der Vertrag kann frei ausgehandelt werden. Er bedarf nicht der öffentlichen Form. Üblicherweise gliedern sich die Bauverträge in rechtliche Vereinbarungen und technische Leistungsbeschreibungen.

→   →   Festpreisvereinbarung

Der von dem Bauherrn zu entrichtende Preis wird häufig in Form eines Festpreises bestimmt *(precio alzado)*. In diesem Fall trägt der Auftragnehmer die Gefahr von fehlerhaften Kalkulationen (Art. 1593 CC), etwa wenn Arbeits– bzw. Materialkosten sich verteuert haben; er darf nur dann einen höheren als den vereinbarten Preis verlangen, wenn die Baupläne nachträglich mit Einverständnis des Bauherrn geändert werden und ein höheres Bauvolumen die Folge ist. Die Genehmigung kann ausdrucklich oder konklu dent erteilt werden; die Rechtsprechung stellt keine hohen Anforderungen an die Annahme einer konkludenten Genehmigung. Die Vereinbarung eines Festpreises hat für den Bauherrn den Vorteil, daß er die auf ihn zukommenden Kosten besser abschätzen kann. Zugleich empfiehlt sich bei der Vereinbarung von Festpreisen eine ständige Qualitätskontrolle.

Wird kein Festpreis vereinbart, so ist es üblich, mit dem Bauunternehmer zu vereinbaren, daß er bezogen auf die Kosten eine Vergütung erhält. Üblich sind 15% der Bausumme *(Contrato de Obra por Administración)*. Haben die Parteien den Werklohn eingangs nicht bestimmt und können sich diesbezüglich nicht einigen, so bestimmt ihn die Rechtsprechung nach dieser Methode. Bei langfristigen Bauverträgen vereinbaren die Parteien nicht selten Preisanpassungsklauseln, nach denen sich der Werklohn den vom Staat veröffentlichten Verbraucherpreisindexen anzupassen hat.

→ → Kaufpreisfälligkeit

Soweit nichts anderes vereinbart ist, ist der Kaufpreis bei der Übergabe des Bauprojekts fällig (Art. 1599 CC). Der *Tribunal Supremo* hat dazu entschieden, daß maßgeblich für die Fälligkeit nicht die tatsächliche Übergabe sondern die Errichtung der *Escritura* sei. Dieser Punkt sollte dennoch ausdrücklich im Bauvertrag festgelegt werden. Üblich in der Baupraxis ist, die Fälligkeit der Vergütung entsprechend dem Baufortschritt und auf der Grundlage der vom Architekten ausgestellten Bescheinigungen zu vereinbaren. In diesem Zusammenhang wird häufig gleichzeitig vereinbart, daß der Bauherr jeweils zwischen 5% und 10% der fälligen Teilbeträge als Sicherheit für die rechtzeitige und mangelfreie Erfüllung seitens des Bauunternehmers einbehält. Zeigen sich sodann innerhalb eines Jahres keine Mängel an dem Bauwerk, so zahlt der Bauherr dem Bauunternehmer den einbehaltenen Sicherheitsbetrag aus.

→ → Präferenzrechte des Bauunternehmers

Zahlt der Bauherr den vereinbarten Werklohn nicht, so steht dem Bauunternehmer ein Präferenzrecht zu, d.h. seine Forderung ist gem. Art. 1922, 1923 vorrangig zu befriedigen. Ferner kann der Bauunternehmer dem Bauherrn aufgrund des Präferenzrechts praktisch den Zutritt zum Gebäude bis zur Zahlung der vereinbarten Gegenleistung verwehren. Der Zahlungsanspruch des Bauunternehmers verjährt nach Art. 1964 CC in 15 Jahren.

→ → Fertigstellungstermin

Dem Bauherrn ist zu empfehlen, in dem Bauvertrag einen bestimmten Fertigstellungstermin zu vereinbaren, bei dessen Nichteinhaltung sich der Bauunternehmer zu einer täglichen Konventionalstrafe verpflichtet. Bei einer nachträglichen Planänderung ist darauf zu achten, daß auch der Baufertigstellungstermin neu bestimmt wird; andernfalls greift die ursprünglich vereinbarte Konventionalstrafe aufgrund der veränderten

Vertragsumstände nicht mehr. Ferner sollte im Vertrag geregelt werden, ob der Bauunternehmer auch Subunternehmer beauftragen darf oder nicht. Es sollte stets mit dem Bauunternehmer vereinbart werden, daß dieser eine Bauversicherung über eine bestimmte Mindestsumme zugunsten des Bauherren abschließt, über die evtl. Schadensersatzansprüche Dritter abgedeckt werden. Aufgrund des Art. 1597 CC ist im Zweifel darauf zu achten, daß der Bauunternehmer seine Lieferanten und Arbeiter auch bezahlt. Auch wenn dies bei Bauunternehmern nicht beliebt ist, ist es unter Umständen ratsam, zur Kontrolle der Seriosität und Leistungsfähigkeit des Bauunternehmers eine Bankbürgschaft zu verlangen. Dies um so mehr, wenn der Bauunternehmer vom Bauherrn verlangt, mit Vertragsunterschrift bereits eine Anzahlung zu leisten.

Gemäß Art. 1594 CC kann der Bauherr von der weiteren Durchführung jederzeit, d.h. auch nachdem mit dem Bau bereits begonnen wurde, ohne Angabe von Motiven Abstand nehmen. Im Gegenzug ist er dem Bauunternehmer gegenüber jedoch zur Bezahlung der verwendeten Baumaterialien und der bereits geleisteten Arbeit verpflichtet, und er muß den Bauunternehmer ferner in Höhe des durch die Bauausführung erzielbaren Nutzens entschädigen, von der Rechtsprechung zuletzt auf ca. 15% – 17% des Bauvolumens festgesetzt.

> Baumängelhaftung

✔ **Bebauung von Grundstücken**

Bauinteressenten sollten sich bereits im Vorplanungsstadium mit den zuständigen Gemeindebehörden in Verbindung setzen, um genaue Angaben über das Ob und gegebenenfalls das Wie der Bebaubarkeit eines Grundstücks zu erhalten. Die Gemeinden sind verpflichtet, auf Antrag die entsprechenden Informationen schriftlich zu erteilen und Einsicht in die einschlägigen Pläne zu gewähren (Art. 6 LRSV). In den meisten Gemeinden besteht ein **Flächennutzungsplan** *(Plan General Municipal de Ordenación)*, der das Gemeindegebiet in **drei Klassen** einteilt (Art. 7 LRSV):

●   Städtischer Boden (*suelo urbano*, Art. 8 LRSV).

Die wichtigsten Erschließungen wie Zufahrt, Wasseranschluß, Kanalisation und Stromversorgung liegen vor. Ferner fallen unter städtischen Boden diejenigen Grundstücke, die in Vollziehung der geltenden gemeindlichen Planung urbanisiert worden sind. Rechte und Pflichten der Eigentümer von städtischem Boden sind in den Art. 13 und 14 LRSV geregelt.

●   Nicht bebaubarer Boden (*suelo no urbanizable*, Art. 9 LRSV).

a)   Hierunter fallen diejenigen Grundstücke, die gemäß der territorialen Planung oder besonderer Gesetze einem besonderen Schutzregime unterworfen sind. Diesem wiederum muß zu entnehmen sein, daß die Umwandlung der betreffenden Grundstücke in Bauland mit der geltenden Planung und Rechtslage aus verschiedenen Motiven unvereinbar ist. Die Unvereinbarkeit kann sich aus der landschaftlichen, historischen, archäologischen, wissenschaftlichen oder kulturellen Bedeutung der Landstücke sowie aus Gesichtspunkten des Umweltschutzes ergeben. Ferner zählen zu den Unvereinbarkeitsmotiven natürliche Risiken, die in den Plänen für bestimmte Gegenden nachgewiesen sind. Schließlich kann sich die Unvereinbarkeit auch aus verschiedenen Ein-schränkungen oder Dienstbarkeiten, die zum Schutz des öffentlichen Wohls erlassen worden sind, ergeben (Beispiele hierfür sind die Normen, die zum Schutz der Straßen und Autobahnen, Eisenbahnlinien, Flughäfen und Häfen erlassen worden sind).

b)   Gemäß Art. 9 Abs. 2 LRSV fallen ferner diejenigen Grundstücke unter die Kategorie 'nicht bebaubarer Boden', die entsprechend der allgemeinen Planung die unter a) aufgezählten Werte bewahren sollen, die eine außerordentliche landwirtschaftliche, forstwirtschaftliche oder viehzüchterische Bedeutung haben oder über natürliche Bodenschätze verfügen und die sich für eine städtebauliche Entwicklung nicht eignen.

c)   Hat eine Gemeinde keinerlei Bebauungspläne erlassen, so sind sämtliche Grundstücke, die nicht die Voraussetzungen des Art. 8 LRSV erfüllen und damit nicht in die Kategorie *suelo urbano* fallen, als nicht bebaubares Land einzustufen (Art. 11 LRSV).

Rechte und Pflichten der Eigentümer von nicht bebaubarem Land sind in Art. 20 LRSV niedergelegt.

● Bebaubarer Boden, (*suelo urbanizable*, Art. 10 LRSV).

Als bebaubarer Boden werden all diejenigen Grundstücke angesehen, die nach dem LRSV weder als städtischer noch als nicht bebaubarer Boden zu qualifizieren sind. Bebaubarer Boden kann aufgrund der städtebaulichen Vorschriften und der geltenden Bebauungspläne in städtischen Boden umgewandelt werden.

Zu den Rechten und Pflichten der Eigentümer von *suelo urbanizable* siehe Art. 15 bis 18 LRSV.

Besteht in der betreffenden Gemeinde noch kein Flächennutzungsplan, so wird nur eine Einteilung in städtischen und nicht bebaubaren Boden vorgenommen. Das im Flächennutzungsplan als zur Bebauung vorgesehene Gebiet kann hinsichtlich der Bauausführung durch einen gemeindlichen Plan *(Parcial de Ordenación)* konkretisiert werden (Art. 43 RD 2159 / 1978). In diesem Bebauungsplan im engeren Sinne wird die Art und Weise der baulichen Nutzung im Detail vorgeschrieben. Hierbei geht es auch um die Bestimmung ausreichender Grünflächen sowie von Wohn– und Gewerbezonen.

Jede Bebauung setzt eine vorherige Bauerlaubnis voraus (Art. 1 RD 2187 / 1978). Nach Fertigstellung des Baus erfolgt die Bauabnahme; es ist ein Antrag auf Erteilung einer Bewohnbarkeitsbescheinigung *(Cédula de habitabilidad)* zu stellen. Da verschiedentlich die *Comunidades Autónomas* die gesetzlichen Regelungen zur Erteilung der Bewohnbarkeitsbescheinigung erlassen haben, sind für deren Ausstellung je nach *Comunidad Autónoma* unterschiedliche Stellen zuständig (z.B. Gemeinde oder Inselrat). Es empfiehlt sich, die Verpflichtung des Bauunternehmers, ein Appartement oder einen Bungalow wohlversehen mit der erforderlichen *Cédula* zu übergeben, in den Vertrag aufzunehmen. Erforderlich ist auch die Anmeldung der Neubauerklärung *(Declaración de Obra Nueva)* beim Grundbuchamt. Dies muß in notarieller Form erfolgen. Schließlich ist der Neubau auch der Steuerverwaltung anzuzeigen.

→   →   Bauland oder nicht?

Grundsätzlich besteht für den Verkäufer nach Art. 21 LRSV die Verpflichtung, in dem Veräußerungstitel besonders darauf hinzuweisen, wenn Grund und Boden nicht bebaubar sind bzw. wenn die auf diesem errichteten Bauten mit geltendem Bauplanungsrecht nicht in Einklang stehen. Nach Ziff. 3 dieser Bestimmung hat der Geschädigte sowohl das Recht auf Auflösung des Vertrages binnen einen Jahres nach Vertragsschluß als auch Schadensersatzansprüche. Desgleichen besteht beim Verkauf von Urbanisationsgelände die Verpflichtung, auf entsprechende Urbanisationsbestimmungen hinzuweisen (Art. 21 Abs. 2b + c). Grund für die vorgenannten Verpflichtungen des Verkäufers ist die gesetzliche Regelung, nach der der Neueigentümer in die städtebaulichen Verpflichtungen des Voreigentümers eintritt (Art. 21 Abs. 1 LRSV). Bei fehlender Bebaubarkeit des Grundstücks kommen für den Käufer ggf. auch Ansprüche aus den Sachmängelgewährleistungsvorschriften oder aus Nichterfüllung des Vertrages in Betracht.

>   Architekt
>   Baupläne
>   Bauerlaubnis — *Licencia de Construcción de Obras*
>   Bewohnbarkeitsbescheinigung — *Cédula de habitabilidad*
>   Küstengesetz
>   Neubauerklärung — *Declaración de Obra Nueva*
>   Nichterfüllung — *Incumplimiento*
>   Sachmängelhaftung — *Saneamiento*

✔   **Besitz — *Posesión***

Besitzrecht bedeutet die tatsächliche Sachherrschaft. Besitz kann mit dem Eigentumsrecht zusammenfallen. Die Bestimmungen über den Besitz befinden sich in den Art. 430 ff. CC.

Eine Besitzvermutung besteht zugunsten des eingetragenen Eigentümers (Art. 38 LH). Der Käufer kann nach Art. 1461 CC die Einräumung des Besitzes verlangen. Der Abschluß des notariellen Kaufvertrages gilt als Besitzübertragung (Art. 1462 Abs. 2 CC), es sei denn, aus der Urkunde ergibt sich das Gegenteil.

Das Besitzrecht ist im Grundbuch nicht eintragbar (Art. 5 LH); hingegen können Mietverträge über Immobilien, anders als im deutschen Recht, gemäß Art. 2 Ziff. 5 LH im Grundbuch eingetragen werden.

> Eigentumserwerb

✔ Besteuerung von Einnahmen aus Vermietung und Verpachtung

Einkünfte aus Vermietung und Verpachtung stellen Einkünfte aus unbeweglichem Vermögen dar und können in dem Vertragsstaat besteuert werden, in dem dieses Vermögen liegt (Art. 6 Abs. 3 des deutsch–spanischen Doppelbesteuerungsabkommen).

Besteuerung in der Bundesrepublik ist zulässig unter Anrechnung der in Spanien gezahlten Steuern nach Art. 23 Abs. 1b (ee) des Abkommens. Der Steuersatz auf Mieteinnahmen beträgt in Spanien 25%.

Die touristische Vermietung bedarf einer Genehmigung der Generaldirektion für Tourismus. Die Einzelheiten der Vermietung sind im Real Decreto vom 15.10.1982 geregelt.

> Immobilienbesteuerung in Spanien
> Mietverträge — *Contratos de Arrendamiento*

✔ Beurkundung von Grundstückskaufverträgen vor ausländischen Notaren

Mit der neuen spanischen Gesetzgebung zu ausländischen Immobilieninvestitionen (Real Decreto 664/1999 vom 23. April 1999) wurde das Erfordernis, nach dem ein Kaufvertrag zwischen Nichtresidenten vor einer spanischen Urkundsperson beurkundet werden mußte, abgeschafft. Nunmehr können die in Spanien nichtresidenten Vertragsparteien den Kaufvertrag über eine spanische Immobilie auch vor einem ausländischen Notar beurkunden lassen, ohne daß deswegen die Eintragung ins Grundbuch abgelehnt werden könnte. Dies ergibt sich im Umkehrschluß aus Art. 4.2. b.1 RDIE. Nach dieser Vorschrift ist für den Fall, daß eine ausländische Immobilieninvestition im Sinne von Art. 3 RDIE vorliegt, der Investor verpflichtet, dem Register für ausländische Immobilieninvestitionen Mitteilung zu machen. Zusätzlich, so heißt es, wird der spanische Notar diese Mitteilung vornehmen, sofern die Immobilieninvestition unter seiner Mitwirkung abgewickelt wurde. Das Gesetz räumt damit die Möglichkeit ein, daß die Immobilieninvestition nicht von einer spanischen Urkundsperson beurkundet wird.

Gegen eine Beurkundung spanischer Grundstückskaufverträge vor ausländischen Notaren sprechen insbesondere praktische Erwägungen, wie auch Sicherheitsgründe. Der ausländische Notar ist in der Regel überfordert, weil die Protokollierung von Grundstückskaufverträgen nach spanischem Recht die Kenntnisse des spanischen materiellen und formellen Grundbuchrechts voraussetzt. Außerdem sind zahlreiche Verwaltungsbestimmungen zu beachten, die nur die ständig mit der Materie befaßte Urkundsperson kennen kann.

Im übrigen ist das Sicherungssystem (Verzahnung der institutionell eingeführten Zusammenarbeit des Notars mit dem Grundbuchrichter) auf spanische Notare zugeschnitten. Ob sich ein deutscher Notar beispielsweise einen Gefallen tut, einen entsprechenden Kaufvertrag zu beurkunden, der erst nach Behebung zahlreicher Beanstandungen Chancen auf Eintragung hat, muß dieser selbst entscheiden. Für die Kaufvertragsparteien erscheint das Risiko erheblich größer, erst mit Verzögerungen und den sich hieraus ergebenden Konsequenzen und Unsicherheiten im spanischen Grundbuch als Eigentümer eingetragen zu werden. Es empfiehlt sich jedoch, wenn die Parteien selbst nicht nach Spanien kommen und zur Protokollierung beim Notar erscheinen können, Erwerbs– und Verkaufsvollmachten bei einem deutschen Notar protokollieren zu lassen.

> Eigentumserwerb
> Eigentumsordnung
> *Escritura*
> Immobilieninvestitionen
> Vollmachten

✔ Bewirtschaftung

Weil ausländische Grundeigentümer mit Besitz in Spanien, jedoch in der Regel mit Wohnsitz im Ausland, sich um ihr Grundeigentum selbst nicht ausreichend kümmern können, erfolgt die Wahrnehmung dieser Aufgaben durch Dritte. Hierbei ist streng zu unterscheiden zwischen Bewirtschaftung und Verwaltung.

Bewirtschaftung bedeutet die wirtschaftliche Nutzung des Eigentums, insbesondere durch Verpachtung oder durch Vermietung.
Verwaltung dagegen bezieht sich nicht auf die wirtschaftliche Nutzung des Grundeigentums; es handelt sich hierbei vielmehr um die Wahrnehmung von Gemeinschaftsaufgaben mit Bezug auf das einzelnen Personen zustehende Eigentum. In der Wohnungseigentümergemeinschaft beispielsweise bedeutet die Verwaltung die Wahrnehmung von Gemeinschaftsaufgaben, die das eigentliche Funktionieren des Wohnungseigentums erst ermöglichen. In Urbanisationen gibt es gleichfalls eine Verwaltung, die sich um Gemeinschaftsbelange der Eigentümer kümmert. Eine Vermischung der Begriffe Bewirtschaftung und Verwaltung tritt häufig deshalb ein, weil aufgrund vertraglicher Abmachungen die Bewirtschaftung einer in Spanien ansässigen Person übertragen worden ist, die häufig auch die Verwaltung ausübt.

Dem Präsidenten einer spanischen Wohnungseigentümergemeinschaft obliegt zwar als ureigenste Aufgabe die Verwaltung; er kann jedoch zusätzlich auch mit der Bewirtschaftung des Wohnungseigentums betraut werden. Hierzu bedarf es aber der ausdrücklichen Beauftragung durch jeden einzelnen Wohnungs– und Geschäftsraumeigentümer. Mehrheitsbeschlüsse in Bewirtschaftungsfragen gibt es nicht, weil diese das Eigentumsrecht in seinem Wesen berühren und beeinträchtigen würden.

> Eigentümergemeinschaften
> Vermietergemeinschaft

✔ Bewohnbarkeitsbescheinigung
— *Cédula de habitabilidad*

Mit der *Cédula de habitabilidad* bescheinigt die zuständige Behörde, daß eine Wohnung, ein Lokal oder aber ein Wohnhaus für den Menschen bewohnbar ist. Daher ist sie Voraussetzung dafür, daß die Verträge hinsichtlich Elektrizität, Gas, Wasser und Telefon abgeschlossen werden können. Die Bewohnbarkeitsbescheinigung wird in der Regel von der jeweiligen Gemeinde nach Abschluß der Bauarbeiten auf Antrag des Eigentümers ausgestellt. Dem Antrag auf Erteilung der Bewohnbarkeitsbescheinigung sind in der Regel folgende Unterlagen beizufügen:

■ die notarielle Kaufvertragsurkunde,

■ die Baugenehmigung,

■ eine vom Architekten ausgestellte und von der zuständigen Architektenkammer genehmigte Bescheinigung über die Bewohnbarkeit,

■ aktuelle Fotos des Baus,

■ eine Bescheinigung der Gemeinde über die Fertigstellung des Baus entsprechend dem genehmigten Projekt.

Allerdings muß bedacht werden, daß die einzelnen *Comunidades Autónomas* die Zuständigkeiten und die Anforderungen an die vorzulegenden

Unterlagen unterschiedlich geregelt haben. So ist z.B. auf den Balearen nicht die jeweilige Gemeinde, sondern der Inselrat für die Erteilung der Bewohnbarkeitsbescheinigung zuständig. Aus diesem Grunde ist es zu empfehlen, sich zuvor über die jeweiligen Besonderheiten zu informieren.

Die Einzelheiten der Bewohnbarkeitsbescheinigung regeln der Decreto 469/72 vom 24.2.1972 sowie die unterschiedlichen Normen der *Comunidades Autónomas*.

> Bebauung von Grundstücken

✔ *Copia Autorizada* — **Ausfertigung**

Die Ausfertigung des notariellen Vertrages, die zur Vorlage beim Grundbuchamt *(Registro de la Propiedad)* bestimmt ist, heißt *Copia Autorizada* oder auch *Primera Copia*. Sie trägt Unterschrift und Siegel des Notars. Die *Copia Simple* hingegen trägt zwar das Dienstsiegel des Notars, nicht aber seine Unterschrift. Der Erwerber eines Rechts, das notariell beurkundet worden ist, erhält in der Regel nach der notariellen Verhandlung die *Copia Simple*. Die *Copia Autorizada* bzw. *Primera Copia* ist für das Grundbuchamt zwecks Eintragung der Rechtsänderung bestimmt und wird dem Berechtigten innerhalb von 5 Tagen nach notarieller Beurkundung zur Vorlage beim Grundbuchamt ausgehändigt. Nur wer seine *Escritura* nach notarieller Beurkundung auch beim Grundbuchamt einreicht, wird anschliessend als Eigentümer im Grundbuch eingetragen.

> *Escritura*

✔ **Denkmalschutz**

Der Schutz von Denkmälern bedingt eine Beschränkung von Bautätigkeiten. Denkmäler werden als solche durch Flächenpläne gekennzeichnet. Die Beschränkungen bestehen vor allem in Bauverboten bei historischen

Anlagen und in der Pflicht zur Erhaltung von Denkmälern durch den Eigentümer. Umbauten und der Abriß von Denkmälern sind genehmigungspflichtig. Bei Zuwiderhandlung kann die Liegenschaft enteignet werden. Für die Eigentümer von Denkmälern bestehen indes verschiedene steuerliche Begünstigungen. Beim Verkauf von Denkmälern steht dem Staat ein Vorkaufsrecht zu. Wer sich daher für den Erwerb eines Gebäudes in einem historischen Altstadtkern interessiert, sollte sich mit den einschlägigen Vorschriften vertraut machen.

Darüberhinaus ist zu beachten, daß gemäß Art. 321 ff. CP bestraft wird, wer ohne die erforderliche Genehmigung solche Gebäude abreißt oder umfangreich verändert, die aufgrund ihres historischen, künstlerischen, kulturellen oder denkmalsmäßigen Interesses besonders geschützt sind.

> Bauerlaubnis

✔ **Deutsches internationales Privatrecht**

Das internationale S a c h e n r e c h t wird vom Grundsatz der lex rei sitae, also der Maßgeblichkeit des Belegenheitsrechts, beherrscht. Danach entscheidet über dingliche Rechte das Recht des Staates, in dem sich die Sache befindet, bei Grundstücken also das Recht des Belegenheitslandes.

Das internationale S c h u l d r e c h t wird indes beherrscht von dem Prinzip der Privatautonomie. Die Parteien eines schuldrechtlichen Vertrages können deshalb auch nach dem deutschen internationalen Privatrecht bestimmen, welches Recht auf den Vertrag anwendbar sein soll (Art. 27 Abs. 1 EGBGB). Soweit dem Vertrag weder eine ausdrückliche noch stillschweigende Vereinbarung über das anzuwendende Recht zu entnehmen ist, gilt nach Art. 28 Abs. 3 EGBGB, daß der Vertrag dem Recht des Belegenheitslandes unterliegt, weil zu ihm die engste Beziehung besteht. Diese Vermutung besteht aber gemäß Art. 28 Abs. 5 EGBGB dann nicht, wenn sich aus der Gesamtheit der Umstände ergibt, daß der Vertrag engere

Verbindungen zu einem anderen Staat aufweist. Hierbei ist insbesondere auf die Staatsangehörigkeit der Parteien, Sprache des Vertrages, Vereinbarung des Gerichtsstandes, Währung und Abschlußort abzustellen.

> Anwendbares Recht
> Gerichtsstand — *Jurisdicción*
> Spanisches internationales Privatrecht

✔ **Devisenbestimmungen**

Der spanische Gesetzgeber hat zu Beginn der Sommersaison 1999 auf die politische und wirtschaftliche Entwicklung nach Maastricht reagiert und mit dem Königlichen Dekret Nr. 66/99 neue, vereinfachte Normen über ausländische Investitionen in Spanien erlassen. Im Vorspann des vom Wirtschafts– und Finanzministerium federführend bearbeiteten Dekrets gibt der Gesetzgeber quasi entschuldigende Erklärungen über die jetzt erlassene Norm ab. Es wird zunächst klargestellt, daß das zuletzt in den Maastrichter Verträgen bestätigte Prinzip der Kapitalverkehrsfreiheit nicht berührt oder gar eingeschränkt werden soll. Man verfolge vielmehr das Ziel, der öffentlichen Verwaltung die Erfassung ausländischer Investitionen in Spanien in statistischer wie in wirtschaftlicher Hinsicht zu ermöglichen. Ein weiteres Ziel sei es, sich solche Maßnahmen vorzubehalten, die aus Gründen der öffentlichen Ordnung und Sicherheit für erforderlich gehalten werden, um ausländische Investitionen im eigenen Land steuerbar zu halten. Man unterteilt seitens der jetzt in "Generaldirektion für Handelspolitik und ausländische Investitionen" umgetauften Behörde die Investitionen wie folgt:

♦ Beteiligungen an Gesellschaften
♦ Niederlassung
♦ Marktfähige Wertpapiere
♦ Investitionsfonds
♦ Immobilien
♦ Sonstiges (u.a. Stille Beteiligungen, BGB–Gesellschaften, etc.)

Die wesentlichen Leitpunkte der neuen Norm sind folgende:

● Ausländische Investitionen werden zunächst getätigt und erst danach — *a posteriori* — in verwaltungsrechtlicher Hinsicht angezeigt. Bei gewissen Investitionen aus 'Steuerparadiesen' gilt dagegen die sogenannte *a–priori–* Regel, wonach v o r der Investition die entsprechende Genehmigung einzuholen ist.

● Zuständig ist die Behörde mit dem Namensmonstrum "Generaldirektion für Handelspolitik und ausländische Investitionen" (DGPCeIE).

● Sonderregelungen unterworfen sind nach wie vor ausländische Investitionen im Zusammenhang mit der Landesverteidigung. Diese benötigen eine vorherige Genehmigung.

● Ob es sich um 'ausländische Investition' im Sinne des Gesetzes handelt, hängt nicht von der Staatsangehörigkeit des Investors ab, sondern davon, wo dieser seine Residenz oder seinen Sitz hat.

● Wird der 'Sitz–Status' verändert, erwirbt also beispielsweise ein Investor mit ursprünglichem Sitz im Ausland die *Residencia* in Spanien, so verliert die Investition in Spanien ihren Charakter als 'ausländische Investition'; umgekehrt gilt das Gleiche.

● Zuständig für die Registrierung ausländischer Investitionen ist das sogenannte *Registro de Inversiones del Ministerio de Economia y Hacienda*.

● Die Meldepflicht für Investitionen liegt üblicherweise beim Investor, bei dem Erwerb von Namensaktien indes bei der Gesellschaft.

● Während aufgrund der früheren Regelung über ausländische Investitionen in Spanien diese über eine sogenannte spanische Urkundsperson (Notar oder spanischer Konsul) formalisiert werden mußte, besteht diese Erfordernis aufgrund der neuen Regelung nicht mehr. Allerdings sollte man schon aus Beweisgründen stets die öffentliche Form wählen, insbesondere bei größeren Investitionen.

In den noch zu erlassenden Ausführungsbestimmungen werden sich zahlreiche Detailregelungen für die unterschiedlichsten Lebenssachverhalte des ausländischen Investors in Spanien und der für ihn zuständigen Behörden befinden.

> Immobilieninvestition

> Beurkundung von Grundstückskaufverträgen vor ausländischen
  Notaren

✔ Dienstbarkeiten — *Servidumbres*

Es handelt sich hierbei um ein dingliches Recht an einem Grundstück zugunsten eines anderen, aufgrund dessen der Inhaber berechtigt ist, ein frem-
des Grundstück gemäß dem Inhalt der Dienstbarkeit zu nutzen (Art. 530
CC). Dienstbarkeiten sind vielfältiger Natur. Hierzu gehören Grunddienst-
barkeiten, Wegerechte, Dienstbarkeiten, die zu einer bestimmten Handlung
oder Duldung verpflichten, persönliche Dienstbarkeiten sowie gesetzliche
Dienstbarkeiten wie Wasserrechte, Fensterrechte, Grenzabstände.

Besteht eine Dienstbarkeit an einem Grundstück, die nicht offenkundig ist
und in der *Escritura* nicht erwähnt wurde, ist der Käufer des Grundstücks
nach Art. 1483 CC berechtigt, die Aufhebung des Vertrages zu verlangen,
wenn er es bei Kenntnis der Dienstbarkeit nicht erworben hätte. Gleiches
gilt für Grundstücksbelastungen. Wahlweise kann er auch eine entsprechende Entschädigung verlangen. Allerdings kann er diese Rechte nur innerhalb eines Jahres ab Ausfertigung des notariellen Kaufvertrages geltend
machen. Nach Ablauf dieser Jahresfrist steht ihm nur noch das Recht auf
Entschädigung zu, das er jedoch innerhalb eines Jahres ab Kenntnis der Belastung oder Dienstbarkeit geltend machen muß.

> Grundstücksbelastungen — *Cargas y Gravámenes*

✔ Doppelverkauf

Art. 1473 CC regelt den Fall, daß ein Verkäufer dasselbe Grundstück
zweimal an verschiedene Käufer verkauft. Auch wenn in Art. 1473 CC
die Rechtsfolgen eines Doppelverkaufs festgelegt werden, wird damit
der Doppelverkauf in keiner Weise legitimiert; vielmehr erfüllt der Dop-

pelverkauf an einen gutgläubigen Käufer regelmäßig die Tatbestandsvoraussetzungen eines Betruges. Nach Art. 251 Nr. 1 CP macht sich derjenige strafbar, der sich unberechtigterweise die Verfügungsbefugnis über eine Immobilie anmaßt und diese verkauft, obwohl er die Verfügungsbefugnis nie besessen hat bzw. schon anderweitig über die Immobilie verfügt hat.

Wird eine Immobilie mehrfach verkauft, so steht das Eigentum demjenigen zu, der zuerst im Grundbuch als Eigentümer eingetragen wird. Nach ständiger Rechtsprechung erwirbt der zuerst im Grundbuch Eingetragene bei Gutgläubigkeit das Eigentum. Ist keiner der Erwerber im Grundbuch eingetragen, so steht das Eigentum demjenigen zu, der als erster gutgläubig den Besitz an der Immobilie ergriffen hat. Hat keiner der Erwerber den Besitz an der Immobilie inne, so steht das Eigentum demjenigen Erwerber zu, der den Kaufvertrag mit dem ältestem Datum vorlegen kann, vorausgesetzt er war gutgläubig. Vor dem Hintergrund des Art. 1473 CC ist daher jedem Käufer zu empfehlen, vor Vertragsunterschrift das Grundbuch einzusehen und seine Eintragung als Eigentümer ins Grundbuch so bald als möglich vornehmen zu lassen.

✔ Eigentümergemeinschaften

Eigentümergemeinschaften kann es sowohl unter Wohnungseigentümern als auch unter Eigentümern von Einzelhäusern in einer Urbanisation geben. Mit der Reform der LPH (Gesetz 8/1999) wird nunmehr auch die rechtliche Situation von Urbanisationen ausdrücklich geregelt (Art. 24 LPH). In beiden Fällen besteht eine Verpflichtung des einzelnen Eigentümers, sich an den Gemeinschaftskosten durch Zahlung der quotenmäßig auf ihn entfallenden Umlagen zu beteiligen.

Das spanische Wohnungseigentumsgesetz in deutscher Fassung mit Erläuterungen ist als Monographie erschienen: **Löber/Pérez** – Wohnungseigentum in Spanien — Frankfurt/Main, 2000 (→ siehe **Literaturverzeichnis**).

Der RD 3288/1978 befaßt sich mit der Urbanisationsgemeinschaft und dem sog. urbanistischen Unternehmen. Die Gründung einer derartigen Gesellschaft erfolgt aufgrund privater Initiative der Eigentümer.

> Bewirtschaftung
> Eigentümerverpflichtungen
> Umlagen
> Urbanisationen
> Vermietergemeinschaft
> Wohnungseigentum — *Propiedad Horizontal*

✔ Eigentümerstatuten

In den Statuten einer Eigentümergemeinschaft werden Rechte und Pflichten der Eigentümer festgelegt sowie sonstige Regeln, die zum ordnungsgemäßen Funktionieren der Eigentümergemeinschaft erforderlich sind; Statuten werden von der Eigentümerversammlung einstimmig erlassen, und sie dürfen auch nur durch einstimmigen Beschluß geändert werden (Art. 14, 17.1a LPH). Wenn die Statuten rechtswirksam zustande gekommen sind, müssen sie von den Eigentümern und auch von Dritten beachtet werden. Jedoch entfalten die Statuten erst dann gegenüber jedermann Wirkung, wenn sie im Grundbuch eingetragen sind.

Bei Urbanisationen kommt es häufig vor, daß sowohl eine Satzung hinsichtlich des Wohnungseigentums besteht als auch eine, die sich auf die Urbanisation bezieht. In diesem Falle gilt es, beide Regelungen zu beachten. Normalerweise werden schon bei Gründung der Urbanisation Eigentümersatzungen aufgestellt, die den Miteigentümer verpflichten, bei Verkauf der Liegenschaft die Rechte und Pflichten gemäß Eigentümersatzung auf den Rechtsnachfolger zu übertragen.

> Eigentümergemeinschaft
> Wohnungseigentum — *Propiedad Horizontal*

✔ Eigentümerverpflichtungen

Nach Art. 21 LPH sind die Verpflichtungen der Wohnungseigentümer, sich an den Umlagen zu beteiligen und Beiträge zum Rücklagenfond zu leisten, innerhalb des von der Eigentümerversammlung bestimmten Zeitraums und in der von ihr verlangten Art und Weise zu erfüllen. Entsprechend Art. 2, 24 LPH treffen den Eigentümer eines zu einem privaten Immobilienkomplex gehörenden Einfamilienhauses dieselben Pflichten. Sofern sich der private Immobilienkomplex derartig konstituiert hat, daß er aus einer Zusammlegung verschiedener Eigentümergemeinschaften besteht, gelten die Bestimmungen des Art. 9 LPH über die Bildung eines Rücklagenfonds allerdings nicht (Art 24.3c LPH).

Der Präsident oder ein entsprechend ermächtigter Verwalter der Eigentümergemeinschaft ist bei Nichterfüllung der dem Eigentümer obliegenden Verpflichtungen befugt, gerichtliche Hilfe in Anspruch zu nehmen, ohne daß es einer vorherigen ausdrücklichen Aufforderung *(Requerimiento)* bedarf. Allerdings kann eine Satzung der Eigentümergemeinschaft die Möglichkeit einer vorherigen Mahnung vorsehen.

Im Zuge der Reform des LPH per Gesetz 8/1999 ist dem Richter nunmehr die Möglichkeit an die Hand gegeben worden, denjenigen Eigentümern, die bspw. durch ständigen Lärm das friedliche Zusammenleben stören, bis zu 3 Jahren die Nutzung ihres Eigentums zu entziehen (Art. 7 LPH). Geht die erhebliche Störung auf Mieter zurück, so kann der Richter auch diese aus der Wohnung verweisen. Auch kann der Richter vorläufige Maßnahmen zur sofortigen Einstellung und Unterbindung der störenden Handlungen anordnen. Zu den im Wege der Reform des LPH eingeführten Neuheiten bezüglich der Umlagenzahlung siehe die Stichworte:

> Umlagen
> Umlagen bei der Eigentumsübertragung

✔ Eigentümerversammlung

Die Eigentümerversammlung ist das höchste Beschlußorgan einer Eigentümergemeinschaft und tritt als Parlament der Wohnungseigentümer wenigstens einmal jährlich zusammen und wählt einen Präsidenten, der notwendigerweise Miteigentümer sein muß. Dieser vertritt die Eigentümergemeinschaft gerichtlich und außergerichtlich (Art. 13 Abs. 3 LPH).

Daneben können Vizepräsidenten, ein Verwalter und ein Sekretär gewählt werden, wobei Verwalter und Sekretär nicht dem Kreis der Miteigentümer angehören müssen. Wenn es zu keiner Wahl von Verwalter und Sekretär kommt, nimmt deren Aufgaben der Präsident wahr. Der zum Präsidenten gewählte Miteigentümer ist grundsätzlich verpflichtet, das Amt auszuüben (Art. 13 Abs. 2 LPH).

Zu den wesentlichen Aufgaben der Eigentümerversammlung gehört ferner die Verabschiedung der Haushaltspläne und der Eigentümersatzung.

Die Einberufung der Eigentümerversammlung ist in Art. 16 LPH geregelt. Sie erfolgt schriftlich und wird an den s p a n i s c h e n Wohnsitz der Eigentümer versandt unter Angabe der zu behandelnden Tagesordnungspunkte, des Ortes, Tages und der Stunde der Versammlung. Besteht kein spanischer Wohnsitz *(domicilio en España)*, so gilt das jeweilige Appartement, Geschäftslokal oder das der Urbanisation angehörende Eigentum als Wohnsitz. Da die Einladung zur ordentlichen Eigentümerversammlung nur sechs Tage vor Abhaltung der Versammlung zugestellt werden muß, kann es sich für im Ausland ansässige Eigentümer empfehlen, einer in Spanien lebenden Vertrauensperson eine Blankovertretungsvollmacht zu übergeben, in die nur noch das jeweilige Datum der Versammlung einzusetzen ist.

Schließlich sei noch darauf hingewiesen, dass gemäß Art. 2, 24 LPH das spanische Wohnungseigentumsgesetz und somit das zuvor Gesagte grundsätzlich auch auf private Urbanisationen Anwendung findet (Art. 24 *Complejos inmobiliarios privados*). Eine Besonderheit besteht allerdings dann, wenn die Urbanisation sich nicht als eine einzige Eigentümergemeinschaft organisiert, sondern eine Gruppierung von mehreren Eigentümergemeinschaften ist. In diesem Fall setzt sich die Eigentümerversammlung der gesamten Urbanisation nicht aus der Gesamtzahl der Eigentümer zusammen, sondern aus den jeweiligen Präsidenten der einzelnen die Gruppierung bildenden Eigentümergemeinschaften (Art. 24 Abs. 2 und 3 LPH).

>   Wohnungseigentum — *Propiedad Horizontal*

✔ Eigentum — *Propiedad*

Die gesetzliche Definition des Art. 348 CC bezeichnet Eigentum als das Recht, eine Sache zu nutzen oder über sie zu verfügen ohne weitere Beschränkungen, als von den Gesetzen auferlegt sind. Es handelt sich um das umfassendste Herrschaftsrecht über eine Sache. Der Eigentümer kann die Sache verkaufen, verschenken, tauschen, belasten etc. Beschränkungen finden ihre Grenzen dort, wo der Mißbrauch beginnt; das Eigentumsrecht findet auch seine Grenzen an den Rechten des Nachbarn und der Allgemeinheit.

>   Besitz — *Posesión*
>   Grenzmauer
>   Eigentumserwerb

✔ Eigentumserwerb

Das spanische Recht kennt anders als das deutsche keine unterschiedliche Art des Eigentumserwerbs an beweglichen und an unbeweglichen Sachen. Der Erwerbsvorgang ist in beiden Fällen der gleiche. Bei der Beurteilung der Rechtssituation empfiehlt es sich, sich von deutschen Vorstellungen freizumachen. Die Trennung zwischen schuldrechtlichem und dinglichem Vertrag (Auflassung) ist auf das spanische Recht nicht übertragbar.

Im spanischen Recht gilt die Lehre vom *Título* und vom *Modo*. Das bedeutet, daß die Gründung, Übertragung oder Aufhebung dinglicher Rechte einmal vom Vorhandensein eines rechtswirksamen schuldrechtlichen Vertrages abhängig ist *(Título)* und andererseits von der Übergabe der Sache

(Modo). Das heißt: das Kausalgeschäft, etwa der Grundstückskaufvertrag oder die Schenkung, bildet den Rechtstitel. In Erfüllung dieses Rechtstitels erwirbt der Eigentümer das Eigentum durch Übergabe der Sache, etwa durch Aushändigung der Schlüssel oder faktische Einräumung der Verfügungsmacht *(Modo)*. Demgemäß bestimmt auch Art. 609 CC folgendes: »Das Eigentum wird durch Aneignung erworben. Das Eigentum und die übrigen Rechte an Gütern werden durch das Gesetz, durch Schenkung, durch testamentarische oder gesetzliche Erbfolge und als Folge gewisser Verträge mittels Übergabe erworben. Sie können auch durch Ersitzung erworben werden.«

→ → *Escritura*

Art. 1462 CC bestimmt, daß die Erteilung der öffentlichen Kaufvertragsurkunde *(Escritura Pública de Compraventa)* der Besitzübergabe gleichkommt, es sei denn, in dieser wird etwas anderes bestimmt. Das bedeutet regelmäßig, daß bereits mit Abschluß des notariellen Kaufvertrages eine Übereignung stattfindet.

Hinsichtlich der Form gibt es keine der Bestimmung des § 313 BGB entsprechende Formvorschrift für Grundstückskaufverträge im spanischen Recht. Zwar müssen gemäß Art. 1280 Abs. 1 Nr. 1 CC die Verträge in öffentlicher Urkunde geschlossen werden, die die Übertragung von dinglichen Rechten an Grundstücken zum Gegenstand haben. Die Nichtwahrung vorgenannter Form hat jedoch nicht die Nichtigkeit des Rechtsgeschäfts zur Folge. Vielmehr kann der Berechtigte nach Art. 1279 CC von seinem Vertragspartner die Formerfüllung verlangen. Die Formvorschrift ist im spanischen Recht grundsätzlich kein Gültigkeitserfordernis, vielmehr nur eine Beweisvorschrift. Ein Grundstückskaufvertrag kann deshalb privatschriftlich oder gar mündlich zustande kommen. Maßgeblich ist die Willenseinigung für das Entstehen des Vertrages und die aufgrund der Willenseinigung erfolgende Übergabe.

> Beurkundung von Grundstückskaufverträgen
> vor ausländischen Notaren

✔ Eigentumserwerb durch Ehepartner

Im Gegensatz zum deutschen Recht gilt im spanischen gesetzlichen Ehegüterrecht nicht das Prinzip der Zugewinngemeinschaft. Vielmehr bestimmt Art. 1344 CC, daß die von den Ehegatten während der Ehe erzielten Einkünfte und das erworbene Vermögen grundsätzlich gemeinschaftliches Vermögen sind, das bei Beendigung des Güterstandes hälftig auf die Ehegatten verteilt wird.

Eine Besonderheit gilt jedoch in Katalonien und auf den Balearen: dort ist die Gütertrennung der gesetzliche Güterstand. Allerdings ist zu beachten, daß bei Grunderwerb in Spanien durch einen der ausländischen Ehegatten deren Ehegüterrecht auf die Frage Anwendung findet, ob zwischen den Eigentümern Miteigentum begründet wurde. Ein deutscher Ehepartner, der im gesetzlichen Güterstand der Zugewinngemeinschaft lebt, erwirbt deshalb ein spanisches Grundstück für sich allein, wenn er allein als Käufer auftritt. Zum Verkauf des im Alleineigentum eines Ehegatten stehenden Grundstücks ist daher grundsätzlich nicht die Zustimmung oder Einwilligung des anderen Ehegatten erforderlich.

Da in der täglichen Praxis bei der Übersetzung des deutschen Güterstands der Zugewinngemeinschaft häufig Fehler beobachtet wurden, sei hier darauf hingewiesen, daß Zugewinngemeinschaft nicht schlicht mit *gananciales* oder *comunidad de bienes* zu übersetzen ist, sondern z.B. mit *participación en las ganancias*. Diese Übersetzungsfehler sind damit zu erklären, daß der Güterstand der Zugewinngemeinschaft unter Spaniern keine praktische Bedeutung hat und damit häufig unbekannt ist.

✔ Eigentumserwerb Minderjähriger

Minderjährige können im Hinblick auf ihre beschränkte Geschäftsfähigkeit bzw. Geschäftsunfähigkeit nicht selbst Verträge abschließen; dies geschieht vielmehr durch ihre gesetzlichen Vertreter.

Ob eine Person im spanischen Rechtsverkehr als geschäftsfähig einzustufen ist oder nicht, richtet sich gemäß Art. 9 Ziff. 1 CC nach dem Heimatrecht der betreffenden Person.

Minderjährige können also in jedem Falle spanisches Grund– und Wohnungseigentum erwerben, wobei die Vertretung des Minderjährigen seinem gesetzlichen Vertreter obliegt. Man sollte sich jedoch bewußt sein, daß ein Verkauf der durch den Minderjährigen erworbenen Liegenschaft der Genehmigung des zuständigen Gerichts bedarf.

✔ Eigentumsgarantie

Der Art. 14 des deutsch–spanischen Niederlassungsvertrages enthält eine Eigentumsgarantie für Staatsangehörige des einen Staates mit Eigentum im anderen Vertragsstaat. Danach darf eine Enteignung nur gegen Entschädigung erfolgen.

> Enteignung — *Expropiación Forzosa*

✔ Eigentumsnachweis
— *Determinación del Derecho de Propiedad*

Bei nicht im Grundbuch eingetragenen Grundstücken besteht die Möglichkeit, die Eintragung des Eigentümers im Grundbuch zu erreichen:

1. *Expediente de Dominio*–Verfahren.

Es handelt sich um ein gerichtliches Verfahren nach den Art. 199a, 201, 202 LH und Art. 272 ff. RH. Das Grundbuchamt trägt aufgrund eines rechtskräftigen Beschlusses den Eigentümer als solchen im Grundbuch ein.

2. *Acta de Notoriedad*

Es handelt sich hierbei um ein Verfahren gemäß Art. 199b, 205, LH und Art. 298 ff. RH. Nach diesem Verfahren kann derjenige als Eigentümer im

Grundbuch eingetragen werden, der einen öffentlichen Eigentumserwerbstitel vorlegen kann. Zusätzlich muß im Wege einer *Acta de Notoriedad* die vorangegangene Eigentümerstellung derjenigen Person nachgewiesen werden, die dem Erwerber das Eigentum in dem Erwerbstitel überträgt. Dieses notarielle Verfahren ist in Art. 209 RH geregelt; zu dessen Durchführung sind gegebenenfalls eidliche Erklärungen von Zeugen in notarieller Form sowie eine eidliche Erklärung des Antragsstellers erforderlich. Schließlich müssen dem Eigentumserwerbstitel noch eine deskriptive und graphische Bescheinigung des Katasteramts über das betreffende Grundstück beigefügt werden. Wird der Erwerber aufgrund dieses Verfahrens im Grundbuch als Eigentümer eingetragen, so entfaltet dies gegenüber Dritten gemäß Art. 205, 207 LH, Art. 298 Abs. 2 RH erst nach Ablauf von zwei Jahren Wirkung. Wesentliche Umstände eines solchen Verfahrens sind in dem zuständigen Rathaus für die Dauer eines Monats öffentlich auszuhängen, um möglicherweise in ihren Rechten betroffenen Dritten eine hinreichende Information zu gewährleisten. Die zwei–Jahresfrist des Art. 207 LH beginnt folgerichtig auch erst dann zu laufen, sobald die entsprechende öffentliche Bekanntmachung im Grundbuchamt vermerkt worden ist. Während des Zeitraums von zwei Jahren müssen also vorrangig solche Urkunden im Grundbuch eingetragen werden, die der Veräußerer und Eigentümer zuvor errichtet hatte.

3. Eintragung von Urkunden über Grundstücke, die im Grundbuch noch nicht eingetragen sind.

Darüberhinaus besteht die Möglichkeit, im Grundbuch als Eigentümer eines noch nicht registrierten Grundstücks eingetragen zu werden, wenn der neue Eigentümer zusätzlich zu seinem öffentlichen Erwerbstitel ein beweiskräftiges Dokument über den vorangegangenen Eigentumserwerb des Veräußerers vorlegen kann (siehe Art. 199b, 205 LH und Art. 298 Abs. 1.1 RH). Wie beim Acta de Notoriedad sind dem Eigentumserwerbstitel eine deskriptive und graphische Bescheinigung des Katasteramts über das betreffende Grundstück beizufügen. Auch für dieses Verfahren gilt, daß die abschließende Eintragung gegenüber Dritten erst nach Ablauf von zwei Jahren Wirkung entfaltet (Art. 205, 207 LH und Art. 298 Abs. 2 RH) und die wesentlichen Umstände des Verfahrens im zuständigen Rathaus während eines Monats öffentlich bekanntzumachen sind.

Vom Verfahren der erstmaligen Eintragung eines Grundstücks im Grundbuch zu unterscheiden sind die ebenfalls im LH und RH geregelten Verfahren zur Eintragung der richtigen Grunstücksgröße und der Eintragung eines Eigentümers unter Durchbrechung des Voreintragungsprinzips (Art. 200 LH).

>   Voreintragung im Grundbuch

✔ Eigentumsordnung

Viele Ausländer, die sich für den Erwerb von Immobilien in Spanien interessieren, sind der Ansicht, daß nach dem EU–Beitritt Spaniens automatisch die nationale Eigentumsordnung einer supranationalen Rechtsordnung Platz gemacht hat, mithin eine Angleichung stattgefunden hat. Dies ist falsch. Der Art. 295, nach neuer Fassung des EG–Vertrages, bestimmt ausdrücklich folgendes:»Dieser Vertrag läßt die Eigentumsordnung in den verschiedenen Mitgliedstaaten unberührt. Dadurch soll sichergestellt werden, daß die Gestaltung der Eigentumsordnung als wesentlicher Bestandteil der jeweiligen Wirtschaftsverfassung und Sozialstruktur Sache der Mitgliedstaaten bleibt.«

✔ Eigentumsvermutung

Wer im Grundbuch als Eigentümer eingetragen ist, gilt Dritten gegenüber auch dann als Eigentümer, wenn außerhalb des Grundbuchs eine andere Rechtssituation eingetreten ist, die ihren Niederschlag noch nicht im Grundbuch gefunden hat. Gemäß Art. 38 LH wird vermutet, daß im Grundbuch eingetragene dingliche Rechte bestehen und in dem im Grundbuch im näheren bezeichneten Umfange dem eingetragenen Inhaber gehören. Nur wer unentgeltlich erwirbt, genießt nicht den Gutglaubensschutz, so daß Erben und Beschenkte ausgeschlossen sind (Art. 34 Abs. 3 LH). Die Vermutung bezieht sich aber nicht auf die Größe des Grundstücks. Vielmehr bezieht sich die Vermutung des Art. 38 LH nach der Rechtsprechnung des *Tribunal Supremo* allein auf rechtliche und nicht auf tatsächliche Umstände (Urteile vom 24.7.1987 und 11.7.1989).

Der Grundbuchbeamte trägt nach Art. 9 LH "Natur", Lage, Grenzen und Oberflächen des Grundstücks so ein, wie sie im Eigentumstitel (notarieller Kaufvertrag) festgestellt worden sind, ohne daß eine Überprüfung stattfindet. Der Erwerber sollte daher bei Zweifeln die Angaben selbst überprüfen. Den Eintragungen im Katasteramt kommt jedoch in gewisser Hinsicht eine Beweisfunktion zu.

> Grundstücksgröße
> Gutglaubensschutz des Erwerbers

✔ Eigentumsvorbehalt — *Reserva de Dominio*

Aus dem Prinzip der Vertragsfreiheit, normiert in Art. 1255 CC, wird die Zulässigkeit des Eigentumsvorbehalts gefolgert. Bei beweglichen Sachen ergibt sich die Zulässigkeit der Vereinbarung des Eigentumsvorbehalts aus Art. 12 Gesetz 50/1965 vom 17.7.1965. Der *Tribunal Supremo* hat in verschiedenen Urteilen die Zulässigkeit des Eigentumsvorbehalts auch bei Immobilien anerkannt (vgl. Urteile vom 15.3.1935 und vom 8.6.1963). In der Regel wird ein Eigentumsvorbehalt in der Weise vereinbart, daß sich der Verkäufer bis zur Zahlung des vollständigen Kaufpreises das Eigentumsrecht vorbehält. In der Praxis wird der Eigentumsvorbehalt mit Zusatzvereinbarungen verbunden, die entweder so aussehen, daß für den Fall der Nichtzahlung eine Miete oder Nutzungsentschädigung vereinbart wird, oder aber — was häufiger vorkommt — so, daß der Verlust der Anzahlungsbeträge aus dem Gesichtspunkt des pauschalierten Schadensersatzes oder der Vertragsstrafe als vereinbart gilt. Wichtig ist in diesem Zusammenhang die Bestimmung des Art. 1154 CC, wonach das Gericht die Vertragsstrafe herabsetzen kann.

Als ausgewogen sowohl im Interesse des Verkäufers als auch des Käufers läßt sich eine Regelung bezeichnen, wonach der Grundstücksverkauf zwar unter Eigentumsvorbehalt erfolgt, der Käufer jedoch im Grundbuch eingetragen wird. Der Verkäufer sichert sich in diesen Fällen gegen die Gefahr der Nichtzahlung zusätzlich dadurch, daß er sich vom Käufer üblicherweise Wechselakzepte geben läßt.

In der Regel wird in Fällen dieser Art eine Vertragsaufhebungsklausel *(Cláusula Resolutoria)* aufgrund der Bestimmungen der Art. 1504, 1124 CC vereinbart. Es bedarf dann jedoch eines Gerichtsurteils, um den Vertrag wieder rückabzuwickeln, es sei denn, die Kaufvertragsparteien heben diesen einverständlich auf.

>   Anwendbares Recht
>   Deutsches internationales Recht
>   Spanisches internationales Recht

✔ Eintragungsverfahren

Der spanische Notar ist nicht zur Vorlage der *escritura* beim Grundbuchamt und damit zum Vollzug des Rechtsgeschäfts im öffentlichen Register verpflichtet. Man sollte sich deshalb vorher erkundigen, wer das Eintragungsverfahren durchführt.

Nach Eingang der notariellen Telefax–Mitteilung von der erfolgten Beurkundung des Immobilienkaufs oder der Hypothekenbestellung ist ein sog. *Asiento de Presentación*, eine Art Vormerkung, einzutragen (Art. 255 Abs. 1 LH, 418 Ziff. 4 RH), der allerdings nur eine begrenzte Gültigkeit von zehn Arbeitstagen hat.

Die Vertragsparteien können beim Notar innerhalb von fünf Tagen eine *primera copia* bzw. *copia autorizada* der notariellen Beurkundung des Kaufvertrages abholen. Legt der Erwerber bzw. die von ihm beauftragte Person die *primera copia* innerhalb von 10 Arbeitstagen nach notarieller Protokollierung beim Grundbuchamt vor, so verlängert sich die Gültigkeitsdauer des *Asiento de Presentación* um weitere 60 Arbeitstage.

Die Eintragung des *Asiento de Presentación* bewirkt den Schutz des Erwerbers vor rechtsbeeinträchtigenden Verfügungen des noch eingetragenen Grundstückseigentümers oder vor Verfügungen Dritter (Art. 17, 24, 25, 32, 34, 64 LH).

Wird die *primera copia* hingegen nicht innerhalb von zehn Arbeitstagen nach notarieller Beurkundung beim Grundbuchamt vorgelegt, so verfällt der Schutz des Erwerbers gegen Dritteintragungen (Art. 418 Ziff. 4 RH) so lange, bis die *primera copia* zur Eintragung beim Grundbuchamt vorgelegt wird. Wird die *primera copia* nach Ablauf der 10–Tagesfrist beim Grundbuchamt vorgelegt, wird grundsätzlich ein neuer Eingangsvermerk eingetragen, der seinerseits den Rang ab Datum der Eintragung wahrt.

Die Gültigkeitsdauer des *Asiento de Presentación* kann bis auf 180 Tage verlängert werden, wenn die Steuern nachweisbar nicht vorher entrichtet werden können (Art. 255 Abs. 4 und 5 LH). Der Grundbuchrichter ist nach Art. 248 LH zur Eintragung des *Asiento de Presentación* bei Vorlage der *primera copia* verpflichtet. Dies gilt auch dann, wenn sie dem Grundbuchamt auf dem Postweg übermittelt wird (Art. 418 Ziff. 1 RH).

Nach Vorlage der *primera copia* zur Eintragung bzw. Verlängerung des *Asiento de Presentación* sind vom Erwerber die im Zusammenhang mit der notariellen Urkunde anfallenden Steuern zu begleichen, denn nach Art. 254 LH dürfen Eintragungen im Grundbuch nur vorgenommen werden, wenn die vorgeschriebenen Steuern zuvor beglichen worden sind. Die Steuern kann der steuerpflichtige Erwerber wiederum nur dann begleichen, wenn er über die erforderliche Steuernummer (NIE) bzw. NIF–Nummer) und die dazugehörigen Steueretiketten verfügt. Die Steuern sind innerhalb von 30 Werktagen nach der notariellen Beurkundung zu zahlen, andernfalls wird ein Säumniszuschlag fällig. Wird die *primera copia* sodann erneut nebst den steuerlichen Zahlungsbelegen beim Grundbuchamt vorgelegt, so führt dies grundsätzlich zur Eintragung des Erwerbers mit Rückwirkung auf den Tag der Eintragung des *Asiento de Presentación* (Art. 24 LH).

> Grundbuchamt / Notar — Institutionalisierte Zusammenarbeit

✔ Elektrizitätsverträge

Es handelt sich hierbei um Verträge privatrechtlichen Charakters zwischen dem Eigentümer oder Mieter einer Liegenschaft und der Liefergesellschaft. Aufgrund der Orden vom 24.2.1972 muß beim Antrag auf Elektrizitätsanschluß die sog. Bewohnbarkeitsbescheinigung *(Cédula de Habitabilidad)* vorgelegt werden.

> Bewohnbarkeitsbescheinigung — *Cédula de Habitabilidad*

✔ Enteignung — *Expropiación Forzosa*

Die Sicherheit der Immobilieninvestition, ein für den Anleger sehr wesentliches Moment, ist in Bezug auf Spanien–Immobilien aufgrund Art. 14 Abs. 1 des deutsch–spanischen Niederlassungsabkommens vom 23. 4. 1970 gewährleistet. Danach genießen Eigentum wie auch vergleichbare Rechte deutscher Staatsangehöriger oder Gesellschaften in Spanien den gleichen Schutz, wie er auch Spaniern zusteht. Nach Art. 14 Abs. 3 des Abkommens darf nur zum gemeinen Wohl und gegen eine Entschädigung enteignet werden, die dem Wert des Eigentums entsprechen und außerdem transferierbar sein muß. Die Rechtmäßigkeit der Enteignung und die Höhe der Entschädigung müssen in einem gerichtlichen Verfahren nachprüfbar sein.

Enteignungen können vorgenommen werden aufgrund des Gesetzes vom 16.12.1954 in Verbindung mit dem Decreto vom 26.4.1957. Voraussetzung ist unter anderem die Zahlung einer Enteignungsentschädigung innerhalb eines Zeitraums von sechs Monaten, wobei der Verkehrswert zugrunde zu legen ist.

> Denkmalschutz

> Küstengesetz

✔ Erbbaurecht — *Derecho de superficie*

Traditionell ist der Spanier eher darauf bedacht, Grund und Boden nicht zu verkaufen ihn für Kinder und Enkelkinder zu erhalten. Scheitert ein Verkauf einer interessanten Liegenschaft daran, daß die eigene, ideelle Wertschätzung des Grund und Bodens mit den aktuellen Marktpreisen absolut nichts zu tun hat, weil diese eher den Charakter von "Mondpreisen" hat, so kommt das *derecho de superficie* als praktikable Lösung in Betracht. Aus der spanischen Praxis ist bekannt, daß die Imbißkette McDonalds mit vielen verkaufsunwilligen Eigentümern gut gelegener Grundstücke Erbbaurechtsverträge über einen Zeitraum von 25 Jahren abschließt. Nach dem Ablauf dieser Zeit geht das Erbbaurecht wieder an den Eigentümer gemeinsam mit der hierauf errichteten Immobilie über, wenn nichts anderes vereinbart ist.

Das Erbbaurecht *(Derecho de superficie)* ist in den Art. 287 – 290 LS, welche mit Ausnahme des jeweils ersten Absatzes der Art. 287 und 288 weiterhin in Kraft sind, sowie in den Art. 1611, 1655 CC, 107 LH, 16 RH geregelt. Der Erbbauberechtigte ist berechtigt, auf fremdem Grund und Boden Gebäude des ihm das Erbbaurecht Übertragenden zu errichten, in gleicher Weise ein bestehendes Gebäude aufzustocken oder unter fremdem Boden zu bauen. Das Erbbaurecht muß notariell bestellt und im Grundbuch eingetragen werden, wobei die Grundbucheintragung ausnahmsweise konstitutiv ist. Die Übertragbarkeit und Belastbarkeit des Erbbaurechts ergibt sich aus der Bestimmung des Art. 287 Nr. 3 LS.

Das Erbbaurecht erlischt durch Zeitablauf, bei Nichterfüllung der Verpflichtung zur Errichtung des Bauwerks und bei Zusammenfall von Grundstückseigentum und Erbbauberechtigung.

> Reallasten — *Censos*

✔ Erbschaften

Die Erbsituation hinsichtlich spanischen Grundeigentums mit Bezug auf ausländische Erben oder Erblasser ist ausführlich dargestellt in der Monographie von **Löber** – Erben und Vererben in Spanien — Frankfurt 1998 (→ siehe **Literaturverzeichnis**).

An dieser Stelle sei nur kurz darauf hingewiesen, daß deutsches materielles Erbrecht dann zur Anwendung kommt, wenn der Erblasser die deutsche Staatsangehörigkeit besitzt (Art. 9 Ziff. 8 CC).

> Immobilienbesteuerung in Spanien
> Nießbrauchsrecht, lebenslängliches
> — *Derecho de usufructo vitalicio*

✔ Ersitzung
— *Usucapión / Prescripción adquisitiva*

Das Rechtsinstitut der Ersitzung ist in den Art. 1930 ff CC geregelt. Unter gewissen Voraussetzungen ist danach ein Eigentumserwerb an einer Immobilie möglich. Hierzu ist gemäß Art. 1940, 1941 CC grundsätzlich erforderlich, daß jemand aufgrund eines Titels (z.B. Kaufvertrag) über 10 Jahre lang ununterbrochen, unstreitig und für jedermann ersichtlich als gutgläubiger Eigenbesitzer den Besitz an einer Immobilie ausgeübt hat. Ist der eigentliche Eigentümer abwesend, so verlängert sich die Frist auf 20 Jahre. Nur beim Zusammentreffen sämtlicher Voraussetzungen findet die Ersitzung statt. Erfüllt der Ersitzer nicht sämtliche Voraussetzungen (ist er z.B. nicht gutgläubig), so kann die betreffende Person jedoch nach

Ablauf von 30 Jahren ununterbrochenen Besitzes das Eigentum an der Immobilie erwerben (Art. 1959 CC).

✔ *Escritura*

Das Zauberwort *Escritura* hat unter Ausländern vielfach zu verhängnisvollen Mißverständnissen geführt. *Escritura* bedeutet nichts weiter als 'Schrift'. *Escritura Pública* heißt 'öffentliche Schrift' oder 'öffentliche Urkunde'. Es gibt zahllose Arten öffentlicher Urkunden, die alle möglichen Willenserklärungen enthalten können. *Escritura Pública de Apoderamiento* heißt z.B. 'öffentliche Vollmachtsurkunde'; *Escritura Pública de Donación* heißt 'öffentliche Schenkungsurkunde'.

Zumeist bedeutet im Sprachgebrauch der Ausländer in Spanien das Wort *Escritura* notarieller Kaufvertrag *(Escritura Pública de Compraventa)*, die Verbriefung des Kaufvertrages. Die *Escritura Pública de Compraventa* ist Voraussetzung dafür, daß das Recht des Erwerbers im Grundbuch auch eingetragen wird. Die *Escritura* hat grundsätzlich nach Art. 1462 Abs. 2 CC den Eigentumsübergang zur Folge. Sie wird in aller Regel erst dann errichtet, wenn alle Verbindlichkeiten zwischen den Parteien erledigt sind oder Zug um Zug bei Unterzeichnung der *Escritura* erledigt werden.

Eine *Escritura de Compraventa* gliedert sich wie folgt:
- Urkunden–Nummer;
- Ort und Datum;
- Protokollierender Notar;
- Erschienene;
- Angabe, ob die Erschienenen im eigenen oder im fremden Namen handeln;
- Ausführungen hinsichtlich des zu verkaufenden Grundstücks mit Grundbuchangabe und Angabe des Voreigentümers und der Registerdaten.

Sodann folgen unter dem Oberbegriff *Estipulaciones* die einzelnen vertraglichen Vereinbarungen. Es geht hierbei um die Höhe des Kaufpreises, die Form der Zahlung bzw. die Erteilung der Zahlungsquittung, wer welche Steuern trägt etc. Zum Schluß autorisiert der protokollierende Notar die von ihm erteilte Ausfertigung, die nach Zahlung der entsprechenden Steuern zur Eintragung ins Grundbuch bestimmt ist.

> Beurkundung von Grundstückskaufverträgen
> vor ausländischen Notaren
> *Copia autorizada*
> Eintragungsverfahren
> Grundbuch — *Registro de la Propiedad*
> Notarielles Beurkundungsverfahren

✔ **Finanzierung spanischen Immobilienerwerbs durch deutsche Banken**

Die Finanzierung ausländischer Immobilien durch deutsche Banken gehörte bei Kreditverhandlungen lange Jahre eher zu den delikateren Themen. Der Geschäftsabschluß scheiterte zumeist daran, daß die Bank auf einer inländischen Absicherung bestand. Spätestens seit Maastricht hat sich der Wind gedreht. Schwache inländische Kreditnachfrage und bessere Marktkenntnisse deutscher Banken und Sparkassen über ausländische Immobilienmärkte und deren Rechtssystem haben dazu geführt, daß entsprechende Kreditgeschäfte mit Beleihung des ausländischen Immobilienobjektes zwar noch keine Routineangelegenheit jedoch möglich geworden sind. Auf dem interessanten spanischen Immobilienmarkt sind nicht nur deutsche Banken und Sparkassen sondern auch Bausparkassen tätig. Deutsche Großbanken befassen sich gleichwohl lieber mit der Finanzierung von Gewerbimmobilien als mit dem Ferienimmobiliengeschäft. Bausparkassen dürfen hingegen nur Privatimmobilien finanzieren.

Deutsche Kreditinstitute, die den Erwerb spanischer Immobilienprojekte finanzieren, verlangen in der Regel folgende **Kreditunterlagen**:

- Genaue Angaben über das zu finanzierende Objekt, also Bau– und Lageplan, Bauzeichnungen, Baubeschreibung, Berechnung der Wohnfläche und des umbauten Raumes;
- Falls ein Bau neu errichtet werden soll, einen amtlichen Bescheid der zuständigen Gemeinde; auch für bereits bestehende Objekte wird in der Regel die Vorlage der Baugenehmigung verlangt;
- Abschrift des notariellen oder privatschriftlichen Kaufvertrages;
- Auszug aus dem Eigentumsregister *(Nota Simple Informativa)*;
- Ablichtung der Bescheide über die Grundsteuer (IBI) der letzten fünf Jahre;
- Bewohnbarkeitsbescheinigung — *Cédula de Habitabilidad*;
- Bestätigung, daß alle Gebühren und Steuern bezahlt sind.

Die Bank läßt sich in der Regel von dem Kreditinteressenten auch bevollmächtigen, auf seine Kosten Wertgutachten einzuholen. Ein solches Gutachten kostet in der Regel zwischen 200,– und 400,– Euro.

Nach positivem Abschluß der Projektprüfung durch die finanzierende Bank legt diese dem Kunden einen Darlehensvertrag vor, in dem u.a. folgende Einzelheiten genauestens geregelt sind:
- Höhe des Darlehens;
- vereinbarter Zinssatz;
- vereinbarte Tilgung;
- Kosten des Darlehens;
- Voraussetzungen vorzeitiger Kündigung des Darlehens, etwa bei Nichteinhaltung der vereinbarten Ratenzahlungen;
- Rang des Grundpfandrechts.

Eine Grundschuld, die forderungsunabhängig ist, kennt das spanische Recht nicht. Die Absicherung der Bank erfolgt durch Bewilligung einer zumeist erstrangigen Hypothek. Die Hypothek wird in aller Regel in DM oder Euro bewilligt, wobei im spanischen Grundbuch *(Registro de la Propiedad)* der entsprechende Peseten– und Eurowert eingetragen wird.

In der Hypothekenbestellungsurkunde werden in der Regel noch folgende Punkte geregelt:

◆ Verzugszinsen (häufig ein Prozent pro Monat);

◆ Zahlungsort;

◆ Nebenkosten;

◆ Hypothekenvollstreckungsverfahren;

◆ Bewertung des Immobilienobjekts;

◆ Zustellungsanschrift;

◆ Anwendbares Recht.

Deutsche Finanzbehörden betrachten die Finanzierung ausländischer Immobilien durch Bausparkassen grundsätzlich als steuer– und prämienschädlich. Sofern innerhalb der steuerlichen Bindungsfrist von etwa sieben bzw. zehn Jahren seit Abschluß des Bausparvertrages eine ausländische Immobilie finanziert wird, können dem Sparer gewährte Wohnungsbauprämien, Sonderausgabenvergünstigungen und Arbeitnehmersparzulagen verlorengehen. Deutsche Kreditinstitute müssen jeweils gewährte Kredite der Banco de España im Rahmen des sog. NOF–Verfahrens anzeigen.

Abschließend sei noch darauf hingewiesen, daß eine Hypothekenbestellung vom spanischen Fiskus besteuert wird und sich damit die Nebenkosten zusammen mit den Notar– und Grundbuchgebühren auf ca. 1% des Kreditvolumens belaufen.

> Hypothek — *Hipoteca*

✔ *Finca* — Liegenschaft

In nahezu jeder *Escritura*, jedem notariellen Kaufvertrag taucht das Wort *Finca* auf. Diesem Begriff kommen vielfältige Bedeutungen zu. *Finca* kann sowohl Appartement als auch Bungalow oder allgemein Liegenschaft bedeuten. In der Sprache des täglichen Lebens ist *Finca* indes allein die Bezeichnung eines ländlichen Gutes. Eine Legal–Definition existiert nicht.

Bei einer Übertragung ist die Liegenschaft genau zu beschreiben (siehe Art. 1261 Nr. 2 CC). In der *Escritura* erfolgt die Angabe der Größe und der Grenzen der Liegenschaft und die exakte Angabe der Grundbuchbezeichnung. Es soll auch die Katasterbezeichnung aufgenommen werden.

> *Solar*

✔ Foralrechte

Neben dem *Código Civil*, der das gemeinrechtliche Gesetzbuch Spaniens darstellt, gelten in einzelnen Regionen Spaniens Sonderrechte (Foralrechte), die den Regelungen des *Código Civil* vorgehen. Es handelt sich hierbei um folgende Gebiete: Aragón, Balearische Inseln, Katalonien, Biscaya, Alava, Galizien, Navarra.

Befinden sich Grundstücke oder dingliche Rechte in diesen Gegenden, so muß mit Besonderheiten bei folgen Rechtsinstituten gerechnet werden: Kaufvertrag, Erbrecht, Nießbrauch, Dienstbarkeit, Vorkaufsrecht, Tausch, Güterrecht etc. In den Foralrechten werden bestimmte Sachenrechtstypen geregelt. Im katalanischen Foralrecht gibt es Sonderbestimmungen über die Dienstbarkeiten im Nachbarrecht. Das Ober– und Untereigentum ist eine foralrechtliche Konstruktion, die in den Foralrechten Kataloniens, der Balearen und Galizien erscheint. Die Foralrechte bedürfen meist nicht der Eintragung in das Grundbuch. Daher sollte der Käufer darauf achten, daß eine Vertragsklausel aufgenommen wird, daß solche Rechte nicht bestehen.

> Aloudialrechte

✔ Form von Verträgen

Verträge können nach spanischem Recht grundsätzlich formfrei geschlossen werden. Dies ist ausdrücklich in Art. 1278 CC normiert, der die Verbindlichkeit von Verträgen festlegt,»in welcher Form sie auch geschlossen sein mögen ..., sofern bei ihnen auch die für ihre Wirksamkeit wesentlichen Voraussetzungen vorliegen« (**Peuster** – Das spanische Zivilgesetzbuch, S. 13).

Anders als nach deutschem Recht, in dem die notarielle Form Wirksamkeitsvoraussetzung für einen Vertrag über eine unbewegliche Sache ist (§ 313 BGB), können Grundstückskaufverträge nach spanischem Recht formfrei abgeschlossen werden.

Gleichwohl ist die Eintragung des Eigentumsrechts wie auch anderer dinglicher Rechte im spanischen Grundbuch nur zulässig, wenn die öffentliche Form eingehalten ist, d.h. der Vertrag vor einem Notar oder einem Konsul abgeschlossen worden ist oder eine gerichtliche Verfügung vorliegt. Insoweit kann auch derjenige, der aufgrund eines privatschriftlichen Vertrages ein Grundstücksrecht erworben hat, von seinem Vertragspartner die Einhaltung der öffentlichen Form verlangen (Art. 1279 CC).

> Anwendbares Recht
> Deutsches Internationales Privatrecht
> *Escritura*
> Mündlicher Vertrag
> Notarieller Vertrag
> Spanisches internationales Privatrecht

✔ Garagen / Stellplätze — *Garaje / Aparcamiento*

Eigentumsverhältnisse an Garagen und auch an Stellplätzen können unterschiedliche Ausformungen haben. Befinden sich beispielsweise Garagen in Appartementhäusern, so kann je nach Ausgestaltung der Teilungserklärung *(Título Constitutivo)* eine Garage zu einer bestimmten Wohnung oder zu einem bestimmten Geschäftslokal gehören. Denkbar ist auch, daß das Garageneigentum ein Dritter besitzt, der selbst nicht Eigentümer einer Wohnung oder eines Geschäftslokals ist. Garagenhäuser in Großstädten werden vielfach nach dem Prinzip des Geschäftseigentums aufgrund des

Gesetzes über das horizontale Eigentum (LPH) errichtet. In der Regel wird für jede Garage ein gesondertes Grundbuchblatt angelegt.

> Eigentümerverpflichtungen
> Umlagen
> Wohnungseigentum — *Propiedad Horizontal*

✔ Gemeinschaftsantenne

Mit Verabschiedung des Real Decreto–Ley 1/1998 vom 27. Februar 1998 hat der spanische Gesetzgeber der Entwicklung der modernen Telekommunikationstechnologien Rechnung getragen und das alte Gesetz 49/1966 vom 23.7.1966 über Gemeinschaftsantennen abgelöst. Nach dem neuen Gesetz müssen neu errichtete Gebäude, die dem Wohnungseigentumsgesetz (LPH) unterliegen, mit den nötigen Infrastruktur–Vorrichtungen versehen werden, um die verschiedenen Wohnungen mit Satelliten–TV und via Kabel zu übermittelnden Telekommunikationsdienstleistungen versorgen zu können. Aber auch für die vor Inkrafttreten dieses Gesetzes errichteten Gebäude besteht unter bestimmten Voraussetzungen die Pflicht, die aufgezeigten Gemeinschaftsvorrichtungen zu schaffen (Art. 5 und 6 RDL 1/1998). Mit dem neuen Gesetz soll zum einen den Bedürfnissen der Verbraucher Rechnung getragen und zum anderen vermieden werden, daß die dem Wohnungseigentumsgesetz unterliegenden Gebäude weiterhin mit individuellen Satellitenschüsseln übersät werden. Für den Fall, daß ein Bauunternehmer oder eine Bauträgergesellschaft neu errichtete Gebäude, die dem Wohnungseigentumsgesetz unterliegen, nicht mit den vorgeschriebenen Infrastruktur–Vorrichtungen ausstattet, kann dies mit einer Geldstrafe von 5.000.001,– bis zu 50.000.000,– Peseten geahndet werden.

✔ Genehmigung — *Ratificación*

Wenn es um den Abschluß notarieller Verträge über spanisches Grundeigentum geht, befinden sich die Beteiligten häufig nicht zur gleichen Zeit am gleichen Ort, um den notariellen Vertrag *(Escritura Pública)* abzuschließen. Oftmals ist den Beteiligten die Möglichkeit des Vertragsschlusses ohne gleichzeitige persönliche Anwesenheit beider Vertragsparteien unbekannt. Es reicht aus, daß eine Vertragspartei mit einem Vertreter des anderen Vertragspartners, der lediglich eine mündlich erteilte Vollmacht besitzen muß, beim Notar einen Vertrag abschließt, wobei der mündlich Bevollmächtigte in der Urkunde erklärt, für den Vertretenen zu handeln, und verspricht, eine Genehmigungserklärung in notarieller Form nachzureichen. Diese Genehmigung erfolgt dann unter Vorlage der zu genehmigenden Urkunde *(Escritura Pública)* bei einem spanischen oder ausländischen Notar oder auch vor einem spanischen Konsulat. Beide Urkunden bilden dann die Grundlage für die Eintragung des Rechts des Erwerbers.

In der spanischen Notariatspraxis sind jedoch Fälle unüblich, in denen für den nicht anwesenden Verkäufer ein mündlich bestellter Vertreter *(Mandatario Verbal)* auftritt, dessen Handlungen dann vom vertretenen Eigen-tümer genehmigt werden (Art. 1259, 1727, 1892 CC). Dem Käufer einer Immobilie ist grundsätzlich davon abzuraten, mit einem nur verbal Bevollmächtigten einen Kaufvertrag abzuschließen, es sei denn, zu dem Eigentümer besteht ein besonderes Vertrauensverhältnis, oder aber der Kaufpreis verbleibt z.B. so lange auf einem Notaranderkonto, bis der Eigentümer die erforderliche Genehmigungserklärung abgibt.

>   Apostille
>   Stellvertretung
>   Vollmacht — *Poder*

✔ Gerichtsstand — *Jurisdicción*

Bei Meinungsverschiedenheiten mit internationalem Bezug stellt sich die Frage nach dem Gerichtsstand. Denn für einen internationalen Vertrag können zugleich Gerichte verschiedener Staaten zuständig sein.

Die internationale Zuständigkeit spanischer Gerichte ist bei Verträgen weit, da sie nicht nur durch den Entstehungsort der Vertragspflichten sondern auch durch deren Erfüllungsort begründet wird, genauso wie durch eine Handelsniederlassung oder Zweigstelle in Spanien oder durch Werbung gegenüber einem Verbraucher.

Die deutsche Zivilprozeßordnung (ZPO) enthält grundsätzlich keine besondere Regelung zur internationalen Zuständigkeit. Die Rechtsprechung hat daher folgenden Grundsatz entwickelt: Soweit nach den Vorschriften der §§ 12 ff. ZPO ein deutsches Gericht örtlich zuständig ist, liegt gleichzeitig die erforderliche internationale Zuständigkeit vor. Der Gerichtsstand eines deutschen Vertragspartners kann sich also aus den §§ 12 ff. ZPO ergeben. Er läßt sich insbesondere aus dem Wohnsitz des Beklagtenteils in Deutschland herleiten.

Grundsätzlich läßt sowohl das spanische als auch das deutsche Prozeßrecht Vereinbarungen über die Zuständigkeit von Gerichten im internationalen Rahmen zu. Im Einzelfall besteht allerdings wenig Spielraum. Über Voraussetzungen und Wirkungen entscheidet ggf. das jeweilige internationale Verfahrensrecht bzw. das jeweilige internationale Privatrecht und dann das jeweils für anwendbar erklärte nationale Recht.
Eine ausdrückliche Regelung der internationalen Zuständigkeit enthält aber das EWG–Übereinkommen über die gerichtliche Zuständigkeit und die Vollstreckung gerichtlicher Entscheidungen in Zivil– und Handelssachen vom 27.9.1968 (EuGVÜ). Die Vorschriften des EuGVÜ gehen den Zuständigkeitsregelungen des autonomen Rechts der Mitgliedstaaten vor. Das EuGVÜ ist für Deutschland und Spanien in der Fassung von San Sebastian in Kraft getreten. Anknüpfungspunkt für die internationale Zuständigkeit ist nach Art. 2 EuGVÜ der Wohnsitz des Beklagten in einem Vertragsstaat. Eine Vereinbarung der internationalen Zuständigkeit *(Prorogation)* ist nach dem EuGVÜ zulässig, soweit sie nicht gegen bestimmte Sondervorschriften verstößt. Sie kann zum einen durch ausdrückliche (schriftliche oder mündliche, schriftlich bestätigte) Vereinbarung zustandekommen und begründet dann, falls die Parteien nichts anderes ver-

einbaren, eine ausschließliche Zuständigkeit; zum anderen kann sie durch rügelose Einlassung des Beklagten erfolgen.
Eine ausschließliche Zuständigkeit sieht Art. 16 EuGVÜ für Rechtsstreitigkeiten im Zusammenhang mit Immobilien vor. Danach sind für Klagen, die dingliche Rechte an unbeweglichen Sachen sowie Miete oder Pacht von unbeweglichen Sachen zum Gegenstand haben, ohne Rücksicht auf den Wohnsitz die Gerichte des Vertragsstaates zuständig, in dem die unbewegliche Sache belegen ist. So verneinte das Landgericht Darmstadt seine Zuständigkeit unter Berufung auf Art. 16 des EuGVÜ, weil Time–Sharing–Ansprüche in Bezug auf ein in Spanien belegenes Objekt geltend gemacht wurden (AZ: 9 O 62/95). Kaufpreisklagen auch aus internationalen Immobilienverträgen können dagegen nach wie vor beim (deutschen) Gericht des Käufers erhoben werden. Eine Gerichtsstandsvereinbarung darf gegen diese Vorschrift nicht verstoßen, (Art. 17 Abs. 4 EuGVÜ).

Für Mietverträge, die über längstens sechs Monate laufen und von natürlichen Personen mit Wohnsitz in demselben Vertragsstaat abgeschlossen worden sind, läßt Art. 16 Nr. 1 EuGVÜ neben dem dinglichen Gerichtsstand auch den des Art. 2 EuGVÜ zu, mithin den des gemeinsamen Wohnsitzstaates. Nur in diesem Fall können beispielsweise von inländischen Vertragsparteien deutsche Gerichte angerufen werden. Sonst sind stets die spanischen Gerichte ausschließlich zuständig.

Ein wichtiges Urteil zu Art. 16 EuGVÜ hat der Europäische Gerichtshof am 26.2.1992 erlassen. Das Gericht hat entschieden, daß Verträge von deutschen Reiseveranstaltern über Ferienwohnungen im europäischen Ausland nicht als Mietverträge, sondern als Reiseverträge angesehen werden, mit der Folge, daß Art. 16 EuGVÜ nicht zur Anwendung kommt und vor deutschen Gerichten geklagt werden kann.

> Anwendbares Recht
> Deutsches internationales Privatrecht
> Spanisches internationales Privatrecht

✔ **Geschäftsfähigkeit**

Die Geschäftsfähigkeit von Ausländern in Spanien richtet sich nach ihrem Heimatrecht (Art. 9 Ziff. 1 CC), also z.b. für deutsche Staatsangehörige gilt das deutsche materielle Recht.

✔ **Geschäftsraumeigentum**

Geschäftsraumeigentum richtet sich nach der LPH, welche mit dem Gesetz 8/1999 reformiert wurde. Es wird rechtlich gleichbehandelt wie Wohnungseigentum. Für das selbständige Wohnungs– und Geschäftseigentum bilden sich besondere Grundbucheinheiten.

Einzelheiten über das Geschäftsraumeigentum ergeben sich aus der Monographie von **Löber/Pérez** – Wohnungseigentum in Spanien (→ siehe **Literaturverzeichnis**).

> Eigentümerverpflichtungen

> Umlagen

> Wohnungseigentum — *Propiedad Horizontal*

✔ *Gestoría*

Für Ausländer, die einfache Behördenangelegenheiten zu erledigen haben, hat sich die spanische Einrichtung der *Gestoría* häufig als segensreich erwiesen. Zu den typischen Berufsfunktionen einer *Gestoría*, die bisweilen einem Anwaltsbüro angegliedert ist, gehört die Vorlegung der Kaufvertragsurkunde bei den Finanzbehörden *(Hacienda)* und beim Grundbuchamt, Zahlung von Steuern, Verlängerung von Arbeitserlaubnissen, Redaktion von Schreiben. Angelegenheiten, die einen höheren Schwierigkeitsgrad aufweisen, sollten indessen im Interesse einer sachgemäßen Bearbeitung Anwälten übertragen werden.

✔ Grenzmauer

Bei dem Eigentum an Grenzmauern (*Medianería* — Art. 571 ff. CC) und Ähnlichem handelt es sich um eine Art Gemeinschaftseigentum, nach anderen Definitionen um eine nachbarrechtliche Beschränkung des Eigentumsrechts. Das Gesetz stellt verschiedene Vermutungsregeln auf, wann Grenzwände im Gemeinschaftseigentum stehen. Die Eigentümer haben gemeinsam für den Unterhalt der Grenzmauern zu sorgen, jeder Eigentümer kann die Grenzmauer z.b. durch Anbau nutzen, muß aber grundsätzlich das Einverständnis der anderen Eigentümer einholen.

> Grundstücksgrenze

✔ Grundbuch — *Registro de la Propiedad*

Es handelt sich hierbei um ein öffentliches Register, in das dingliche oder quasi–dingliche Rechte in Bezug auf unbewegliche Sachen eingetragen werden (Art. 605 CC, 1.1° LH). Es wird eine Sicherheit des Rechtsverkehrs damit bezweckt. Wer ein Grundstück oder Rechte hieran erwerben will, soll sich vorher vergewissern können, ob und in welchem Umfang Rechte bestehen.

Da im spanischen Recht Rechtsübertragungen auch ohne Eintragung ins Grundbuch erfolgen können, spiegelt das Grundbuch *(Registro de la Propiedad)* vielfach nicht die wahre Eigentumssituation wider. Es kann deshalb zu einem Auseinanderfallen zwischen dem wirklichen Eigentum und dem sogenannten Bucheigentum kommen, wenngleich an die Eigentümerposition im Grundbuch die Gutglaubensvermutung geknüpft wird. Das bedeutet, daß derjenige, der vom Bucheigentümer, also dem im Grundbuch registrierten Eigentümer, gutgläubig ein Recht erwirbt, dieses auch dann rechtswirksam erwirbt, wenn wirkliches Eigentum und Bucheigentum auseinanderfallen.

> Grundbuchsystem

> Gutglaubensschutz des Erwerbers

> Publizität des Grundbuchs — *Publicidad del Registro*

✔ Grundbuchamt / Notar
— Institutionalisierte Zusammenarbeit

Aufgrund des am 1.3.1995 in Kraft getretenen Real Decreto 2537/1994 besteht eine institutionalisierte Zusammenarbeit zwischen Notar und Grundbuchamt. Mit der Anweisung vom 2.12.1996 hat die Generaldirektion für Register und Notariate *(Dirección General de los Registros y el Notariado)* ergänzende Ausführungsbestimmungen mit folgenden Einzelheiten erlassen:

● Der Notar ist vor Beurkundung eines Immobilienrechtsgeschäfts grundsätzlich zur Grundbucheinsicht verpflichtet. Der Käufer einer Immobilie kann jedoch auf diese Vorinformation verzichten, wenn er Gründe der Eilbedürftigkeit vorbringt. Dem Käufer ist jedoch dringend davon abzuraten, auf diese Information, die letztlich seiner Sicherheit dient, zu verzichten. Der Notar holt die Informationen über das Grundstück in der Regel per Telefax vom Grundbuchamt ein. Der Grundbuchrichter ist zur unverzüglichen Auskunft — spätestens drei Tage nach Erhalt der notariellen Anfrage — verpflichtet, wobei sich diese auch auf beim Grundbuchamt eingegangene, aber noch nicht eingetragene Urkunden bezieht. Auch hat er über solche Auskunftsersuchen anderer Notare hinsichtlich der angefragten Liegenschaft *(Finca)* zu informieren, die in den letzten zehn Tagen vor der Anfrage eingegangen sind. Aufgrund des vorangegangenen notariellen Auskunftsersuchens hat der Grundbuchrichter eine neun Tage nachwirkende Informationspflicht gegenüber diesem Notar über zwischenzeitlich eingegangene Urkunden, aus denen sich eine veränderte Grundbuchsituation ergeben könnte. Auch hat der Grundbuchrichter über zwischenzeitlich eingegangene Auskunftsersuchen anderer Notare zu berichten. Dies hat binnen 24 Stunden per Telefax zu erfolgen.

● Wird der Kaufvertrag sodann innerhalb von zehn Tagen nach Erhalt der Grundbuchinformation vom Notar beurkundet, so hat der Notar das Grundbuchamt auf Verlangen der Parteien bzw. aufgrund eigener Entscheidung noch am selben Tage, spätestens aber innerhalb von 24 Stunden per Fax oder anderweitig von der erfolgten Beurkundung des Immobiliengeschäfts unter Angabe von Nummer und Datum des Protokolls, der Parteien, der erworbenen Rechte und der genauen Bezeichnung des Immobilienprojekts zu verständigen. Gleichzeitig hat der Notar den Grundbuchrichter um die Eintragung einer vorläufigen Vormerkung *(Asiento de Presentación)* zu ersuchen. Der Grundbuchrichter soll dem Notar noch am selben oder folgenden Werktage von der Eintragung der vorläufigen Vormerkung informieren. Nach Ablauf der 24–Stundenfrist darf der Grundbuchrichter eine vom protokollierenden Notar überreichte Mitteilung hinsichtlich der erfolgten Protokollierung nicht mehr in das Tagebuch eintragen. Dies ist wiederum dem protokollierenden Notar mitzuteilen. Geht die Urkundenausfertigung binnen zehn Arbeitstagen beim Grundbuchamt ein, so hat die entsprechende Faxmitteilung rangwahrende Wirkung, und die vorläufige Vormerkung wird um weitere 60 Arbeitstage verlängert.

● Stellt sich nach Eingang der Ausfertigung der Notariatsurkunde beim Grundbuchamt heraus, daß die Faxmitteilung des Notars leichte Unstimmigkeiten gegenüber der Urkunde selbst enthält, wird der sogenannte *Asiento de Presentación* vom Grundbuchrichter selbst berichtigt. Bei schwerwiegenden Abweichungen, etwa bei unrichtiger Bezeichnung der Parteien oder des übertragenen Rechts, verliert der *Asiento de Presentación* seine Rechtswirkung. Der Eingang der Notariatsurkunde beim Grundbuchamt führt in Fällen dieser Art dazu, daß der Grundbuchrichter einen neuen *Asiento de Presentación*, also eine neue Art Vormerkung rangwahrender Art, in das Tagebuch einträgt.

Die vorgenannten Maßnahmen des spanischen Gesetzgebers sind im grossen Zusammenhang mit dem europäischen Verbraucherschutz zu sehen. Die Verantwortlichkeit der spanischen Notare und Grundbuchrichter ist damit wesentlich verschärft und präzisiert worden. Die spanischen Notare werden erheblich stärker als früher in die Gesamtabwicklung eingebunden und auch zum Vollzug von Immobilienrechtsgeschäften verpflichtet. Da der Notar entsprechend der Formulierung des Art. 249.2 RN von Gesetzes wegen nicht unbedingt verpflichtet ist, das Grundbuchamt von der Beurkundung zu unterrichten, sollte man dies als Käufer bei der Beurkundung verlangen. In der Regel führen die Notare jedoch unaufgefordert die entsprechende Mitteilung an das Grundbuchamt aus.

> Eintragungsverfahren
> *Escritura*
> Notarielles Beurkundungsverfahren
> Privatschriftlicher Kaufvertrag

✔ **Grundbuchauszug — *Nota simple informativa***
Da das Grundbuchamt Eintragungsnachrichten nur dem jeweils gerade eingetragenen Erwerber eines Rechts zukommen läßt, andere Rechtsinhaber hiervon jedoch nicht automatisch Kenntnis erhalten, empfiehlt sich stets eine Grundbucheinsicht oder die Anforderung eines Grundbuchauszugs. Es gibt einen einfachen und einen qualifizierten Grundbuchauszug. Bei dem einfachen, der *Nota simple Informativa* gemäß Art. 332 RH, handelt es sich nur um eine unverbindliche Auskunft des Registrators. Dagegen erhält man mit dem qualifizierten Eigentumsregisterauszug in Form der *Certificación* nach Art. 223 LH eine amtliche Bestätigung, für deren Richtigkeit der Registrator haftet. Als öffentliche Urkunde beansprucht die *Certificación* nach Art. 1218 CC öffentlichen Glauben. Sie ist bei Rechtsstreitigkeiten vorzulegen. Für das tägliche Leben reicht dagegen der wesentlich billigere einfache Grundbuchauszug aus. Zur Beantragung eines Grundbuchauszugs sind der Name des Inhabers sowie nach Möglichkeit auch die Grundbuchdaten der Liegenschaft (Grundstücksnummer, Seite, Buch und Band) anzugeben.

> Publizität des Grundbuchs — *Publicidad del Registro*

✔ **Grundbucheintragung**

Aufgrund des Real Decreto 3503/1983 vom 21.12.1983 ist bestimmt worden, daß Grundbucheintragungen in der Regel innerhalb von fünfzehn Tagen nach dem Eingangsvermerk des Grundbuchamtes auszuführen sind, bei Vorliegen eines triftigen Grundes innerhalb von dreißig Tagen (siehe auch Art. 97 RH). Die Eintragung muß jedoch spätestens vor Ablauf der Gültigkeitsdauer des Eingangsvermerks *(Asiento de Presentación)* vorgenommen werden. Ist die Dokumentation nicht vollständig oder hat die Urkunde Mängel, so beginnt die Frist mit der Heilung des Mangels oder mit der neuen Beantragung. Der RD 3503/1983 und der Art. 97 letzter Absatz RH sehen sogar die Möglichkeit vor, daß wegen verspäteter Eintragung Beschwerde beim Gericht erster Instanz eingelegt oder der Grundbuchrichter *(Registrador de la Propiedad)* schadensersatzpflichtig wegen nicht erfolgter oder verspäteter Eintragung gemacht werden kann.

> Eintragungsverfahren

✔ **Grundbuchsystem**

Die spanischen Grundbuchämter unterstehen der *Dirección General de los Registros y del Notariado.* Das Grundbuch besteht aus zwei Büchern: dem *Libro Diario* (Tagebuch) und dem *Libro de Inscripciones* (das eigentliche Grundbuch). Über jedes Grundstück wird ein besonderes Grundbuchblatt eröffnet. Hierbei ist es gleichgültig, ob es sich um ein landwirtschaftliches oder um ein Baugrundstück handelt. Wohnungseigentum und Geschäftslokale werden als besondere Grundbucheinheiten geführt.

Im Gegensatz zum deutschen Recht kennt das *Registro de la Propiedad* keine Grundakten; die Kontinuität der Eintragungen ergibt sich grundsätzlich aus dem jeweils letzten Rechtstitel eines bestimmten Grundstücks. Deshalb wird in öffentlichen Urkunden stets auf den Rechtstitel, z.B. auf das Eigentumsrecht des Veräußerers, Bezug genommen und dieses genau umschrieben; es werden alle rechtlich relevanten Tatsachen und Verträge, die sich auf ein Grundstück beziehen, festgehalten. Der Inhalt des Rechtstitels wird in der Eintragung wiedergegeben (Art. 21, 9 LH, 51 RH). Das *Registro de la Propiedad* ist nicht wie das deutsche Grundbuch in Abteilungen untergliedert. Jedes Grundbuchblatt ist in drei Spalten aufgeteilt:

> **Die drei Spalten des spanischen Grundbuchs**
> ◆ die linke Spalte ist für die Randvermerke *(notas marginales)*,
> ◆ die mittlere Spalte für die fortlaufende Nummerierung,
> ◆ die rechte Spalte für den Gegenstand der Eintragung
> (Rechtstitel des Erwerbs und der Eigentümer).

Normaleintragungen werden mit laufenden Ziffern, Zwischeneintragungen mit Buchstaben versehen, um die Reihenfolge zu kennzeichnen. Den Randvermerken kommt mehr Hinweischarakter zu. Bei Löschungen von Rechten wird neben der Eintragung eine Randnote angebracht, die auf eine spätere, rechtsverändernde Eintragung verweist.

Die Eintragung im spanischen Grundbuch hat mit wenigen Ausnahmen keine rechtsbegründende, sondern lediglich deklaratorische Wirkung. Das bedeutet, daß die Rechtsänderung sich außerhalb des Grundbuchs vollziehen kann, ohne daß dies einen Niederschlag im Grundbuch findet. So genügt z.B. zum Eigentumserwerb der private Kaufvertrag zusammen mit der Übergabe der Sache (Art. 609, 1278, 1462 CC).

➜   ➜   Rechtswirklichkeit und Rechtsschein

Rechtswirklichkeit und Rechtsschein können also auseinanderfallen. In der Regel bewirkt die Eintragung eines Rechts im Grundbuch zwar eine Rechtsverstärkung; die Eintragung hat jedoch — abgesehen von gewissen Ausnahmen — nicht die Rechtswirkung, daß mit ihr das Recht entsteht.

Im spanischen Recht besteht grundsätzlich keine Verpflichtung zur Eintragung von Rechten im Grundbuch. Gleichwohl ist die Eintragung von Rechten in jedem Fall zu empfehlen, da an die Eintragung bestimmte Vermutungen geknüpft werden und ein gutgläubiger Dritterwerb verhindert werden kann. Die Richtigkeit des Grundbuchs wird zum Schutze des Rechtsverkehrs vermutet (Art. 38 LH). Gemäß Art. 34 LH wird ein Dritterwerber, der im guten Glauben entgeltlich ein Recht von einer im Grundbuch eingetragenen Person erwirbt, in seinem Erwerb geschützt, sobald sein Recht eingetragen ist, selbst wenn sich später das Recht des Verfügenden aus Gründen, die sich aus dem Grundbuch nicht ergeben, als nichtig oder vernichtbar darstellt. Es besteht eine Vermutung, daß der Erwerber gutgläubig ist. Allerdings genießt der Erwerber eines unentgeltlichen Rechts gemäß Art. 34 Abs. 3 LH nicht den Schutz, den sein Rechtsvorgänger besaß.

Das Eintragungsverfahren wird durch den Antrag, der sich aus der Übergabe des Rechtstitels *(Escritura Pública)* ergibt, in Gang gesetzt. Die Übermittlung des Rechtstitels kann auch auf dem Postwege erfolgen (Art. 418 Ziff. 3 RH). Antragsberechtigt sind Erwerber wie Veräußerer, desgleichen solche Personen wie Gläubiger oder Bürgen, die ein rechtliches Interesse an der Eintragung haben (Art. 6 LH). Wer die notarielle Urkunde zur Eintragung vorlegt, gilt als bevollmächtigter Antragssteller (Art. 39 RH). Eine Verpflichtung des beurkundenden Notars zur Vorlage des Rechtstitels beim Grundbuchamt besteht nicht, gleichwohl aber ein entsprechendes Recht. Man sollte sich daher bereits vor der Beurkundung vergewissern, wer das Eintragungsverfahren anschließend durchführt.

→   →   Tagebuch — *Diario*
Jedes Grundbuchamt führt ein Tagebuch, in dem die Vorlage einer jeden *Escritura* vermerkt wird (Art. 248 LH). Der Zeitpunkt der Vorlage kann deshalb von großer Bedeutung sein, weil sich hieran Rechtswirkungen knüpfen wie Rang eines Rechts oder Erwerb eines Rechts mit oder ohne Belastung. Hat etwa der Veräußerer eines Grundstücks zeitlich vor der Veräußerung eine Hypothek zugunsten eines Dritten bestellt, wird diese Hypothekenbestellungsurkunde dem Grundbuchamt aber erst nach Vorlage des notariellen Kaufvertrags *(Escritura Pública de Compraventa)* vorgelegt,

so erwirbt der Grundstückserwerber ein unbelastetes Eigentumsrecht. Wäre hingegen die Hypothekenbestellungsurkunde zunächst eingereicht worden, so hätte der Erwerber ein mit dieser Hypothek belastetes Eigentumsrecht erworben. In diesem Zusammenhang verdient auch das Urteil des *Tribunal Supremo* vom 6. April 1996 Erwähnung. Danach erwirbt ein Käufer selbst dann lastenfreies Eigentum, wenn nach notarieller Beurkundung aber noch vor Eintragung des Eigentümerwechsels Gläubiger des Verkäufers eine *anotación preventiva de demanda* (vormerkende Eintragung im Grundbuch aufgrund einer Klage) oder ein *embargo* (dinglicher Arrest) gegen den Veräußerer im Grundbuch hat eintragen lassen. Entscheidend sei allein, daß die *anotación preventiva* bzw. der *embargo* noch nicht im Grundbuch eingetragen war, als der Kaufvertrag notariell beurkundet wurde.

→   →   Prioritätsprinzip

Das Prioritätsprinzip ist in Art. 24 LH niedergelegt. Die Vorlageeintragung hat allerdings nur eine Rechtswirkung für 60 Werktage von dem auf die Eintragung folgenden Tag an. Der Grundbuchführer soll grundsätzlich binnen 30 Tagen, spätestens jedoch innerhalb eines Zeitraums von 60 Tagen nach Vorlage, das Recht eintragen, wobei er zunächst eine Prüfung vornimmt. Heilbare Eintragungshindernisse werden dem Antragssteller mitgeteilt.

Von besonderer Wichtigkeit erscheint der Hinweis, daß das spanische Grundbuchamt die Beteiligten nicht von sich aus auf die grundbuchliche Änderung von Rechten hinweist. Nur der Erwerber eines Rechts erhält Kenntnis von der Eintragung durch Rückgabe der mit der Eintragungsnachricht versehenen öffentlichen Urkunde *(Escritura Pública)*. Eigentümern von Immobilien ist daher durchaus zu empfehlen, hin und wieder einen Grundbuchauszug anzufordern.

>   Grundbuch

>   Grundbuchauszug — *Nota simple informativa*

✔ Grundschuld

Das spanische Recht kennt die Grundschuld des deutschen Rechts, ein forderungsunabhängiges Grundpfandrecht, nicht.

> Hypothek — *Hipoteca*

✔ Grundstücksbelastungen — *Cargas y Gravámenes*

Es gibt Grundstücksbelastungen, die im Grundbuch eingetragen sind, wie beispielsweise die Hypothek, eine Dienstbarkeit, Nießbrauch, ein Censorecht, eine Vertragsauflösungsklausel, ein Eigentumsvorbehalt etc. Es gibt aber auch Belastungen, die nicht notwendigerweise im Grundbuch eingetragen, gleichwohl aber vorhanden sind. Maßgebend sind insoweit Sonderbestimmungen, die z.b. im Mietrecht vorzufinden sind. So werden in aller Regel Mietverträge genausowenig im Grundbuch eingetragen wie Leitungsrechte für Wasser oder Elektrizität.

Da aufgrund der LAU ein außerordentlich starker Mieterschutz besteht, der Mieter sogar ein gesetzliches Vorkaufsrecht besitzt, sollte käuferseits auch in privatschriftlichen Verträgen darauf bestanden werden, vom Verkäufer die Erklärung zu erhalten, daß sich das Grundstück frei von Lasten und Mietverhältnissen befindet. Andererseits kann aber die fehlende Eintragung von Rechten Dritter im Grundbuch dazu führen, daß der Erwerber, der hiervon keine Kenntnis hatte, das Grundstück unbelastet erwirbt. Bestand beispielsweise ein Nießbrauchrecht zugunsten eines Dritten, das im Grundbuch nicht eingetragen worden ist, so erwirbt der gutgläubige Erwerber das Grundstück lastenfrei.

> Gutglaubensschutz des Erwerbers
> Mietverträge — *Contratos de Arrendamiento*

✔ Grundstücksgrenze

Zur amtlichen Feststellung der Grundstücksgrenze kann ein Gerichtsverfahren eingeleitet werden (*Expediente de Deslinde*, Art. 384–387 CC), wenn keine Einigung mit dem Nachbarn über den Grenzverlauf erzielt werden kann. Der Richter setzt dann aufgrund der Besitzurkunde und sonstigen Beweismitteln der Parteien die Grenzen endgültig fest.

> Grenzmauer

✔ Grundstücksgröße

Grundstücke in Spanien sind häufig nicht korrekt vermessen. In der Vergangenheit wurden sogar aus Gründen der Steuererparnis Grundstücksgrößen bewußt niedriger angegeben, als dies tatsächlich der Fall war. Deshalb sind die Bestimmungen des *Código Civil* (Art. 1469 CC) über die Grundstücksgröße von besonderer Bedeutung. Wenn der Kaufpreis unabhängig von der Größe festgelegt worden ist, dann hat der Käufer bei einer Abweichung keinerlei Rechte gegenüber dem Verkäufer (Erwerb eines *Cuerpo Cierto*). Dasselbe gilt, wenn zwei oder mehr Grundstücke zu einem Gesamtpreis verkauft worden sind.

Hat der Käufer ein größeres Grundstück als im Vertrag festgelegt erworben und ist der Kaufpreis unter Zugrundelegung eines bestimmten Quadratmeterpreises bestimmt worden, so muß der Käufer bei einer Abweichung von bis zu 5% den Kaufpreis entsprechend nachzahlen. Bei mehr als 5% Abweichung hat der Käufer die Wahl, ob er den gesamten Mehrwert entrichten oder aber vom Vertrag zurücktreten will. Weist das Grundstück eine geringere Fläche als vertraglich vereinbart auf, so hat der Erwerber ein Minderungs– bzw. ein Rücktrittsrecht (Art. 1469 CC).

Aufgrund der nur sechsmonatigen Verjährungsfrist von kaufvertraglichen Ansprüchen wegen Über– oder Mindergröße des verkauften Grundstücks empfiehlt es sich in Zweifelsfällen, bereits vor Kaufvertragsabschluß, in jedem Fall aber unverzüglich danach, ein Vermessungsbüro mit der Vermessung zu beauftragen. Der so erstellte Grundstücksplan sollte nach Möglichkeit in den Vertrag mit einbezogen werden. Ferner ist es ratsam, die so ermittelten Grundstücksgrenzen auch auf dem Grundstück selber zu markieren, falls dies nicht schon vorher geschehen ist. Auf die Eintragung im Grundbuch kann nicht vertraut werden, weil sich die Eigentumsvermutung nicht auf die Grundstücksgröße bezieht (Art. 38 LH).

> Grundstücksgrenze
> Katasteramt — *Catastro*
> Verkäuferpflichten — *Obligaciones del Vendedor*

✔ **Gutglaubensschutz des Erwerbers**
Der Käufer, der von einem Nichtberechtigten, aber im Grundbuch als Eigentümer eingetragenen Verkäufer erwirbt, wird unter folgenden Voraussetzungen in seinem guten Glauben an die Richtigkeit der Grundbucheintragung geschützt:

1. Es muß der Erwerb des Rechts durch ein Verkehrsgeschäft
   gewollt sein.
2. Das den Erwerb begründende Rechtsgeschäft muß wirksam sein.
3. Der Veräußerer muß durch das Grundbuch legitimiert sein.
4. Der Erwerber muß gutgläubig sein.
5. Es muß sich um ein entgeltliches Rechtsgeschäft handeln.
6. Der Erwerbstitel muß zugunsten des Erwerbers im Grundbuch
   eingetragen werden.

Im konkreten Fall bedeutet dies, daß demjenigen, der gutgläubig von einem im Grundbuch Eingetragenen entgeltlich ein Recht erwirbt und seinerseits eingetragen wird, dieses Recht auch dann zusteht, wenn der Eingetragene nicht Rechtsinhaber war oder das Geschäft, auf dem sein Recht beruhte, rückwirkend beseitigt wurde. Andererseits genießt der Erwerb durch Erbfolge oder Schenkung keinen Gutglaubensschutz. Der gute Glaube muß sich auf die Eigentümerstellung und die Verfügungsberechtigung des Veräußerers beziehen. Die Gutgläubigkeit des Erwerbers wird vermutet; angebliche Rechtsinhaber müssen beweisen, daß der Erwerber die Unrichtigkeit des Grundbuchs kannte (Art. 34 LH). Auch die grobe Fahrlässigkeit schließt den guten Glauben aus (Art. 36 LH). Für den Zeitpunkt des guten Glaubens ist die Übergabe maßgeblich. Da im spanischen Grundstücksrecht Rechtsübertragungen häufig außerhalb des Grundbuchs vor sich gehen, kommt dem Gutglaubensprinzip eine erhebliche Bedeutung zu.

> Grundbuchsystem
> Privatschriftlicher Kaufvertrag

✔ Hotelappartements

Spanische Hotels gehören vielfach zahlreichen Eigentümern, die jeweils ein Hotelappartement besitzen. Auf Fälle dieser Art ist grundsätzlich die kürzlich reformierte LPH anwendbar. Die einzelnen Eigentümer schließen in der Regel mit einer Gesellschaft Bewirtschaftungsverträge ab und erhalten das Recht, einige Wochen im Jahr zu einem Vorzugspreis oder gratis im Hotel zu wohnen. Die rechtlichen Beziehungen der Hotelappartementbesitzer untereinander richten sich — ebenso wie bei anderen Wohnungseigentümergemeinschaften — nach der LPH.

> Bewirtschaftung
> Eigentümerverpflichtungen
> Grundbuchsystem
> Wohnungseigentum — *Propiedad Horizontal*

✔ Hypothek — *Hipoteca*

Im spanischen Recht ist ein von der Forderung unabhängiges dingliches Sicherungsrecht, vergleichbar mit unserer Grundschuld, unbekannt. Wichtigstes Kreditsicherungsinstrument ist daher die Hypothek, die im spanischen Recht stets als Buchhypothek bestellt wird. Briefhypotheken sind daher unbekannt. Die Immobiliarhypothek des spanischen Rechts ist ein dingliches Verwertungsrecht an unbeweglichen Sachen, das zur Sicherung einer Forderung bestellt wird, von deren Bestand sie abhängig ist (Akzessorietätsprinzip, Art. 1857 ff CC).

Im Gegensatz zum deutschen Recht gibt es in Spanien über die Immobiliarhypothek hinaus auch Hypotheken an dinglichen Rechten wie z.b. an Wasser– und Weiderechten (Art. 106, 107 LH). Außerdem ist es möglich, Hypotheken an beweglichen Sachen zu bestellen. Nachfolgend soll allerdings nur von der Immobiliarhypothek die Rede sein. Die gesetzlichen Grundlagen finden sich im *Código Civil*, im Hypothekengesetz (*Ley Hipotecaria* — LH) sowie in der hierzu ergangenen Durchführungsverordnung (*Reglamento Hipotecario* — RH).

Gemäß Art. 1875 CC, Art. 145 LH entsteht die Hypothek erst mit ihrer Eintragung im Grundbuch *(Registro de la Propiedad)*. Dies ist insbesondere deshalb zu beachten, weil die Grundbucheintragung hier im Gegensatz zur Übereignung von Immobilien konstitutiven Charakter hat, d.h. das Hypothekenrecht entsteht erst mit der Eintragung.

■ I.   Vertragliche Hypotheken — *Hipotecas Voluntarias*

Die vertraglichen Hypotheken werden in Form eines notariellen Vertrages zwischen Grundstückseigentümer und Gläubiger bestellt. Voraussetzungen sind die freie Verfügungsbefugnis des Eigentümers und das Bestehen einer abzusichernden Forderung. Durch die Hypothek wird allerdings die persönliche Schuld oder Haftung nicht ausgeschlossen; diese besteht vielmehr neben der dinglichen Sicherung weiter (Art. 105 LH), es sei denn, die Haftung des Schuldners wurde in der notariellen Urkunde ausdrücklich auf das Grundstück beschränkt (Art. 140 LH). Deckt z.B. der in der Versteigerung erzielte Erlös nicht die gesamten Schulden ab, so steht es dem Gläubiger, in der Regel eine Bank, frei, weitere Vermögen seines Schuldners zu pfänden.

Die Hypothekenforderung kann ganz oder teilweise abgetreten werden (Art. 1878 CC, Art. 149 LH). Erforderlich sind ein notarieller Abtretungsvertrag, die Eintragung im Grundbuch und die Mitteilung an den Schuldner. Um den Wechsel der Hypothekenbank für die Schuldner attraktiver zu gestalten, hat der Gesetzgeber die Kosten hierzu mit Erlaß des Gesetzes 2 / 1994 vom 30. März bedeutend gesenkt. So ist die Hypothekenabtretung steuerfrei, und auch die Gebühren für Notare und Grundbuchamt wurden erheblich ermäßigt. Ferner darf die Bank bei vorzeitiger Darlehensrückzahlung grundsätzlich nur 1% an Vorfälligkeitsentschädigung verlangen. Sofern eine neue Bank erheblich günstigere Zinskonditionen anbietet, kann es mithin durchaus interessant sein, die Bank zu wechseln. Zum Vollzug des Gläubigerwechsels ist erforderlich, daß der Schuldner die geänderten Konditionen der neuen Bank akzeptiert und hiervon sodann die alte Bank unterrichtet. Zugleich ist die alte Bank verpflichtet, die neue Bank auf Anforderung innerhalb von 7 Arbeitstagen über den aktuellen Schuldenstand zu unterrichten. Diese Mitteilung hat für die alte Bank bindende Wirkung. Die alte Bank kann den Gläubigerwechsel nur dadurch vermeiden, indem sie die Konditionen des Hypothekenvertrages mit ihrem Schuldner neu festlegt.

Das Recht, aus der Hypothek vorzugehen, verjährt innerhalb einer Frist von 20 Jahren von dem Zeitpunkt an, in dem der Gläubiger seine Rechte geltend machen kann (Art 1964 CC).

Die Hypothekenbestellung durch ausländische Banken an spanischem Grundbesitz sowie die Kreditaufnahme von Ausländern bei spanischen Banken, sei es in spanischer oder ausländischer Währung, ist mittlerweile vollständig liberalisiert worden.

Dem in Deutschland ansässigen Erwerber eines in Spanien belegenen Immobilienprojektes steht es somit frei, bei seiner deutschen Hausbank einen hypothekarisch abzusichernden Kredit aufzunehmen oder die Finanzierung über eine spanische Bank abzuwickeln, wobei darauf hinzuweisen ist, daß auch spanische Banken DM– oder Euro–Kredite vergeben. Auch unterhalten immer mehr deutsche Banken Zweigstellen in Spanien. Entscheidendes Kriterium für den Erwerber wird letztlich die jeweils maßgebliche Zinshöhe sein.

Zu erwähnen ist in diesem Zusammenhang, daß es sich trotz fortschreitender Liberalisierung im europäischen Kapitalverkehr noch immer empfiehlt, bei der Finanzierung der in Spanien belegenen Ferienimmobilie durch einen in Deutschland ansässigen Kreditgeber den Hypothekenvertrag vor einer spanischen Urkundsperson abzuschließen und den Kreditbetrag in Peseten und Euros auszudrücken. Auf diese Weise umgeht man langwierige Auseinandersetzungen über die Gültigkeit und Eintragbarkeit von Verträgen, die ausländische Notare beurkundet haben; auch wird die Grundbucheintragung, ohne die oftmals eine Auszahlung nicht erfolgt, beschleunigt.

Eine geringere Sicherheit bietet die sogenannte einseitige Hypothek *(hipoteca unilateral)* gemäß Art. 141 LH, die der Schuldner zu Gunsten des Gläubigers ohne dessen Mitwirkung bestellt. Solange es in dem Gläubiger–Schuldner–Verhältnis nucht zu Leistungsstörungen kommt, ist die Einscitigkeit unproblematisch. Will jeoch der Gläubiger aus der Hypothekenurkunde gegen den Schuldner vorgehen, so muß er vor Durchführung der Zwangsvollstreckung die Hypothek in notarieller Urkunde annehmen. Es besteht sogar die Möglichkeit, daß der Schuldner den Gläubiger zur Annahme der Hypothek auffordert und dieser bei Nichtannahme innerhalb von zwei Monaten ohne das Erfordernis der Zustimmung des Gläubigers die Löschung der Hypothek verlangen kann (Art. 141 II LH).

Die übliche Hypothek ist die Verkehrshypothek *(hipoteca de tráfico* oder *hipoteca ordinaria,* geregelt in Art. 104 ff. LH).
Die Höchstbetragshypothek *(hipoteca de máximo)* findet ihre Regelung in den Art. 153 LH i.V.m. Art 245 und 246 RH. Die Rentenhypothek *(hipoteca en garantía de rentas)* ist in Art. 157 LH geregelt.

■ II.   Gesetzliche Hypotheken — *Hipotecas Legales*

Gesetzliche Hypotheken können in bestimmten gesetzlich festgelegten Fällen verlangt werden (Art. 168 LH).

Dies gilt im Familienrecht für bestimmte Forderungen von Ehefrauen im Hinblick auf das Vermögen der Ehemänner, in bestimmten Fällen des Erbrechts und für festgelegte Forderungen minderjähriger Kinder gegenüber ihren Eltern oder Vormündern; aber auch für Forderungen des Staates gegenüber seinen Vertragspartnern oder gegenüber den steuerpflichtigen Bürgern in gesetzlich festgelegten Fällen sowie für Forderungen von Versicherungsgesellschaften in Bezug auf ihre Prämien.

Die gesetzliche Hypothek entsteht wie die vertragliche erst durch Eintragung im Grundbuch (Art. 159 LH). Voraussetzung ist das Vorliegen eines Titels. Nach der Eintragung entfaltet sie dieselben Wirkungen wie die vertragliche Hypothek.

Eine gewisse Sonderstellung genießt allerdings der Staat als Gläubiger. Dessen Forderungen gehen denen anderer Gläubiger oder denen eines etwaigen Erwerbers vor, wenn es sich um Steuerschulden des laufenden und des vergangenen Jahres handelt, für die die Immobilie haftet (Art. 194 Abs. 1, 2 LH). Dies gilt auch dann, wenn die Hypothek noch nicht im Grundbuch eingetragen ist. Will der Fiskus darüber hinausgehende Steuerrückstände eintreiben, so bedarf es der Eintragung einer gesetzlichen Hypothek (Art. 194 Abs. 3 LH). Allerdings genießt er auch dann Vorrechte gegenüber anderen Gläubigern.

■ III.   Vollstreckung — *Ejecución*

Für den Fall, daß der hypothekarisch abgesicherte Kredit nicht zurückgezahlt wird, sieht das spanische Recht drei Vollstreckungsverfahren vor:

1.   Ordentliches Vollstreckungsverfahren — *Juicio Ejecutivo*

Das ordentliche Vollstreckungsverfahren folgt den allgemeinen Regeln der Zwangsvollstreckung, die im spanischen Zivilprozeßrecht und im Hypothekenrecht niedergelegt sind (Art. 1429 LEC, 222–224 RH).

2. Außergerichtliches Vollstreckungsverfahren
— *Ejecución Extrajudicial*

Der Oberste Gerichtshof hat durch Urteil vom 04.05.1998 das außergerichtliche, materielle Zwangsversteigerungsverfahren für verfassungswidrig erklärt mit der Begründung, daß für Rechtstreitigkeiten und hieraus folgenden Zwangsvollstreckungen eine ausschließlich gerichtliche Zuständigkeit vorliege. Vor einer gesetzlichen Neuregelung dieser Materie kann deshalb gegenwärtig weder die Vereinbarung des außergerichtlichen Vollstreckunsverfahrens in Hypothekenurkunden noch ein entsprechendes Verfahren im Rahmen der Zwangsvollstreckung aus einer Hypothek empfohlen werden.

3. Summarisches Verfahren — *Procedimiento Judicial Sumario*

In der Praxis am bedeutsamsten ist bisher das in Art. 131 ff. LH festgelegte summarische Verfahren. Die Anwendung des summarischen Verfahrens setzt voraus, daß auf dieses Verfahren in der Hypothekenbestellungsurkunde bereits Bezug genommen wurde und der Mindestversteigerungswert der Immobilie sowie die Zustellungsanschrift des Schuldners in der Urkunde angegeben wurden. Allerdings ist auch im summarischen Verfahren eine Klage bei dem zuständigen Gericht Voraussetzung. Im Rahmen dieses Verfahrens ist der Schuldner zur Zahlung der offenen Kreditsumme innerhalb von zehn Tagen aufzufordern. Diese Voraussetzung stößt gerade bei ausländischen Schuldnern häufig auf Schwierigkeiten, wenn in der Urkunde keine spanische Zustellungsadressse angegeben ist.

Nachdem das Gericht festgestellt hat, daß der Schuldner und eventuell nachrangige Gläubiger vom Verfahren informiert und alle entsprechenden Fristen und Formvorschriften eingehalten worden sind, bestimmt es drei Termine zur Zwangsversteigerung, die jeweils im Abstand von wenigstens 20 Tagen abgehalten werden.

Im ersten Termin findet ein Zuschlag nur statt, wenn das in der Urkunde enthaltene Mindestgebot erreicht wird. Wenn in diesem Termin kein hinreichendes Gebot abgegeben wird, kann der Gläubiger innerhalb einer Frist von fünf Tagen gegen Zahlung der offenen Kreditsumme den Zuschlag an sich verlangen.

Im zweiten Termin müssen 75% des Mindestpreises erzielt werden. Ist dies nicht der Fall, kann der Gläubiger wiederum innerhalb einer Frist von fünf Tagen unter den vorgenannten Bedingungen den Zuschlag an sich verlangen.

Werden in den ersten beiden Terminen keine entsprechenden Gebote abgegeben, dann kommt es zu einem dritten Termin, in dem kein Mindestgebot mehr erforderlich ist. Wird in diesem Termin ein Gebot abgegeben, welches 75 % des Mindestpreises nicht erreicht, so können der Eigentümer und der Gläubiger innerhalb einer Frist von neun Tagen ein verbessertes Gebot abgeben. Andernfalls erhält derjenige den Zuschlag, der während des Termins ein Gebot abgegeben hat.

Wer an der Versteigerung teilnehmen will, muß vorab eine Sicherheit leisten, die das Gericht festsetzt, mindestens jedoch 20 % des Mindestgebots. Nach erfolgtem Zuschlag muß der Ersteigerer binnen acht Tagen den entsprechenden Betrag beim Gericht hinterlegen (Art. 131 Ziff. 15 LH).

> Grundstücksbelastungen — *Cargas y Gravámenes*
> Finanzierung spanischen Immobilienerwerbs durch deutsche Banken
> Steuerhypothek — *Hipoteca Legal por Impuestos*
> Kauf eines mit einer Hypothek belasteten Grundstücks
> Kauf in der Zwangsversteigerung
> Zwangsversteigerung

✔ Immobilienbesteuerung in Spanien
◆ 1. Situation nach dem deutsch–spanischen Doppelbesteuerungsabkommen

Das im Jahr 1968 in Kraft getretene deutsch–spanische Doppelbesteuerungsabkommen bezieht sich auf die Einkommen– und Vermögensteuer. Es weist dem Belegenheitsstaat die Besteuerung von Grundbesitz zu. Einkünfte aus spanischem Immobilienbesitz werden gemäß Art. 6 Abs. 1 Doppelbesteuerungsabkommen in Spanien besteuert. Das Doppelbesteuerungsabkommen weist auch die Vermögensbesteuerung von in Spanien belegenem Immobilienvermögen Spanien zu. Ist der Immobilieneigentümer in den vorgenannten Fällen in Deutschland unbeschränkt steuerpflichtig, also nicht in Spanien *Residente*, so kann in Spanien gezahlte Einkommen– oder Vermögensteuer grundsätzlich auf die deutsche Steuer angerechnet werden.

◆ **2. Der ausländische Erwerber als Steuersubjekt in Spanien**

Befindet sich ein Deutscher mehr als 183 Tage im Jahr in Spanien, so ist er in Spanien unbeschränkt steuerpflichtig *(Obligación Personal)*. In diesem Falle unterliegt er hinsichtlich seines Welteinkommens der spanischen Steuer. Für die Einkommensteuererklärung gelten die Vordrucke D 100 und D 101. Je nach Familienstand kann eine gemeinschaftliche oder Einzelsteuererklärung abgegeben werden. Auch besteht die Möglichkeit, statt der direkten Veranlagung *(Estimación Directa)* eine Art Globalbesteuerung bzw. Richtschätzung zu wählen *(Estimación Objetiva por Coeficientes)*. In Spanien unbeschränkt Steuerpflichtigen steht bei ihrer Vermögensteuererklärung ein Freibetrag von 17.3 Millionen Peseten zu. Die Vermögensteuererklärung ist auf dem Formular D 714 abzugeben.

Beschränkt steuerpflichtig *(Obligación Real)* ist ein deutscher Immobilienbesitzer in Spanien dann, wenn er die 183–Tage–Grenze per annum nicht überschreitet. In diesem Falle bezieht sich seine spanische Steuerpflicht nur auf sämtliche Einnahmen in Spanien sowie auf dort belegene Vermögenswerte.

Hält eine in Spanien nichtresidente Person Immobilien nur zur Eigennutzung und vermietet sie nicht, so ist in Spanien eine kombinierte Einkommen– und Vermögensteuererklärung auf dem Modell D 214 abzugeben. Bezüglich der Einkommensteuer wird ein fiktiver Mietertrag mit einem Steuersatz von 25% besteuert. Der fiktive Ertrag beträgt 2% des

Katasterwertes der Immobilien bzw. 1,1%, sofern der Katasterwert nach dem 1.1.1994 revidiert worden ist.

Als Bemessungsgrundlage für die Vermögensteuer auf Immobilien gilt der höchste Wert im Vergleich zwischen dem Kaufpreis, dem Katasterwert und dem eventuell von der Steuerverwaltung festgestellten Wert. Für Nichtresidente gilt im Gegensatz zu Residenten kein Freibetrag. Der Steuersatz variiert je nach dem Wert der Immobilie. Liegt der Immobilienwert nicht über 27.262.000 Pts., so beträgt der Steuersatz 0,2%. Bei Immobilien, deren Wert zwischen 27.262.000 und 54.524.000 Pts. beträgt, ergibt sich die zu zahlende Steuer aus der Summe von 54.524 Pts. sowie 0,3% auf den Differenzbetrag zwischen dem Wert der Immobilie und 27.262.000 Pts. (siehe Art. 30 Abs. 2 LIP, zuletzt reformiert durch Art. 61 bis 63 der Ley 49/1998). Zur Verdeutlichung ein Beispiel: die Immobilie wurde zu 40 Millionen Pts. erworben. Die Vermögensteuer beträgt 54.524 Pts. zuzüglich 0,3% auf 12.738.000 Pts. (40 Millionen minus 27.262.000 ergibt 12.738.000) gleich 38.214 Pts., d.h. insgesamt sind in diesem Fall 92.738 Peseten an Vermögensteuer zu zahlen.

Vermietet der in Spanien beschränkt Steuerpflichtige hingegen die Immobilie, so muß er 25% Steuern auf die Mieteinnahmen zahlen und dies auf dem Modell 210 deklarieren, die Vermögensteuererklärung ist in diesem Fall auf dem Modell 714 abzugeben.

◆ 3. Grundsteuer

Die Immobiliensteuer (*Impuesto sobre Bienes Inmuebles* — IBI) ist in ihrer Struktur und Zielrichtung mit der deutschen Grundsteuer vergleichbar. Steuertatbestände sind das Eigentum und sonstige dingliche Rechte, auch der Nießbrauch. Besteuerungsgrundlage ist der jeweilige Katasterwert, auf den ein Basissteuersatz von 0,4% bei städtischen Immobilien und von 0,3% bei agrarischem Grundvermögen angewandt wird. Die Gemeinden können, je nach Einwohnerzahl, gem. Art. 73 LRHL höhere Hebesätze (0,65% bis 1,1%) festsetzen.

◆ 4. Steuer beim Erwerb von Immobilieneigentum

➔ ➔ Grunderwerbsteuer

Ist der Verkäufer eine Privatperson, so fällt die 6%ige (in Katalonien sogar 7%ige) Grunderwerbsteuer an (Art. 11 Ziff. 1 *Ley del Impuesto sobre Transmisiones Patrimoniales y Actos Jurídicos Documentados*, LITP), die innerhalb von 30 Arbeitstagen nach Vertragsunterschrift zu begleichen ist.

➔ ➔ Mehrwertsteuer

Wird der Grundbesitz indes von einer mehrwertsteuerpflichtigen Gesellschaft (z.B. S.A. oder S.L.) verkauft, so fällt statt der Grunderwerbsteuer die Mehrwertsteuer (kurz IVA) an. Diese beträgt regelmäßig 16% (z.b. beim Verkauf von Geschäftslokalen). Beim erstmaligen Verkauf neu errichteter Ein– oder Mehrfamilienhäuser oder Eigentumswohnungen beträgt der Steuersatz hingegen lediglich 7%. Wird eine Garage gemeinsam mit einer Eigentumswohnung verkauft, so fällt auch für die Garage ausnahmsweise nur der reduzierte Steuersatz von 7% an.

Ist der Kauf mehrwertsteuerpflichtig, so unterliegt dieser Vorgang bei notarieller Beurkundung zusätzlich der Steuer auf dokumentierte juristische Akte in Höhe von 0,5%.

Bemessungsgrundlage ist jeweils der im öffentlichen Kaufvertrag *(Escritura Pública de Compraventa)* deklarierte Kaufpreis, es sei denn das spanische Finanzamt *(Hacienda)* gelangt aufgrund eigener Schätzungen zu einem höheren Verkehrswert.

➔ ➔ Wertzuwachssteuer

Daneben existiert die gemeindliche Wertzuwachssteuer, die gemeinhin als *Plusvalía* bezeichnet wird, nach der gesetzlichen Bezeichnung aber *Impuesto sobre el Incremento del Valor de los Terrenos de Naturaleza Urbana* heißt. Ihre gesetzliche Regelung findet die Wertzuwachssteuer in der *Ley reguladora de las Haciendas Locales* (Ley 39/1988 vom 28. Dezember, Art. 60 Abs. 2 sowie Art. 105 ff.). Die Wertzuwachssteuer besteuert den Wertzuwachs von Grund und Boden seit Erwerb der Immobilie. Wird ein bebautes Grundstück erworben, bleiben die errichteten Gebäude mithin unberücksichtigt.

Die Wertzuwachssteuer fällt in folgenden Fällen **n i c h t** an:

∎ bei der Übertragung eines als *suelo rústico* (d.h. ländliches Gebiet) eingestuften Grundstücks (Art. 105 Abs. 2 LRHL),

∎ bei der Übertragung von Immobilien an einen Ehegatten oder die Kinder in Erfüllung eines Urteils über die Nichtigkeit, Trennung oder Scheidung der Ehe (Art. 106 Abs. 1c LRHL),

∎ bei der Begründung oder Übertragung von Dienstbarkeiten (Art. 107 Abs. 1b LRHL),

∎ bei der Einbringung von Immobilien in Gesellschaften anläßlich von Gesellschaftsfusionen bzw. –spaltungen (zu den Einzelheiten siehe Art. 1, 15 Abs. 1 der Ley 29/91 de 16 de diciembre de 1991, de adecuación de determinados conceptos impositivos a las Directivas y Reglamentos de las Comunidades Europeas, BOE del 17), sofern diese Operationen zwischen zwei oder mehreren in der EU ansässigen Gesellschaften vorgenommen werden. Zu beachten ist hierbei auch, daß die Operation vor notarieller Beurkundung dem Ministerio de Economía y Hacienda mitgeteilt werden muß.

Bei unentgeltlichen Übertragungen (z.B. Schenkung oder Erbschaft) hat der Erwerber die Wertzuwachssteuer von Gesetzes wegen zu tragen (Art. 107a LRHL). Dagegen obliegt bei entgeltlichen Übertragungen dem Verkäufer die Zahlung der Wertzuwachssteuer. In der Praxis wird sie aber oftmals vertraglich auf den Käufer abgewälzt. In diesem Zusammenhang ist jedoch zu beachten, daß die zwischen Verkäufer und Käufer getroffene Vereinbarung bezüglich der Bezahlung der *Plusvalía* rein zivilrechtlicher Natur ist und gemäß Art. 36 der *Ley General Tributaria* und Art. 107b LRHL keinerlei Wirkung gegenüber der Gemeinde entfaltet. Die Gemeinde kann sich also ungeachtet der zwischen dem Käufer und Verkäufer ausgehandelten Zahlungspflichten allein an den Verkäufer wegen der Plusvalía

Bitte senden Sie
Ihr Spanien-Verlagsprogramm
an folgende Anschriften:

1. _____

   _____

   _____

2. _____

   _____

   _____

3. _____

   _____

   _____

Drucksache
Werbeantwort

Bitte eine
Briefmarke.
Danke.

**edition für
internationale wirtschaft
Verlagsauslieferung
Postfach 1425**

D-61284 Bad Homburg

Bitte senden Sie
Ihr Spanien-Verlagsprogramm
an folgende Anschriften:

1. _____

   _____

   _____

2. _____

   _____

   _____

3. _____

   _____

   _____

Drucksache
Werbeantwort

Bitte eine
Briefmarke.
Danke.

**edition für
internationale wirtschaft
Verlagsauslieferung
Postfach 1425**

D-61284 Bad Homburg

BESTELLKARTE

- ☐ 1 x Grundeigentum in Spanien € 24,–*)
- ☐ 1 x Wohnungseigentum in Sp. € 24,–*)
- ☐ 1 x Ausländer in Spanien € 24,–*)
- ☐ 1 x Erben und Vererben in Sp. € 38,–*)
- ☐ 1 x Die neue spanische GmbH € 50,–*)
- ☐ 1 x Time-Sharing in Spanien € 24,–*)
- ☐ 1 x Steuerfibel Spanien € 50,–*)
- ☐ 1 x Mieten u. Vermieten in Sp.# € 24,–*)
- ☐ 1 x Das sp. Zivilgesetzbuch# € 85,–*)
- ☐ 1 x Das sp. Strafgesetzbuch# ca. € 38,–*)
- ☐ 1 x Sp. Handels. u. Wirt.-Recht € 85,–*)
- ☐ 1 x Firmengründung in Sp.# € 34,–*)
- ☐ 1 x Haftung d. Bauunternehmers# € 38,–*)
- ☐ 1 x Das sp. Handelsgesetzbuch € 38,–*)
- ☐ 1 x Jahresabschluß in Spanien € 50,–*)
- ☐ 1 x Das neue sp. Scheckrecht € 24,–*)
- ☐ 1 x Vertragsauflösung € 34,–*)
- ☐ 1 x Unlauterer Wettbewerb in Sp. € 46,–*)
- ☐ 1 x Spanisches Patentrecht € 50,–*)
- ☐ 1 x La GmbH € 50,–*)
- ☐ 1 x BGB auf deutsch + spanisch € 85,–*)
- ☐ 1 x Veräußerung v. spanischen € 46,–*)
  u. deutschen GmbH-Anteilen
- ☐ 1 x Steuerhinterziehung im € 46,–*)
  d. und sp. Recht
- ☐ 1 x Dt. StGB u. StPO auf spanisch € 50,–*)
- #) in Vorbereitung

☐ Ich lege einen Scheck über

€ _____ bei.

☐ Bitte per Nachnahme.
Nachnahmekosten will ich zusätzlich
tragen.

_____
Name / Firma

_____
Straße

_____
Postleitzahl und Ort

_____
Unterschrift

_____
Datum

*) zusätzlich € 2,– Porto
und Versandkosten pro Sendung

BESTELLKARTE

- ☐ 1 x Grundeigentum in Spanien € 24,–*)
- ☐ 1 x Wohnungseigentum in Sp. € 24,–*)
- ☐ 1 x Ausländer in Spanien € 24,–*)
- ☐ 1 x Erben und Vererben in Sp. € 38,–*)
- ☐ 1 x Die neue spanische GmbH € 50,–*)
- ☐ 1 x Time-Sharing in Spanien € 24,–*)
- ☐ 1 x Steuerfibel Spanien € 50,–*)
- ☐ 1 x Mieten u. Vermieten in Sp.# € 24,–*)
- ☐ 1 x Das sp. Zivilgesetzbuch# € 85,–*)
- ☐ 1 x Das sp. Strafgesetzbuch# ca. € 38,–*)
- ☐ 1 x Sp. Handels. u. Wirt.-Recht € 85,–*)
- ☐ 1 x Firmengründung in Sp.# € 34,–*)
- ☐ 1 x Haftung d. Bauunternehmers# € 38,–*)
- ☐ 1 x Das sp. Handelsgesetzbuch € 38,–*)
- ☐ 1 x Jahresabschluß in Spanien € 50,–*)
- ☐ 1 x Das neue sp. Scheckrecht € 24,–*)
- ☐ 1 x Vertragsauflösung € 34,–*)
- ☐ 1 x Unlauterer Wettbewerb in Sp. € 46,–*)
- ☐ 1 x Spanisches Patentrecht € 50,–*)
- ☐ 1 x La GmbH € 50,–*)
- ☐ 1 x BGB auf deutsch + spanisch € 85,–*)
- ☐ 1 x Veräußerung v. spanischen € 46,–*)
  u. deutschen GmbH-Anteilen
- ☐ 1 x Steuerhinterziehung im € 46,–*)
  d. und sp. Recht
- ☐ 1 x Dt. StGB u. StPO auf spanisch € 50,–*)
- #) in Vorbereitung

☐ Ich lege einen Scheck über

€ _____ bei.

☐ Bitte per Nachnahme.
Nachnahmekosten will ich zusätzlich
tragen.

_____
Name / Firma

_____
Straße

_____
Postleitzahl und Ort

_____
Unterschrift

_____
Datum

*) zusätzlich € 2,– Porto
und Versandkosten pro Sendung

wenden. Im Gegensatz zur alten Gesetzgebung haftet der Käufer für den Fall, daß der Verkäufer die *Plusvalía* nicht zahlt, auch nicht als sogenannter *sustituto* (Verteter) gegenüber der Gemeinde.

Die Höhe der Wertzuwachssteuer wird von den Gemeinden festgelegt und ist aufgrund verschiedener variabler Koeffizienten nicht allgemein im voraus zu bestimmen. Es sei nur soviel gesagt, daß für die Berechnung von dem Katasterwert zum Zeitpunkt des Verkaufs ausgegangen wird.

Liegen zwischen Erwerb und Veräußerung mehr als 20 Jahre, so wird dennoch nur der Wertzuwachs von maximal 20 Jahren besteuert. Der auf diese Weise ermittelte Wertzuwachs ist sodann mit dem je nach Gemeindegröße zwischen 16% und 30% schwankenden Steuersatz zu multiplizieren.

Das Ergebnis dieser Rechenoperation ist die real zu zahlende *Plusvalía*. Da sich die Berechnung der *Plusvalía* alles andere als unkompliziert gestaltet, ist den Parteien grundsätzlich zu empfehlen, sich vor Abschluß des Vertrages über deren Höhe bei der zuständigen Gemeinde zu erkundigen.

Damit die Gemeinden auch tatsächlich die Wertzuwachssteuer eintreiben können, sind bei Immobilienübertragungen unter Lebenden die Vertragsparteien verpflichtet, innerhalb von 30 Tagen die zuständige Gemeinde von der Immobilienoperation zu unterrichten (Art. 111 Abs. 1, 2 und 6 LRHL). Im Falle einer Erbschaft ist der Erbe verpflichtet, dies der Gemeinde innerhalb von 6 Monaten mitzuteilen; auf Antrag kann diese Frist auf ein Jahr verlängert werden (Art. 111 Abs. 1, 2 LRHL). Aber auch die das Immobiliengeschäft beurkundenden Notare sind gemäß Art. 111 Abs. 7 LRHL verpflichtet, die Gemeinden vierteljährlich von den vorgenommenen Beurkundungen zu informieren.

→   →   Einbehalt *(retención)*
Handelt es sich bei dem Verkäufer um eine in Spanien nichtansässige Person (d.h. sie ist in Spanien nur beschränkt steuerpflichtig), muß der Käu-

fer ggf. noch 5% des notariell beurkundeten Kaufpreises einbehalten und an das spanische Finanzamt abführen. Die Zahlung des 5%igen Einbehalts erfolgt im voraus auf die vom Verkäufer infolge des Grundstücksverkaufs zu begleichende Einkommensteuer. Der 5%ige Steuereinbehalt ist nicht vorzunehmen, wenn der Verkäufer bereits zum 31.12.1996 mehr als 10 Jahre Eigentümer der Immobilie war und seitdem auch keine Neu–, Um– oder Anbauten vorgenommen hat. Der Käufer sollte sich in jedem Fall vor Kaufpreiszahlung informieren, ob der Steuereinbehalt in Höhe von 5% vorzunehmen ist oder nicht, denn: führt der Käufer die 5% des Kaufpreises nicht an das Finanzamt ab, so haftet das von ihm erworbene Grundstück.

◆ **5. Steuern beim Verkauf spanischen Immobilieneigentums**

Ist der Verkäufer in Spanien beschränkt steuerpflichtig, so unterliegt er hinsichtlich des Nettokapitalgewinns aus der Immobilientransaktion einer Besteuerung von 35% (Art. 24.1. Buchst. f LIRPFN).

Beispiel: Ursprünglicher Erwerb einer spanischen Liegenschaft zum Escriturawert von 11 Mio. Pts. Späterer Verkauf der Liegenschaft zum Wert von 15 Mio. Pts. In diesem Fall beträgt der Bruttokapitalgewinn 4 Mio. Pts., wobei jedoch für jedes Jahr über zwei Jahre hinaus 11,11% des Bruttokapitalgewinns abgezogen werden. Wertverbesserungen des Objektes können gleichfalls geltend gemacht werden. Sind zwischen Erwerb und Verkauf der Immobilie beispielsweise 7 Jahre vergangen, so sind 55,55% des Bruttokapitalgewinns abzuziehen, mithin 2.222.000 Pts. Im vorliegenden Falle beläuft sich die Steuerschuld auf 35% von 1.778.000 Pts., mithin 622.300 Pts. Berücksichtigt man ferner, daß der Käufer bereits 5% des Kaufpreises, d.h. 750.000 Pts. einbehalten und beim Finanzamt einzahlen mußte, gelangt man zu dem Ergebnis, daß der Verkäufer 127.700 Pts. zurückerstattet bekommen müßte.

Immobiliengewinne sind nach dem Einkommensteuergesetz in Spanien sowohl für Residente als auch für Nichtresidente erst nach 10 Jahren

steuerfrei. Für Residente, also aus spanischer Sicht unbeschränkt Steuerpflichtige, gilt nicht der erhöhte Einheitssteuersatz von 35%, sondern
der normale Steuersatz, der sich aus dem Gesamteinkommen errechnet.

◆ 6. Unterverbriefung

Aufgrund von Art. 46 LITP in Verbindung mit Art. 52 Ley 230/1963 hat
der spanische Fiskus ein Nachprüfungsrecht hinsichtlich der Bewertung
von Immobilienübertragungen. Stellt der Fiskus aufgrund eigener Überprüfung fest, daß der von ihm festgestellte fiskalische Wert um mehr als
20%, mindestens jedoch um 2 Mio. Pts., den Escriturawert übersteigt,
so gilt dieser Differenzbetrag für Zwecke der Besteuerung als auf einer
schenkweisen Zuwendung beruhender Vermögenszuwachs (Art. 14 Ziff. 7
LITP, 21 RITP).

Indes steht dem spanischen Fiskus infolge des Gesetzes 25/1998 vom 13.
Juli 1998 (*Disposición derogatoria única* / Buchstabe f) nunmehr kein
Vorkaufsrecht mehr zu, falls der spanische Fiskus eine Unterverbriefung
von mehr als 100% im Vergleich zu dem von ihm ermittelten Wert fest-
stellt.

◆ 7. Immobilienerwerb durch Steueroasen-
gesellschaften

Dem spanischen Fiskus ist nicht entgangen, daß in zunehmendem Maße
Immobilieneigentum in Spanien über sogenannte Off–Shore–Gesellschaften erworben wurde, also über Gesellschaften in Steueroasen oder in nied-
rig besteuernden Ländern wie Liechtenstein, Gibraltar, den Kanalinseln
etc.

Spanien unterhält mit diesen Staaten keine Doppelbesteuerungsabkommen. Steuerliche Informationen über diejenigen zu erhalten, die hinter
diesen Gesellschaften stehen, ist in der Regel kaum möglich. Deshalb hat
der spanische Fiskus für in Spanien nicht residente Gesellschaften, die Immobilieneigentum in Spanien innehalten, eine ab 1992 geltende Sonder-

steuer eingeführt. Demnach müssen diese Gesellschaften zum 31.12. eines jeden Jahres eine Sondersteuer in Höhe von 3% (früher 5%) auf den Katasterwert des spanischen Grundbesitzes zahlen. Von dieser Steuer sind ausgenommen diplomatische und ausländische Behörden. Daneben besteht zugunsten derjenigen ausländischen Gesellschaften eine Ausnahme, die aus Staaten kommen, mit denen Spanien ein Doppelbesteuerungsabkommen abgeschlossen hat, aufgrund dessen ein Informationsaustausch über die Gesellschafter gewährleistet ist. Betreibt die Gesellschaft in Spanien neben der Grundstücksverwaltung ständig oder gewöhnlich noch andere Geschäfte, so entfällt die 3%ige Sondersteuer ebenfalls. Die Steuerzahlungspflicht ist mit einem besonders schnellen Vollstreckungsverfahren in das Grundstück gekoppelt.

Die Einzelheiten sind in Art. 64 der *Ley del Impuesto sobre Sociedades* vom 27. Dezember 1995 sowie Art. 65 des Real Decreto 537/1997 vom 14. April 1997 geregelt. Siehe ferner auch Art. 32 der Ley 41/1998.

◆ **8. Erbschaft– und Schenkungsteuer**
Ausführungen hierzu befinden sich in: **Löber** — Erben und Vererben in Spanien — Frankfurt/Main 1998 (→ siehe **Literaturverzeichnis**).

> Besteuerung von Einnahmen aus Vermietung und Verpachtung
> Immobilienerwerb durch Gesellschaften
> Nießbrauchsrecht, lebenslängliches
> — *Derecho de usufructo vitalicio*
> Steuernummer für Ausländer — NIE
> Steuervertreter — *Representante Fiscal*

✔ **Immobilienerwerb durch Gesellschaften**
Immobilien können als Sacheinlagen in eine spanische *Sociedad Limitada* (S.L.), also in eine spanische GmbH eingebracht werden. Im Gegensatz zu der spanischen Aktiengesellschaft, der *Sociedad Anónima* (S.A.), bedarf es

bei der S.L. keines Sachgründungsberichts durch einen vom Handelregister zu benennenden Sachverständigen. Dafür haften die Gesellschafter gegenüber den Gesellschaftsgläubigern gesamtschuldnerisch für die Wertigkeit der Immobilie entsprechend ihrer bei der Einbringung deklarierten Höhe.

Immobilien werden aus den verschiedensten Motiven in eine S.A. oder S.L. eingebracht. Die wichtigsten seien genannt:

■ Die Immobilie wird z.b. als Firmenbüro eingebracht und verwendet.

■ Eine Gesellschaft handelt (Kauf und Verkauf) mit Immobilien.

■ Die Immobilie soll auf den (Phantasie–) Namen einer Gesellschaft laufen, weil ihr Inhaber als solcher im spanischen Grundbuch *(Registro de la Propiedad)* nicht in Erscheinung treten möchte.

■ Die Einbringung einer Immobilie in eine S.A. oder S.L. als Steuersparmodell. (Dies ist der wichtigste Beispielsfall.)

Die steuerliche Belastung bei der Übertragung spanischer Immobilien ist beträchtlich. Die Käuferseite wird mit einer Grunderwerbsteuer von 6% besteuert. Daneben trifft den Verkäufer einmal die gemeindliche Wertzuwachssteuer *(Plusvalía)*; zum anderen kann er hinsichtlich des in den letzten 10 Jahren erzielten Vermögenszuwachses der Immobilie der spanischen Einkommenssteuer unterliegen. Bei nichtresidenten Verkäufern, aus spanischer Sicht, wirkt sich dies so aus, daß 5% des Kaufpreises beim spanischen Fiskus zu hinterlegen sind; hierfür haften Käufer und Grundstück (Art. 24 Ziff. 2 Ley 41/1998).

Diese Situation hat bei Verkäufern, Käufern und ihren Rechtsanwälten zum Nachdenken geführt. Hierbei wird die steuerliche Belastung des Immobilientransfers mit der Belastung aus der Einbringung von Immobilien in eine spanische GmbH bzw. AG und der späteren Übertragung der Geschäftsanteile an den Erwerber verglichen. Mit anderen Worten, die Frage ist, ob der nichtresidente Verkäufer der 5%igen Hinterlegungsverpflichtung gegenüber dem spanischen Fiskus dadurch entgehen kann, daß er das Grundstück in eine spanische Gesellschaft einbringt. Dieser Vorgang unterliegt lediglich einer Vermögensübertragungsteuer mit 1% (Art. 26

LITP), nicht hingegen der Grunderwerbsteuer mit 6%. Die Problematik stellt sich im einzelnen wie folgt dar:

● 1. Gründung einer spanischen Gesellschaft unter Einbringung einer Immobilie

In Betracht kommen vor allem die Gesellschaftsformen der S.L. (GmbH) und die der S.A. (Aktiengesellschaft). Das Mindestgesellschaftskapital bei der GmbH beträgt 500.000 Ptas., während es sich bei der Gründung der Aktiengesellschaft auf 10 Mio. Ptas. beläuft, wobei allerdings bei der Gründung nur 2,5 Mio. Ptas. einzubringen sind. Gehen wir der Einfachheit halber von der gebräuchlicheren Form, der S.L., aus. Diese kann auch als Einpersonengesellschaft gegründet werden. Es wird eine Sachgründung in der Weise durchgeführt, daß ein Grundstück eingebracht wird. Hierbei kann sich bereits bei der Gründung ein weiterer Gesellschafter an der S.L. beteiligen, auf den etwa zu einem späteren Zeitpunkt die Geschäftsanteile des die Immobilie einbringenden Gesellschafters in notarieller Form abgetreten werden.

● 2. Steuerliche Konsequenzen

Die natürliche Person, die die Immobilie als Sacheinlage in die Gesellschaft einbringt, wird hinsichtlich der Wertdifferenz der Immobilie zwischen Erwerb und Einbringung in die Gesellschaft besteuert. Es handelt sich hierbei um die Besteuerung des Einkommens (35% des Veräußerungsgewinns, der seinerseits um 11,11% jährlich gemindert wird, gerechnet ab dem dritten Jahr nach Erwerb, längstens 10 Jahre).

Die Einbringung in die Gesellschaft wird mit 1% besteuert, wobei Bemessungsgrundlage der Nominalwert bei der Einbringung ist (Art. 25 Ziff. 1, 26 LITP).

Die beim Immobilienverkauf durch einen Nichtresidenten allgemein anfallende 5%ige Hinterlegungspflicht entfällt dagegen bei der Einbringung des Grundstücks in eine in Spanien ansässige Gesellschaft anläßlich der Gesellschaftsgründung oder einer Kapitalerhöhung (Art. 24 Ziff. 2 Ley 41/ 1998).

● **3.** Anschließende Abtretung von Geschäftsanteilen der
Immobilien–S.L.

Die vorgenannte Verkaufsoperation wird fortgesetzt durch Abschluß eines
notariellen Vertrages in Form einer sogenannten *Escritura Pública*, aufgrund derer der (oder die) Käufer die entsprechenden Geschäftsanteile des
Verkäufers erwirbt. Zugleich wird spätestens jetzt eine vom Käufer be-
nannte Person zum neuen Geschäftsführer benannt. Diese Abtretung von
Geschäftsanteilen an einer S.L. unterliegt grundsätzlich nicht der 1%igen
Vermögensübertragungsteuer, sondern ist steuerfrei.

● **4.** Einwendungen des spanischen Fiskus bei Immobilien–S.L.s

Wenn das Vermögen der Gesellschaft überwiegend aus Immobilien besteht
und aufgrund der Übertragung der Erwerber entweder die Gesamtinhaber-
schaft oder zumindest die Kontrolle erlangt, unterstellt der spanische Fiskus, daß in Wirklichkeit eine Immobilienoperation und keine Abtretung
von Gesellschaftsanteilen gewollt war (Art. 108 Ley 24/1988). Als direkte
oder indirekte Kontrolle gilt eine Kapitalbeteiligung von mehr als 50%.
Die Folge hiervon ist, daß diese Operation der spanischen Grunderwerbsteuer (ITP) mit einem Satz von 6% unterliegt. Erschwerend kommt hinzu, daß als Bemessungsgrundlage nicht der Wert der Geschäftsanteile zu
Grunde gelegt wird, sondern vielmehr der — vom Fiskus zu schätzende —
Wert der Immobilie.

Beträgt der Zeitraum zwischen Einbringung der Immobilie in die Gesellschaft und der Anteilsabtretung weniger als ein Jahr, so unterstellt der spanische Fiskus — wie im Fall zuvor — eine Immobilientransaktion mit
den oben näher bezeichneten Folgen. Deshalb muß nicht jeder Rat klug
sein, eine Immobilien–GmbH zu gründen, um mit der Abtretung der Ge-
sellschaftsanteile Steuern zu sparen; ein vermeintliches Steuersparmodell
kann sich leicht als Steuerfalle herausstellen.

● **5.** Sog. Gibraltar– oder Steueroasen–Immobiliengesellschaften

Häufig sind bereits zum Zeitpunkt des Verkaufs spanische Immobilien als
Sacheinlagen in obige Gesellschaften eingebracht worden. Deren wesent-

liches Vermögen besteht also in der Regel aus einer spanischen Immobilie. Soll der Erwerber die Immobilie also nicht durch einen Immobilienkaufvertrag erwerben, sondern mittels der Übertragung von Geschäftsanteilen, ist Vorsicht an den Tag zu legen. Denn: wer gewährleistet dem Käufer
der Geschäftsanteile, daß die Gesellschaft v o r Übertragung der Geschäftsanteile die Immobilie nicht weiterverkauft hat oder die Gesellschaft Verbindlichkeiten eingegangen ist, die dem Käufer nicht erkennbar sind?

Bisweilen geht es auch darum, daß Mandanten den Wunsch äußern, die zu
erwerbende spanische Immobilie über eine Gibraltar– oder Liechtenstein–
Gesellschaft zu erwerben, um auf diese Weise spätere hohe Erbschaftsteuern oder ähnliche Unbill zu vermeiden. Der spanische Steuergesetzgeber
hat dem Rechnung getragen, indem er eine jährliche Sondersteuer von 3%
auf den geltenden Katasterwert für in Spanien nichtresidente Gesellschaften eingeführt hat (siehe Art. 31 Ley 41/1998). Damit sollen dem spanischen Fiskus die Einnahmen zugeführt werden, die ihm vermutlich dadurch entgangen sind oder entgehen werden, daß ihm die Besitzverhältnisse
an der nichtresidenten Gesellschaft verborgen bleiben und Übertragungen
unter Lebenden oder von Todes wegen nicht besteuert werden können. Von
dieser Sondersteuer sind diejenigen ausländischen Gesellschaften befreit,
die aus Staaten kommen, mit denen Spanien ein Doppelbesteuerungsabkommen abgeschlossen hat, aufgrund dessen ein Informationsaustausch
über die Gesellschafter gewährleistet ist. Betreibt die Gesellschaft in Spanien neben der Grundstücksverwaltung ständig oder gewöhnlich noch andere Geschäfte, so entfällt die 3%ige Sondersteuer ebenfalls. Auf die hier
in Rede stehenden Steueroasengesellschaften werden diese Ausnahmen aber
in aller Regel nicht zutreffen, weswegen die 3%ige Sondersteuer in diesen
Fällen regelmäßig anfällt. Aufgrund dieser Situation ist in den letzten Jahren ein außerordentlich starker Rückgang an Gibraltar–, Liechtenstein–
oder sonstigen Steueroasen–Gesellschaften in bezug auf spanische Liegenschaften zu verzeichnen.

Zu beobachten ist bisweilen jedoch, daß Steueroasengesellschaften zu
dem Zweck gegründet werden, die einer spanischen Immobilien–S.L. zu-
stehenden Geschäftsanteile anschließend auf die Steueroasengesellschaft

zu übertragen. In diesem Fall fällt die 3%ige Sondersteuer nämlich nicht an. Freilich müssen dann auch die Unterhaltungskosten für zwei Gesellschaften getragen werden.

➔ Schlußbemerkungen

Auch ererbte S.L.–Anteile unterliegen der Erbschaftsbesteuerung, sind also nicht vergleichbar mit einem Überbringer–Scheck, der von jedermann eingelöst werden kann. Handelt es sich um eine reine Immobilien–S.L., wird der spanische Fiskus ferner leicht Nachforschungen nach möglichen Einnahmen aus Fremdvermietung oder aus der Eigennutzung durch den Gesellschafter anstellen.

Insbesondere sollte aber auch bedacht werden, daß die Gründung und alljährliche Unterhaltung einer Gesellschaft mit erheblichen Nebenkosten verbunden ist. Es müssen Bilanzen und Körperschaftsteuererklärungen aufgestellt werden. Es gibt kaum Steuerberater oder Rechtsanwälte, die hierfür alljährlich weniger als 150.000 Peseten verlangen. Die Einbringung von Immobilien in eine Gesellschaft im Rahmen der Gesellschaftsgründung oder einer späteren Kapitalerhöhung oder der Erwerb einer Immobilie über eine Gesellschaft machen letztlich nur Sinn, wenn sich zumindest langfristig diese Konstruktion auch im Hinblick auf eine spätere Veräußerung oder erbweise Übertragung günstiger darstellt als der Direkterwerb der Immobilie.

> Immobilienbesteuerung in Spanien

✔ Immobilieninvestitionen

Mit Verabschiedung des Real Decreto 664/1999 (RDIE) vom 23. April 1999 wurden Investitionen in Spanien weitgehend liberalisiert. Vorläufer dieses Real Decreto waren der Real Decreto 671/1992 bzw. davor die *Ley de Inversiones Extranjeras* (LIE) vom 27. Juni 1986 und das dazugehörige Reglamento vom 25.September 1986. Eine ausländische Immobilieninvestition liegt nach der neuen gesetzlichen Definition vor, wenn eine in Spanien nichtresidente juristische oder natürliche Person Eigentum, Eigentumsanteile oder sonstige dingliche Rechte an in Spanien gelegenen Immobilien erwirbt, deren Wert über 500 Millionen Peseten liegt. Unabhängig vom Wert der Immobilie werden jedoch Immobilienerwerbe stets dann als ausländische Immobilieninvestition betrachtet, wenn der Erwerber aus einem Steuerparadies–Land stammt. Im Real Decreto 1080/1991 vom 5. Juli 1991 sind die als Steuerparadies geltenden Staaten aufgeführt (z.B. Liechtenstein, Andorra, Gibraltar).

Liegt nach der zuvor genannten Definition keine Immobilieninvestition vor, entfallen damit sämtliche Pflichten bezüglich der Mitteilung des Immobilienkaufs an das Register für ausländische Investitionen *(Dirección General de Inversiones Extranjeras).*

➜   ➜   Ausländische Immobilieninvestition

Erfüllt der Immobilienerwerb hingegen die Tatbestandsvoraussetzungen einer ausländischen Immobilieninvestition, so ist zu unterscheiden zwischen Investitionen, die aus einem Steuerparadies stammen und sonstigen Investionen. Stammt die Investition aus einem Steuerparadies, so muß der Investor das Register für ausländische Investitionen von der Immobilieninvestition vor und nach Abschluß der Operation unterrichten. Es handelt sich hierbei im Gegensatz zur bisherigen Gesetzeslage nicht um eine vorherige Überprüfung oder Autorisation, sondern um eine reine Mitteilungspflicht. Nichterfüllung dieser Pflicht kann jedoch sanktioniert werden (Zweite Zusatzbestimmung des RD 664/1999). Wird der Immobilienkaufvertrag, der eine ausländische Immobilieninvestition darstellt, vor einem spanischen Notar abgeschlossen, so ist neben dem Investor auch der beurkundende Notar verpflichtet, dem Register für ausländische Investitionen eine Mitteilung zu machen.

Sonstige ausländische Immobilieninvestitionen über 500 Millionen Pts. müssen dem Register für ausländische Investitionen nur nach Abschluß der Immobilienoperation durch den Investor und den beurkundenden spanischen Notar mitgeteilt werden (Art. 4 Abs. 1 RDIE).

Aufgrund der Gesetzesreform können Immobilienkaufverträge zwischen Nichtresidenten trotz damit verbundener Probleme grundsätzlich auch vor ausländischen Notaren beurkundet werden; diese so im Ausland abgeschlossenen Verträge können nach entsprechender Legalisierung (Apostille) im spanischen Grundbuch eingetragen werden (vgl. Art. 4, 2, b, 1 RDIE).

➔   ➔   Nichtresidentennachweis

Gemäß Art. 1 Abs. 4 RDIE muß der Käufer dem Notar seine Nichtresidenteneigenschaft durch Vorlage einer behördlichen Bescheinigung mit Abschluß des notariellen Kaufvertrages nachweisen. Natürliche Personen erhalten diese Bescheinigung vom Innenministerium. Entsprechend der Resolution vom 26.10.1992 der *Dirección General de Inversiones Exteriores* muß die Nichtresidentenbescheinigung bei Abschluß des notariellen Kaufvertrags dann nicht vorgelegt werden, wenn die ausländische natürliche Person erklärt, Nichtresident zu sein, und zusätzlich ihren ausländischen Ausweis vorlegt. Die behördliche Bescheinigung muß dann aber nachträglich eingereicht werden.

Ferner muß die natürliche Person dann nicht nachweisen, Nichtresident zu sein, wenn sie dem Notar bei Vertragsabschluß eine Bankbescheinigung vorlegt, aus der hervorgeht, daß der Kaufpreis von einem bei einer spanischen Bank geführten nichtresidenten Konto des Käufers bezahlt wurde.

➔   ➔   Devisenbescheinigung

Trotz der grundsätzlichen Kapitalverkehrsfreiheit innerhalb der EU sind für Immobilieninvestitionen nach wie vor dann Devisenbescheinigungen spanischer Bankinstitute erforderlich, wenn die Geldmittel aus dem Ausland kommen (Art. 1 Abs. 3 RDIE). Der nichtresidente Immobilienkäufer muß daher bei Abschluß eines notariellen Kaufvertrages eine Bescheinigung seiner Bank vorlegen, aus der hervorgeht, daß der Kaufpreis von einem nichtresidenten Konto bezahlt wurde. Der Nachweis muß dann nicht erbracht werden, wenn der Kaufvertrag zwischen zwei Nichtresidenten abgewickelt wurde. Diese erklären nämlich in der Regel schlicht, der Kaufpreis sei im Ausland gezahlt worden. Die oben beschriebene Bankbescheinigung muss z.b. auch dann vorgelegt werden, wenn ein Nichtresidenter einen Neubau oder bauliche Erweiterungen im Grundbuch eintragen möchte.

> Beurkundung von Grundstückskaufverträgen vor ausländischen Notaren
> Devisenbestimmungen
> Neubauerklärung
> Nichtresidentenbescheinigung
> Notarielles Beurkundungsverfahren
> Notarieller Vertrag

✔ Immobilienmakler — *Agente de la Propiedad Inmobiliaria* (A.P.I.)

Der *Agente de la Propiedad Inmobiliaria* ist, was die Zulassungsvoraussetzungen anbetrifft, nur bedingt mit seinen deutschen Kollegen vergleichbar. Voraussetzung für die Zulassung ist in der Regel nicht nur ein abgeschlossenes Studium, zumeist der Rechts– und Wirtschaftswissenschaften, sondern darüber hinaus eine schwierige Sonderprüfung, die sich nicht nur auf Spezialgebiete des Immobilienrechts, sondern auch auf kaufmännische Buchführung, auf das Steuerrecht und verwandte Gebiete bezieht. *Agentes de la Propiedad Inmobiliaria* üben deshalb häufig in gleicher Weise Tätigkeiten aus wie die des Rechtsanwalts oder des Steuerberaters; nicht unrichtig wäre die Bezeichnung "Fachanwalt für Immobilienrecht". Die *Agentes de la Propiedad Inmobiliaria* sind Mitglieder der einzelnen Immobilienmaklerkammern der spanischen Provinzen, der *Colegios de Agentes de la Propiedad Inmobiliaria*.

Die *Colegios de Agentes de la Propiedad Inmobiliaria* und die in diesen zugelassenen APIs verbreiten allerdings häufig noch die Rechtsansicht, die Tätigkeit des Maklers sei nur denjenigen vorbehalten, die den Titel des API tragen. So wurde denn auch gegen diejenigen, die, ohne den Titel des

API zu führen, in einem Immobiliengeschäft vermittelnd tätig geworden sind, bisweilen Strafanzeige wegen *Intrusismo* erstattet (im alten *Código Penal* wurde der *Intrusismo* in Art. 321 unter Strafe gestellt, im neuen *Código Penal* findet sich dieser Straftatbestand in Art. 403 wieder). Dieser Vorgehensweise hat das spanische Verfassungsgericht mit seinen Urteilen vom 25. März 1993 (recurso de amparo 298/91) und 14. Juni 1993 den Boden entzogen: nach diesen Urteilen ist es verfassungswidrig, jemand wegen einer Straftat der unbefugten Ausübung der Maklertätigkeit zu verurteilen, der, ohne den API–Titel zu führen, makelnd tätig geworden ist.

> Maklervertrag

✔ **Käuferpflichten — *Obligaciones del comprador***
Die Pflichten des Käufers sind in den Art. 1500–1505 CC im einzelnen dargelegt. Der Käufer hat die Kaufpreiszahlung bei der Übergabe der Sache zu bewirken, sofern keine andere Vereinbarung getroffen worden ist. Ein wichtiger Unterschied zum deutschen Recht liegt darin, daß der Käufer in Spanien selbst dann zur vollständigen Kaufpreiszahlung verpflichtet ist, wenn der individualisierte Kaufgegenstand nach Vertragsabschluß, aber noch vor Übergabe zufällig, d.h. aus vom Verkäufer nicht zu vertretenden Umständen, beschädigt oder gar ganz vernichtet wird (Art. 1452, 1096, 1182 CC). Da diese Regelung der Gefahrtragung abbedungen werden kann, sollte dies aus Käufersicht in den Vertrag aufgenommen werden.
Bei Zahlungsverzug hat der Käufer zusätzlich die gesetzlichen Zinsen zu zahlen. Befindet sich der Käufer eines Grundstücks mit einer Zahlung in Verzug, so kann er trotz entgegenstehender vertraglicher Vereinbarung den Kaufvertrag so lange durch Zahlung erfüllen, als er keine gerichtliche oder notarielle Zahlungsaufforderung erhält (Art. 1504 CC).

Zu Lasten des Käufers eines Grundstücks gehen die Grunderwerbsteuer *(Derechos Reales)*, die Eintragungskosten und die Kosten der ersten Ausfertigung des Kaufvertrages.

Im Falle der Besitz– oder Eigentumsstörung hinsichtlich der erworbenen Sache hat der Käufer aufgrund der Bestimmung des Art. 1502 CC das Recht, die Zahlungen bis zur Beendigung der Störung zunächst einzustellen.

> Verkäuferpflichten — *Obligaciones del vendedor*
> Vertragsauflösungsklausel — *Condición Resolutoria*

✔ Katasteramt — *Catastro*

Die eigentliche Aufgabe des Katasteramtes liegt im topographischen Bereich. Gesetzliche Grundlage des Katasterwesens ist das Gesetz vom 23. 3. 1906. Aufgabe des Katasteramtes ist danach, Parzellen zu nummerieren und Grenzen zu beschreiben.

Aufgrund des Real Decreto 1030/1980 vom 3.5.1980 wurden Koordinierungsmaßnahmen wie auch eine Zusammenarbeit zwischen dem Grundbuchamt *(Registro de la Propiedad)* mit dem Katasteramt *(Catastro Topográfico Parcelario)* beschlossen. Mit dem Gesetz 13/1996 vom 30.12.1996 wurde zudem die Zusammenarbeit zwischen Grundbuchamt, Katasteramt und Notar intensiviert. Gemäß Art. 50 dieses Gesetzes muß in notariellen Grundstücksurkunden, bei denen es um Eigentumsübertragungen oder sonstige dingliche Rechte an Immobilien geht (z.B. Hypotheken), die Katasterreferenz angegeben werden. Die Katasterreferenz wird jeweils in den von den zuständigen Gemeinden ausgestellten Grundsteuerbescheiden angegeben. Ist die Katasterreferenz nicht vorhanden, so ist sie beim Katasteramt anzufordern. Aber auch wenn die Katasterreferenz nicht eingeholt werden kann, darf der Notar das Rechtsgeschäft beurkunden. Er muß jedoch in der notariellen Urkunde ausdrücklich auf den nicht erbrachten Nachweis der Katasterreferenz hinweisen und dies auch dem Katasteramt mitteilen. Sofern die Beteiligten die Katasterreferenz nicht beibringen, kann dies mit einer Geldstrafe zwischen 1.000 und 150.000 Peseten geahndet werden.

Nicht zuletzt aus diesem Grunde liegt es im Interesse der Beteiligten, sich um die Katasterreferenz zu kümmern.

>   Grundbuchamt / Notar — Institutionalisierte Zusammenarbeit

✔ Katasterwert — *Valor Catastral*

Der Katasterwert bildet die Bemessungsgrundlage für die Grundsteuer (*Impuesto sobre Bienes Inmuebles*, Art. 66–72 LRHL), die alljährlich an die zuständige Gemeinde zu entrichten ist. Der Katasterwert der jeweiligen Liegenschaft ist dem Grundsteuerbescheid zu entnehmen.

>   Immobilienbesteuerung in Spanien
>   Kaufpreis

✔ Kauf einer im Bau oder in Planung befindlichen Wohnung (oder eines Bungalows) vom Bauträger

Bauträgerfirmen, die geplante oder sich im Bau befindliche Wohnungen oder Einzelhäuser gegen Ratenzahlungen verkaufen, müssen aufgrund des Gesetzes 57/1968 vom 27.7.1968 hinsichtlich der angezahlten Beträge Versicherungen abschließen oder gesamtschuldnerische Bankbürgschaften beibringen, um im Falle verspäteter oder nicht erfolgter Fertigstellung den eingezahlten Betrag zuzüglich einer 6%igen Verzinsung zurückzahlen zu können. In dem Vertrag muß die entsprechende Bank bzw. Versicherung benannt werden, und der Bauträger ist verpflichtet, dem Käufer mit Vertragsunterzeichnung die Garantieurkunde auszuhändigen. Die Vorauszahlungen müssen auf ein Sonderkonto eingezahlt werden, über das nur zur Erfüllung von Verträgen, die mit dem Wohnungsbau im Zusammenhang stehen, verfügt werden kann.

Wird die Wohnung oder das Einzelhaus nicht fertiggestellt oder verweigert die zuständige Behörde die Erteilung der Bewohnbarkeitsbescheinigung *(cédula de habitabilidad)* oder wird verspätet mit dem Bau begonnen, so kann aufgrund des Bankavals oder des Versicherungsvertrages die Rückzahlung der Ratenzahlungen zuzüglich einer 6%igen Verzinsung verlangt werden. Bei nicht fristgerechter Fertigstellung kann der Käufer dem Bauträger alternativ auch eine Nachfrist zwecks Fertigstellung setzen. Die in diesem Gesetz enthaltenen Käuferrechte können nicht abbedungen werden (Art. 7 Gesetz 57/1968), wenngleich deren Nichterfüllung durch den Bauträger nicht zur Nichtigkeit des Vertrages führt. Auch wenn dies in der Praxis oft anders sein mag, so ist der Bauträger von Gesetzes wegen verpflichtet, in seiner Werbung auf das Gesetz hinzuweisen. Hält der Bauträger sich nicht an diese Vorgaben, so kann dies mit Strafen geahndet werden. Da das Gesetz dem Käufer wichtige Garantien liefert, ist den Käufern von in Planung oder im Bau befindlichen Wohnungen oder Einzelhäusern dringend zu empfehlen, auf die Einhaltung dieser Gesetzesvorschriften zu bestehen und die entsprechenden Klauseln in den Vertrag mit aufzunehmen.

Dem Käufer, der auf Sicherheit gehen und unliebsame Überraschungen vermeiden will, kann im Falle von Vorschußzahlungen alternativ empfohlen werden, mit der ersten Vorschußzahlung einen notariellen Ratenzahlungskaufvertrag beurkunden zu lassen.

Schließlich ist darauf hinzuweisen, daß für Verträge über Bauvorhaben in Spanien mit einem deutschen Bauträger unter Umständen auch die Vorschriften der deutschen Makler– und Bauträgerverordnung zur Anwendung kommen können. Dies gilt vor allem dann, wenn es sich bei dem Erwerber um einen Deutschen handelt, der seine Zahlungen in Deutschland erbringen muß, auch wenn die Geltung spanischen Rechts vereinbart worden ist. Der Erwerber ist dann auch nach dieser Verordnung abzusichern.

> Kaufvertrag
> Ratenzahlungskauf

✔ **Kauf einer *Finca rústica***

Ist Kaufgegenstand eine als *finca rústica* qualifizierte Liegenschaft, so ist darauf zu achten, ob das Grundstück eine Fläche von über 1 ha ausweist; in diesem Fall sind keine Besonderheiten zu beachten. Ist die Grundstücksfläche indes geringer, so steht dem unmittelbar angrenzenden Nachbarn ein gesetzliches Vorkaufsrecht zu, es sei denn, die beiden Grundstücke sind z.b. durch Kanäle, Bäche oder Straßen getrennt (Art. 1523 CC). Um dieses Vorkaufsrecht auszuschließen und sich vor unliebsamen Überraschungen zu schützen, ist es ratsam, daß der Nachbar vorher schriftlich auf die Ausübung seines Vorkaufsrechts verzichtet. Hierbei sind dieselben Vertragsbedingungen zu nennen, unter denen anschließend auch der notarielle Kaufvertrag beurkundet wird. Noch sicherer ist es für den Käufer natürlich, wenn auch in der Praxis nur selten durchführbar, daß der Nachbar in der notariellen Kaufvertragsurkunde auf sein Vorkaufsrecht verzichtet.

> Kaufvertrag
> Vorkaufsrecht des Mieters und Pächters, gesetzliche Vorkaufsrechte

✔ **Kauf eines noch nicht im Grundbuch eingetragenen Hauses**

Stellt der Erwerber bei Einsichtnahme in das Grundbuch fest, daß das auf dem Grundstück befindliche Haus nicht im Grundbuch eingetragen ist oder aber nicht eingetragene Anbauten und Erweiterungen durchgeführt wurden, so ist zu empfehlen, vom Verkäufer zu verlangen, daß dieser vor Abschluß des notariellen Kaufvertrages die sogenannte notarielle Neubauerklärung abgibt. Hierbei kann die notarielle Neubauerklärung in die notarielle Kaufvertragsurkunde mit aufgenommen werden. Der Erwerber sollte jedoch darauf achten, daß der Verkäufer für die infolge der Neubauerklärung entstehenden Kosten aufkommt (Steuer in Höhe von 0,5 %) und ggf. den entsprechenden Betrag vom Kaufpreis einbehalten.

Mit Blick auf die Vorschriften zur Deviseneinfuhr sollten insbesondere nichtresidente Erwerber unbedingt darauf bestehen, daß der Verkäufer die Neubauerklärung vornimmt. Denn sofern sie das Grundstück später weiterverkaufen möchten und ihr Käufer wiederum die notarielle Neubauerklärung verlangt, müssen sie eine Bankbescheinigung beibringen, aus der hervorgeht, daß sie Devisen nach Spanien eingeführt haben, und zwar in Höhe des in der notariellen Neubauerklärung erklärten Neubauwertes. An dieser Bankbescheinigung ist schon manch einer verzweifelt.

> Kaufvertrag
> Neubauerklärung — *Declaración de obra nueva*

✔ Kauf eines mit einer Hypothek belasteten Grundstücks

Ist das zu erwerbende Grundstück mit einer Hypothek belastet, sollte man nicht ohne anwaltliche Hilfe den Kaufvertrag über das Grundstück unterschreiben. Viele Verkäufer lassen aus Gründen der Kostenersparnis trotz der Tilgung des Hypothekendarlehens die Hypothek im Grundbuch nicht löschen. Dem Käufer eines mit einer Hypothek belasteten Grundstücks ist deshalb zu empfehlen, darauf zu bestehen, daß vor Unterzeichnung des notariellen Kaufvertrages die öffentliche Urkunde zur Hypothekenlöschung aufgegeben wird und der Verkäufer für die damit verbundenen Kosten (Notar, Grundbuchamt und Steuern von derzeit 0,5%) einzustehen hat. Bezüglich dieser Kosten ist es für den Käufer ggf. ratsam, einen bestimmten Betrag vom Kaufpreis einzubehalten, um so die Hypothekenlöschung und den lastenfreien Erwerb sicherzustellen.

Trägt sich der Käufer hingegen mit dem Gedanken, anläßlich des Grundstückskaufvertrages selbst ein Darlehen unter gleichzeitiger Hypothekenbestellung aufzunehmen, so sollte er sich über die Vertragsbedingungen zwischen seinem Verkäufer und dessen Bank erkundigen. Sind diese Konditionen günstig, kann es nützlich sein, das Hypothekendarlehen des Verkäufers zu übernehmen. Der Verkäufer wird in diesem Fall aber nur dann von seinen Verpflichtungen gegenüber der Bank freigestellt, wenn sich die Bank ausdrücklich mit dem Schuldnerwechsel einverstanden erklärt. Seitens des Verkäufers ist hier also Vorsicht geboten.

> Kaufvertrag

✔ Kauf einer vermieteten Immobilie

Potentiellen Erwerbern einer vermieteten Immobilie ist zu empfehlen, vor Vertragsabschluß anwaltlichen Rat einzuholen. Für den Erwerber sind bei dem Erwerb einer vermieteten Immobilie zwei Fragen von Bedeutung:

◆ **1.** Tritt er in die Rechte und Verpflichtungen des Verkäufers / Vermieters ein?

Diese Frage ist für Gewerbeimmobilien und bei Saisonmietverträgen grundsätzlich mit ja zu beantworten, es sei denn, dem Erwerber gelingt der Nachweis, daß er bei Vertragsabschluß bezüglich des Nichtbestehens eines Mietverhältnisses gutgläubig war.

Erwirbt der Käufer hingegen Wohnungseigentum, über das nicht lediglich ein Saisonmietvertrag abgeschlossen wurde, so tritt der Erwerber unabhängig von seiner Gutgläubigkeit innerhalb der ersten 5 Jahre des Mietvertrages in die Rechte und Pflichten des Vermieters ein (Art. 13 und 14 LAU).

◆ **2.** Besteht zugunsten des Mieters ein Vorkaufsrecht?

Mietern von Wohnraum steht stets ein Vorkaufsrecht zu; die Parteien können dies jedoch bei einer Vertragsdauer von über 5 Jahren vertraglich abbedingen (Art. 25 LAU). In Bezug auf Gewerbeimmobilien und Saisonmietverträge steht den Mietern ebenfalls grundsätzlich ein Vorkaufsrecht zu, welches jedoch ohne weiteres ausgeschlossen werden kann (Art. 31 LAU). Das Vorkaufsrecht beinhaltet, daß der Mieter unter denselben Bedingungen wie der Kaufinteressent vorzugsweise das Haus oder die Wohnung käuflich erwerben kann. Um als Käufer sicher zu gehen, daß der Mieter von seinem Vorkaufsrecht keinen Gebrauch machen wird, stehen dem Käufer u.a. zwei

Vorgehensweisen zur Verfügung. Einerseits kann er den Mieter durch den Verkäufer notariell über den geplanten Kauf unter Angabe der Vertragsparteien, Kaufpreis sowie der sonstigen Vertragsbedingungen (Zahlungsmodalität, Besitzübergabe etc.) informieren (siehe hierzu Art. 25 LAU). Macht der Mieter von seinem Vorkaufsrecht innerhalb von 30 Tagen nach dieser notariellen Zustellung keinen Gebrauch, so verfällt sein Vorkaufsrecht. Der Käufer kann sodann beruhigt die notarielle Kaufvertragsurkunde aufsetzen, aber, und das ist ganz wichtig, nur unter den Bedingungen, die dem Mieter notariell zugestellt wurden. Wird der Kaufpreis in der notariellen Kaufvertragsurkunde nämlich niedriger angegeben oder wird Ratenzahlung vereinbart, so kann der Mieter nun unter den geänderten Bedingungen die bereits verkaufte Wohnung für sich erwerben. Andererseits kann der Käufer, um unliebsamen Überraschungen vorzubeugen, anregen, der Mieter möge in der notariellen Kaufvertragsurkunde auf sein Vorkaufsrecht verzichten. Verkauft der Vermieter aber z.B. ein gesamtes Gebäude mit verschiedenen Wohnungen, so steht dem Mieter kein Vorkaufsrecht zu. Ferner finden die Regeln über das Vorkaufsrecht bei Einbringung des Mietobjekts in eine Gesellschaft keine Anwendung.

> Kaufvertrag
> Mietverträge — *Contratos de arrendamiento*

✔ **Kauf von einem Nichtresidenten — *Retención***

Ist der Verkäufer Nichtresident in Spanien, so ist vom Käufer 5 % des in der notariellen Kaufvertragsurkunde deklarierten Kaufpreises einzubehalten und beim Finanzamt abzuführen. Der Nachweis der Residenteneigenschaft ist durch die Beibringung einer vom zuständigen Finanzamt ausgestellten Bescheinigung zu erbringen, wonach der Verkäufer in Spanien der Einkommensteuer bzw. im Falle von Gesellschaften der Körperschaftsteuer unterliegt (Art. 18 b, BOE Nr. 50 vom 27. Februar 1.999). Der Käufer sollte diesbezüglich sehr genau sein, weil andernfalls das von ihm erworbene Grundstück in Höhe des 5%igen Steuereinbehalts haftet.

Der Steuereinbehalt ist dann nicht vorzunehmen, wenn der Verkäufer, eine natürliche Person, zum Stichtag per 31.12.1996 bereits über 10 Jahre Eigentümer des Grundstücks war und seitdem auch keine baulichen Verbesserungen vorgenommen worden sind. Ferner fällt der 5%ige Steuereinbehalt weg, wenn der Nichtresident das Grundstück als Sacheinlage in eine in Spanien ansässige Gesellschaft einbringt.

✔ **Kauf von Wohnungseigentum**

Der Käufer von Wohnungseigentum sollte vor Vertragsunterschrift Einsicht in die notarielle Teilungsurkunde *(Escritura de división de propiedad horizontal)* nehmen, um sich so darüber zu informieren, was Gemeinschafts– und was Sondereigentum ist. In diesem Zusammenhang sollte der Erwerber auch die angegebene Größe 'seiner' Wohneinheit überprüfen, weil bisweilen Gemeinschaftseigentum irrtümlich in die Fläche des Sondereigentums miteinbezogen wird. Die Quote *(cuota de participación)* der zu erwerbenden Wohneinheit an der Gemeinschaftsanlage ergibt sich jedoch stets aus der notariellen Kaufvertragsurkunde. Diese Quote ist maßgeblich für die prozentuale Beteiligung des Erwerbers an den alljährlichen Gemeinschaftskosten. Auch sollte sich der Erwerber vor Unterschrift über die Eigentümerstatuten und die Hausordnung informieren, um nicht unangenehmen Überraschungen zu erliegen.

→ → Umlagen / Gemeinschaftskosten

Gemäß Art. 9 Nr. 1 e) LPH haftet der Erwerber von Wohnungseigentum für diejenigen Umlagen, die der vorherige Eigentümer im Jahr des Eigentumserwerbs und in dem vorangegangenen Jahr nicht beglichen hat. Für diese Schuld haftet das Wohnungseigentum. Der Verkäufer hat daher in der notariellen Kaufvertragsurkunde zu erklären, ob er sich mit der Umlagenzahlung auf dem laufenden befindet bzw. welchen Betrag er noch offenstehen hat. Gleichzeitig muß der Verkäufer eine vom Sekretär und Präsidenten der Eigentümergemeinschaft unterzeichnete Bescheinigung beibringen, die inhaltlich mit der Erklärung des Eigentümers übereinstimmen muß. Ohne diese Bescheinigung kann der notarielle Kaufvertrag über eine Eigentumswohnung nicht abgeschlossen werden, es sei denn, der Käufer verzichtet ausdrücklich auf diese Bescheinigung. Von diesem Verzicht ist dem Erwerber jedoch abzuraten, weil er dann nämlich, wie aufgezeigt, von der Eigentümergemeinschaft in die Haftung genommen werden kann. Sekretär und Präsident haften im übrigen für die Richtigkeit ihrer Angaben.

Eine zweisprachige Gesetzesausgabe nebst Erläuterungen zu diesem Thema enthält die Monographie: **Löber/Pérez** — Wohnungseigentum in Spanien — Frankfurt/Main, 2000 (→ siehe **Literaturverzeichnis**).

> Umlagen

> Wohnungseigentum — *Propiedad Horizontal*

✔ Kauf in der Zwangsversteigerung

Ein Schnäppchen kann man als Kaufinteressent womöglich im Rahmen eines Zwangsversteigerungsverfahrens erwerben. Allerdings ist davon abzuraten, ein Grundstück via Zwangsversteigerung ohne die entsprechende fachliche Hilfestellung zu erwerben. Das in der Praxis bedeutendste Verfahren ist das in Art. 131 ff. LH geregelte summarische Verfahren *(Procedimiento Judicial Sumario)*. Der gerichtliche Termin zur Zwangsversteigerung ist wenigstens zwanzig Tage zuvor im offiziellen Anzeiger der jeweiligen Provinz unter genauer Liegenschaftsbezeichnung sowie Ort und Zeitpunkt der Zwangsversteigerung anzuzeigen. Zugleich ist darauf hinzuweisen, daß eine vom Grundbuchamt ausgestellte Bescheinigung *(certificación)* über das Grundstück beim Gerichtssekretariat zur Einsicht liegt. In den Fällen, in denen der Wert der Immobilie über fünf Millionen Peseten liegt, wird die Versteigerung ferner im BOE veröffentlicht. Häufig werden Versteigerungstermine zusätzlich auf freiwilliger Basis noch in der örtlichen Presse bekanntgegeben. Aus Gründen der Verfahrensökonomie werden mit dem 1. Versteigerungstermin in der Regel zugleich die Termine der 2. und 3. Versteigerung bekanntgegeben.

Im ersten Versteigerungstermin sind nur solche Gebote zulässig, die zumindest den in der Hypothekenbestellungsurkunde bestimmten und in der Anzeige angegebenen Betrag abdecken. Ergeht kein Mindestgebot und macht auch der Gläubiger keinen Gebrauch von seinem Recht, sich das Grundstück für das Mindestgebot zuschlagen zu lassen, wird vom Gericht ein zweiter Versteigerungstermin anberaumt (Art. 131 Ziff. 10 LH). Im zweiten Versteigerungstermin liegt das Mindestgebot bei 75% des für die erste Versteigerung geltenden Mindestgebots. Findet sich auch im zweiten Versteigerungstermin zu diesen Konditionen kein Bieter, so hat der Gläubiger erneut die Wahl, den Zuschlag für 75% zu erhalten (Art. 131 Ziff. 11 LH) oder einen dritten Versteigerungstermin zu verlangen, in dem es kein Mindestgebot mehr gibt.

Wer an einer solchen Zwangsversteigerung teilnehmen möchte, muß, mit Ausnahme des Vollstreckungsgläubigers, zuvor 20% des in der Veröffentlichung bekanntgegebenen Wertes beim zuständigen Gericht hinterlegen. Anstelle von Bargeld kann auch ein bankbestätigter Scheck verwendet werden. Für die dritte Versteigerung müssen nur 20 % des für die zweite Versteigerung festgelegten Wertes hinterlegt werden .
Wer das Meistgebot abgegeben und den Zuschlag erteilt bekommen hat, erhält darüber eine gerichtliche Bestätigung unter gleichzeitiger Aufforderung, innerhalb von 8 Tagen den Restbetrag bei Gericht einzubezahlen.

> Hypothek — *Hipoteca*

✔ **Kaufoptionsvertrag**
 — *Contrato de opción de compra*
In der Praxis des spanischen Grundstücksverkehrs spielen Kaufoptionsverträge eine wichtige Rolle. Kaufinteressenten, die zwar am Kaufabschluß interessiert sind, aber sich noch nicht endgültig binden wollen, erhalten auf diese Weise die Möglichkeit, innerhalb der vertraglich vereinbarten Frist die Kaufoption auszuüben. Der Verkäufer verlangt in der Regel einen

bestimmten Optionspreis dafür, daß er das Objekt dem Käufer mit der Optionsvereinbarung fest an die Hand gibt und insoweit für diesen Zeitraum gebunden ist. Dieser Preis beläuft sich oft auf 10% des Kaufpreises und ist auf diesen bei entsprechender Vereinbarung anrechenbar. Läßt der Käufer die in dem Optionsvertrag bestimmte Frist verstreichen, ohne sein Optionsrecht auszuüben, verliert er den bereits angezahlten Optionspreis. In diesem Zusammenhang kann sich der Käufer, anders als beim Kaufvertrag, auch nicht darauf berufen, der Verkäufer hätte ihn gerichtlich oder notariell zur Zahlung auffordern müssen, denn Art. 1504 CC findet auf den Kaufoptionsvertrag keine Anwendung. In Kaufoptionsverträgen wird auch häufig vereinbart, daß der spätere notarielle Kaufvertrag zugunsten der vom Optanten noch zu bezeichnenden natürlichen oder juristischen Person aufgesetzt wird.

Der Kaufoptionsvertrag muß im übrigen auch alle Elemente des eigentlichen Kaufvertrages enthalten, so daß dieser durch einfache Erklärung des Optionsnehmers (Ausübung des Optionsrechts) zum Abschluß gelangt. Der Kaufoptionsvertrag ist im spanischen *Código Civil* nicht geregelt, jedoch ein im Rahmen der Vertragsfreiheit anerkannter Vertragstyp. Er kann sowohl privatschriftlich als auch notariell abgeschlossen werden, wenngleich nur der notarielle Kaufoptionsvertrag im Grundbuch eintragbar ist und damit auch Wirkung gegenüber Dritten entfaltet.

Um einen notariell beurkundeten Kaufoptionsvertrag im Grundbuch eintragen zu können, muß die notarielle Beurkundung gem. Art. 14 RH folgende Voraussetzungen erfüllen:

▮   sie muß eine ausdrückliche Vereinbarung der Parteien über die Eintragbarkeit im Grundbuch enthalten;

▮   Kaufpreis und ggf. Optionsgebühr müssen genau bestimmt werden;

▮   der Optionszeitraum muß festgelegt werden und darf vier Jahre nicht überschreiten.

Schließlich muß der Optant noch die ITP–Steuer begleichen, wenn er sein Optionsrecht im Grundbuch eintragen lassen möchte.

Bisweilen verlangt der Käufer, daß der Optionsbetrag auf ein besonderes Bankkonto einbezahlt wird und sein Vertragspartner , bzw. der eingeschaltete Makler, erst wie folgt über den Optionsbetrag verfügen darf:

∎   Bei Nichtausübung des eingeräumten Optionsrechts durch den Käufer erst nach Ablauf der Optionsfrist.

∎   Bei Ausübung des Optionsrechts erst mit Abschluß des notariellen Kaufvertrages.

Eine entsprechende Bankbestätigung, daß der Optionsbetrag im Sinne der zuvor genannten Verfahrensweise blockiert ist, kann auf Wunsch der Beteiligten von der zuständigen Bank ausgestellt werden.

>   *Arras* — Draufgeld
>   Immobilienbesteuerung in Spanien
>   Kaufversprechen — *Promesa de Venta*
>   Kaufvertrag — *Contrato de Compraventa*
>   Privatschriftlicher Kaufvertrag

✔ Kaufpreis

Lange Jahre bestand in Spanien die Praxis, im privatschriftlichen Kaufvertrag den wirklichen und auch gezahlten Kaufpreis anzugeben, während im öffentlichen Kaufvertrag *(Escritura Pública de Compraventa)* ein Kaufpreis angegeben wurde, der aus Steuerersparnisgründen oft sehr erheblich unter dem tatsächlichen lag. Im Gegensatz zum deutschen Recht führt die notarielle **Unterverbriefung** in Spanien nicht automatisch zur Nichtigkeit des Vertrages. Die neuen Steuergesetze jedoch versuchen, der auch heute noch anzutreffenden Unterverbriefung mit allen Mitteln entgegenzuwirken. Die Vertragsparteien sollten sich daher vor notariellem Vertragsschluß folgende Vorschriften vor Augen führen:

◆ Aufgrund von Art. 46 LITP in Verbindung mit Art. 52 des Gesetzes 230/1963 hat der spanische Fiskus ein Nachprüfungsrecht hinsichtlich der Bewertung von Immobilienübertragungen. Stellt der Fiskus aufgrund eigener Überprüfung fest, daß der von ihm ermittelte Wert den Escritura-wert um mehr als 20% übersteigt — mindestens jedoch um 2 Mio. Pese-ten — so gilt der Differenzbetrag für Zwecke der Besteuerung als auf einer schenkweisen Zuwendung beruhender Vermögenszuwachs (Art. 14 Ziff. 7 LITP, 21 RITP). Dem Käufer wird auf diese Weise noch eine zusätzliche Schenkungsteuer für den Mehrbetrag auferlegt, und diese ist wesentlich höher als die Grunderwerbsteuer, und das um so mehr, je höher der Wert der verschenkten Sache ist und wenn zwischen Verkäufer und Käufer kein Verwandtschaftsverhältnis besteht.

◆ Ferner kann sich die Unterverbriefung für den Käufer dann besonders nachteilig auswirken, wenn er die erworbene Immobilie anschließend in einem unter 10 Jahren liegenden Zeitraum weiterverkauft und sein Käufer die Verbriefung des tatsächlichen Kaufpreises verlangt. Der von dem Käu-fer durch den Weiterverkauf erzielte Nettokapitalgewinn unterliegt nämlich der sogenannten Spekulationssteuer, die für Nichtresidente 35 % des Ge-winns ausmacht und sich für Residente aus deren Gesamteinkommen er-rechnet.

Neben den steuerlichen Konsequenzen birgt die Unterverbriefung aber auch noch andere folgende Gefahren in sich:

◆ Möchte der Käufer den Vertrag nach notarieller Verbriefung rückgängig machen, weil das Kaufobjekt Mängel aufweist oder er aber z.B. einer Täu-schung erlag, kann er nur dann den tatsächlich geleisteten Kaufpreis not-falls auch im Klagewege zurückerhalten, wenn er die Unterverbriefung auf-deckt und die Zahlung des tatsächlichen Kaufpreises nachweisen kann.

◆ Das spanische Recht räumt verschiedenen Personen Vorkaufsrechte ein. Nach Abschluß des notariellen Kaufvertrages kann dieser Personen-kreis daher möglicherweise sein Vorkaufsrecht unter Berufung auf den ver-brieften Kaufpreis ausüben.

◆ Sofern infolge der Unterverbriefung die wirtschaftliche Gleichwertigkeit zwischen Kaufpreis und Kaufobjekt nicht gegeben ist, kann der Verkäufer im Falle der Anwendbarkeit des katalanischen Foralrechts gem. Art.
321 ff. CDCC womöglich die Vertragsaufhebung verlangen.

Werden neben dem Grundstück auch noch Möbel und sonstiges Inventar
verkauft, so steht es den Parteien frei, hierüber einen separaten Privatvertrag abzuschließen. Auf diese Weise läßt sich der Kaufpreis der Immobilie
auf ganz legale Art senken.

Die spanische Praxis, wonach der notarielle Kaufvertrag in der Regel erst
nach Bewirkung des vollen Kaufpreises durch den Käufer aufgesetzt wird,
führt zu erheblichen Risiken auf der Käuferseite. Der Käufer ist nämlich
grundbuchrechtlich völlig ungesichert, mag er auch im Besitz eines privatschriftlichen Vertrages sein, wenn etwaige Gläubiger des Verkäufers das
Grundstück pfänden oder gar der Verkäufer über dieses anderweitig verfügt.

> Doppelverkauf
> Privatschriftlicher Kaufvertrag

✔ **Kaufversprechen** — *Promesa de Venta*

Ein Kaufversprechen ist nach spanischem Recht eine zweiseitige Vereinbarung zwischen Verkäufer und Käufer in bezug auf einen in Zukunft
abzuschließenden Kaufvertrag (Art. 1451 CC). Das Kaufversprechen hat
damit die Rechtsnatur eines Vorvertrages. Gleichwohl besteht aufgrund
des Kaufversprechens ein Anspruch auf Abschluß eines später abzuschlies-
enden Kaufvertrages. Die wesentlichen Vertragselemente müssen jedoch
bereits im Kaufversprechen enthalten sein, mithin die Einigkeit der Vertragspartner über Rechtsgrund, Objekt und Preis. In der Praxis ist dieser
Vertragstyp nicht sehr häufig anzutreffen, weil die Abgrenzung zum defi-
nitiven Kaufvertrag mitunter nicht eindeutig vorgenommen werden kann

und somit Rechtsunsicherheit hervorruft. Vor Unterschrift unter ein Kaufversprechen sollte daher fachkundiger Rat eingeholt werden.

> *Arras* — Draufgeld
> Kaufoptionsvertrag — *Contrato de opción de compra*
> Privatschriftlicher Kaufvertrag
> Vorvertrag — *Precontrato, Contrato Prelimario*

✔ Kaufvertrag — *Contrato de compraventa*

Die meisten Immobilien werden durch Kaufverträge erworben. Den Immobilienkaufverträgen kommt deshalb eine außerordentliche Bedeutung zu. In Spanien werden üblicherweise zunächst privatschriftlich Kaufverträge abgeschlossen, die die Parteien ebenso binden wie notarielle Kaufverträge, weil Kaufverträge nach spanischem Recht grundsätzlich zu ihrer Wirksamkeit nicht der notariellen Form bedürfen, wie dies das deutsche Recht in BGB § 313 vorsieht. Zwar müssen nach Art. 1280 Ziff. 1 des *Código Civil* die Verträge in öffentlicher Urkunde geschlossen werden, die die Übertragung von dinglichen Rechten an Grundstücken zum Gegenstand haben, die Nichtwahrung vorgenannter Form hat jedoch nicht die Nichtigkeit des Rechtsgeschäfts zur Folge (siehe auch Art. 1225 CC). Vielmehr kann der Berechtigte nach Art. 1279 des *Código Civil* von seinem Vertragspartner die Formerfüllung verlangen. Die Formvorschrift ist im spanischen Recht in der Regel nur eine Beweisvorschrift, weswegen ein Grundstückskaufvertrag privatschriftlich oder gar mündlich zustandekommen kann.

Eine Eintragung des Eigentumsrechts im Grundbuch erfolgt hingegen nur aufgrund eines öffentlichen Kaufvertrages *(Escritura Pública de Compraventa)*, der vor einer Urkundsperson (Notar, Konsul) abzuschließen ist oder aufgrund gerichtlicher Verfügung.

Das Kaufvertragsrecht ist in den Art. 1445 ff. CC geregelt. Gemäß Art. 1445 CC verpflichten sich durch den Kaufvertrag der Verkäufer zur Übergabe einer bestimmten Sache und der Käufer zur Zahlung eines bestimmten Preises. Verbindlich ist der Kaufvertrag dann, wenn Einigkeit über den Gegenstand des Kaufvertrages wie auch über den Preis erzielt worden ist, selbst wenn weder der Kaufpreis gezahlt noch die Sache übergeben worden ist (Art. 1450 CC).

Bei der Betrachtung des Immobilienkaufvertrages nach spanischem Recht muß man sich von deutschen Vorstellungen lösen. Die Trennung zwischen schuldrechtlichem und dinglichem Vertrag (Auflassung) ist auf das spanische Recht nicht übertragbar. Der Eigentumsübergang nach spanischem Recht erfolgt vielmehr durch Einigung und Übergabe der Sache. Es genügt also, wenn dem Erwerber der Wohnungsschlüssel übergeben wird oder ihm auf andere Weise die Verfügungsmacht über das Kaufobjekt eingeräumt wird. Bei Abschluß eines notariellen Kaufvertrages ersetzt hingegen die *Escritura Pública de Compraventa* regelmäßig die Übergabe (Art. 1462 Abs. 2 CC).

Wichtig sind bei Kaufverträgen die genaue Bestimmung des Kaufgegenstandes und des Kaufpreises, die Einigung der Vertragsschließenden und der Rechtsgrund der eingegangenen Verpflichtung. Es handelt sich hier um allgemeine Prinzipien, die in Art. 1261 CC normiert sind.

Kaufverträge über spanisches Grundeigentum können grundsätzlich auch dem deutschen Schuldstatut unterliegen. Das erkennen sowohl der spanische *Código Civil* (Art. 10 Ziff. 5) als auch das deutsche internationale Privatrecht (Art. 27, 28 EGBGB) an. Der Bundesgerichtshof hat mehrfach ausgesprochen (vgl. BGHZ 52, 239 ff.; 53, 189 ff.), daß der Verkauf eines ausländischen Grundstücks der Form des § 313 BGB (notarielle Form) unterliegt, sofern die Parteien die Anwendung deutschen Rechts vereinbart haben.

Liegt das Grundeigentum in einer Foralrechtsregion, so kann es regionale Besonderheiten geben. Hier sollte man sich in Zweifelsfällen mit einem Rechtskundigen in Verbindung setzen, um keine Überraschungen zu erleben. So ist nach katalanischem Foralrecht bei Immobilienkaufverträgen während eines Zeitraums von vier Jahren eine Anfechtung des Vertrages durch die Verkäuferseite zulässig, wenn weniger als die Hälfte des 'gerechten Preises' *(Justiprecio)* als Kaufpreis vereinbart worden ist (Art. 321 ff. des katalanischen Foralrechts).

Beispiel: Es wird eine Liegenschaft für 5 Mio. Pts. übertragen. Zeitlich danach wird aufgrund von Gutachten festgestellt, daß sich der 'gerechte Preis' *(Justiprecio)* zum Zeitpunkt des Kaufvertragsabschlusses auf 12 Mio. Peseten belief. In diesem Fall liegt die Läsion, also die Verletzung der Verkäuferrechte, bei 7 Mio. Pts., so daß eine Anfechtung zulässig ist.

Bei Formulargrundstücksverträgen ist immer Vorsicht geboten, weil die meisten der in ihnen enthaltenen Klauseln einseitig zugunsten des Verkäufers lauten.

> Anwendbares Recht
> Deutsches internationales Privatrecht
> Eigentumserwerb nach spanischem Recht
> Foralrechte
> Internationales Privatrecht
> Kaufpreis
> Militärgenehmigung für den Erwerb von Immobiliareigentum
> Notarieller Vertrag — *Escritura Pública*
> Privatschriftlicher Kaufvertrag
> Spanisches internationales Privatrecht
> Verbraucherschutz

✔ Küstengesetz

Mit einer Küstenlänge von nahezu 8.000 km verfügt Spanien in Europa über die größte Küstenlandschaft. Der Gesetzgeber unterscheidet im spanischen Küstengesetz (Gesetz 22/1988 vom 28.7.1988) zwischen dem öffentlichen Eigentum *(Dominio Público Marítimo Terrestre)*, das jeweils an das Meer grenzt, und der dahinter liegenden Schutzzone sowie der sogenannten Einflußnahmezone. In einem gesonderten Verwaltungsverfahren wird festgelegt, wo konkret die Grenzen zwischen der im öffentlichen Eigentum stehenden Meeresuferzone, der Schutzzone und der Einflußnahmezone verlaufen. Eine der Zielsetzungen des Gesetzes ist es, in diesem Bereich das faktisch ausgeuferte Privateigentum wieder in seine Schranken zu verweisen, zum anderen aber einen allgemein zugänglichen, weitgehend unbebauten und natürlichen Küstenstreifen zu erhalten bzw. wieder neu zu schaffen.

Das Meeresufer selbst und die Strände sind Bestandteil öffentlichen Eigentums und fallen in *dominio público marítimo terrestre*. Nach Art. 7 des Küstengesetzes können die in diesen Bereich fallenden Grundstücke weder übertragen noch gepfändet werden. Auch kann ein in diese Zone fallendes Grundstück nicht im Wege der Ersitzung erworben werden. Die allgemeine Nutzung dieser öffentlichen Meeresuferzone ist frei, öffentlich und kostenlos (Art. 31 Küstengesetz). Gemäß Art. 32 des Küstengesetzes sind in der öffentlichen Meeresuferzone nur noch Einrichtungen und Anlagen erlaubt, die der Sache nach an keinem anderen Ort möglich sind. Zur Ausübung dieser Nutzungen bedarf es der Genehmigung durch die zuständigen Organe der jeweiligen Autonomiebehörde, der zuständigen Gemeinde oder der Marinebehörden. Nutzungserteilungen werden in ein öffentliches Register eingetragen (Art. 37 Küstengesetz). Gebäude und Baulichkeiten, die sich innerhalb der vom Küstengesetz ausgewiesenen *zona de dominio público marítimo terrestre* befinden, genießen nur noch einen zeitlich begrenzten Schutz: Das Eigentum gilt aufgrund dieses Gesetzes nur noch als zeitlich beschränktes Nutzungsrecht im Sinne einer 30 Jahre gültigen Konzession, die auf Antrag um weitere 30 Jahre verlängert werden kann. Der spanische Verfassungsgerichtshof hat in seinem Urteil vom 4.7.1991 die durch das Gesetz zwangsweise vorgenommene Umwandlung des in dieser Zone befindlichen Privateigentums in eine zeitlich beschränkte Konzession nicht als entschädigungslose Enteignung bewertet. Vielmehr hat er die insgesamt zulässige Dauer von zweimal 30 Jahren als ausreichendes wirtschaftliches Äquivalent (Entschädigung) des Eigentumsverlustes angesehen.

Nach der Neuregelung grenzt an die im öffentlichen Eigentum stehende Meeresuferzone die sogenannte Schutzzone *(servidumbre de protección)*, welche grundsätzlich 100 Meter breit ist. Dieser Streifen kann um weitere 100 Meter erweitert werden. Bei Vorhandensein rechtskräftig festgestellter Bebauungspläne beläuft sich die Breite der Schutzzone jedoch lediglich auf 20 Meter. In der Schutzzone dürfen weder Wohngebäude noch Hotelanlagen errichtet werden (Art. 25 Ziff. 1a Küstengesetz). Diejenigen Gebäude, die vor Inkrafttreten des Küstengesetzes aufgrund der entsprechenden Genehmigung in der Schutzzone errichtet wurden, genießen jedoch grundsätzlich behördlichen Bestandsschutz. Zu den gesetzlich genehmigungsfähigen Nutzungen innerhalb der Schutzzone zählen unüberdachte Sporteinrichtungen sowie diejenigen Einrichtungen und Aktivitäten, die aufgrund ihrer Eigenart an keinem anderen Ort möglich sind. Zur rechtmäßigen Ausübung dieser Nutzungen muß jedoch grundsätzlich zuvor eine Erlaubnis der regionalen Küstenbehörde eingeholt werden. Ferner sieht das Küstengesetz für die Schutzzone vor, daß ein 6 Meter breiter Streifen von der Ufergrenze landeinwärts ständig begehbar gehalten werden muß. Wenn die Beschaffenheit des Geländes es erforderlich macht, kann auch eine Ausdehnung bis 20 Meter erfolgen. Weiterhin muß auf allen Grundstücken, die an die im öffentlichen Eigentum stehende Meeresuferzone grenzen, ein Zugang zum Meer vorhanden sein. Fehlen entsprechende Zugänge in den Bebauungsplänen, so können Enteignungsmaßnahmen vorgenommen oder Wegedienstbarkeiten zwangsweise verlangt werden.

Für die Eintragung von Grundstücken im Grundbuch, die sich innerhalb der Schutzzone befinden und an die im öffentlichen Eigentum stehende Meeresuferzone angrenzen, muß eine Bestätigung der zuständigen Behörde vorgelegt werden, daß das Grundstück zwar an das öffentliche Eigentum angrenzt, in dieses aber nicht hineinreicht (Art. 15 Ziff. 1 Küstengesetz).

Im Zusammenhang mit Eigentumsübertragungen ist zu beobachten, daß in Grundstücksfällen mit unmittelbarer Meeresnähe die spanischen Grundbuchbehörden vielfach Feststellungen veranlassen, ob sich das Grundstück ganz oder teilweise in der im öffentlichen Eigentum stehenden Meeresuferzone befindet. Sofern das zu erwerbende Grundstück in Küstennähe liegt, empfiehlt es sich daher seitens des Erwerbers stets, vor Abschluß eines Kaufvertrages mit den zuständigen Behörden verbindlich abzuklären, in welche der drei Zonen das Grundstück fällt.

An die Schutzzone grenzt schließlich die Einflußnahmezone *(zona de influencia)*. Diese umfaßt nach Maßgabe des Küstengesetzes einen Landstreifen von mindestens 500 Metern Breite, der von der Meeresufergrenze aus zu messen ist. Zwecks Vermeidung der Entstehung weiterer Betonwüsten bestehen bei der Errichtung von Gebäuden innerhalb der Einflußnahmezone Beschränkungen bezüglich des Bauvolumens.

✔ Leasing von Immobilien

Zivilrechtliche Bestimmungen, die den Leasingvertrag in Spanien regeln, gibt es nicht.

Das Real Decreto 771/1989 vom 23.6.1989 befaßt sich mit Leasing–Verträgen in bezug auf Immobilien. Ausgeschlossen sind Immobilien für Wohnzwecke. Mithin dürfen Leasingverträge nur von Leasing–Gesellschaften und lediglich für Immobilien mit landwirtschaftlicher, industrieller, gewerblicher oder kommerzieller Bestimmung abgeschlossen werden. Lediglich Leasing–Gesellschaften mit eingetragenem Mindestkapital von 500 Mio. Pts. sind befugt, Leasing–Verträge im Sinne des Gesetzes abzuschließen. Nach dem Gesetz 26/1988 vom 29.7.1988 muß die Vertragslaufzeit mindestens zehn Jahre betragen, damit der Vertrag steuerlich als Immobilienleasingvertrag anerkannt wird. Der Vertrag muß vorsehen, daß dem Leasingnehmer eine Option zum Kauf eingeräumt wird, wobei der Restkaufpreis genau zu bezeichnen ist.

✔ **Leibrente — *Renta Vitalicia***

Die Art. 1802 ff. CC regeln das Recht der Leibrente. Aufgrund einer Leibrentenversicherung verpflichtet sich der Schuldner zur Zahlung einer lebenslänglichen Rente an eine oder mehrere Personen für die Übertragung des Eigentums an beweglichen oder unbeweglichen Sachen, die mit dieser Pflicht belastet werden. Verträge dieser Art, die sich auf Grundeigentum beziehen, bedürfen zu ihrer Eintragung in das Grundbuch *(Registro de la Propiedad)* stets der notariellen Beurkundung. Nach Art. 1805 CC ist der Gläubiger der Leibrente im Falle der Nichtzahlung nicht autorisiert, die Vertragsrückabwicklung zu verlangen, sondern ihm steht nur das Recht zu, die Leibrente einzuklagen. Dennoch hat der *Tribunal Supremo* in verschiedenen Urteilen dem Gläubiger im Falle der Nichtzahlung das Recht zugesprochen, die Vertragsauflösung zu verlangen, sofern die Parteien dies in dem Leibrentenvertrag ausdrücklich vereinbart hatten (TS 14.10.1960 und TS 15.1.1963).

> Grundstücksbelastungen — Cargas y Gravámenes

✔ **Maklervertrag**

Nach einem Urteil des *Tribunal Supremo* vom 21.10.1964 ist ein Maklervertrag *(Contrato de Mediación, Comisión)* ein Vertrag, durch den eine Person (Auftraggeber) eine andere Person (Vermittler) beauftragt, daß diese sie über die Möglichkeiten eines Vertragsabschlusses mit anderen, dritten Personen informiert.

Eine Vermittlung setzt notwendigerweise ein Drei–Personen–Verhältnis voraus. Nur dann ist von einer Vermittlung die Rede, für die Provision verlangt werden kann. Ein Verkäufer kann sich also nicht gleichzeitig eine Provision für eine angebliche Vermittlung versprechen lassen. Die Höhe der Provision hängt von der Art des vermittelten Geschäfts ab.

Nach deutschem Recht entstehen aus dem Maklervertrag nach § 652 BGB für den Makler Aufklärungs– und Erkundigungspflichten. Entsprechende

Verpflichtungen spanischer Makler ergeben sich aus dem Real Decreto 515/1989 vom 21.4.1989 betreffend den Schutz von Verbrauchern hinsichtlich des Verkaufs und der Vermietung von Wohnungen und Häusern. Da es sich beim Maklervertrag regelmäßig um ein Auftragsverhältnis handelt, sind zusätzlich die Art. 1709–1732 CC anwendbar.

Die Maklerprovision bezahlt nach spanischem Recht grundsätzlich derjenige, der den Makler beauftragt hat.

> Immobilienmakler — *Agente de la Propiedad Inmobiliaria*

✔ **Mietverträge — *Contratos de Arrendamiento***

I. → Gesetzliche Regelung

Die gesetzliche Regelung von Mietverträgen des *Código Civil* (Art. 1542 ff.) wird weitgehend durch das Mietvertragsgesetz (LAU) verdrängt. Dieses regelt die Einzelheiten im Spannungsfeld zwischen Vermieter und Mieter. Die Neufassung erfolgte Ende 1994 und ist am 1. Januar 1995 in Kraft getreten. Im Zuge dieser Reform wurden auch andere Gesetze geändert, z.B. das Hypothekengesetz. Aufgrund der Bestimmungen des Art. 2 Nr. 5 LH (2. Zusatzbestimmung LAU) und des Real Decreto 297/1996 können auch Mietverträge in das Grundbuch eingetragen werden. Dies führt zu einem erhöhten Schutz des Mieters, wenngleich gemäß Art. 14, 29 LAU der Erwerber grundsätzlich in das bestehende Vertragsverhältnis eintritt.

II. → Mietobjekt und anwendbare Normen

Um festzustellen, welche Rechte und Pflichten Mieter und Vermieter kraft ihres Mietvertrages haben, muß aufgrund der neuen LAU zunächst das Mietvertragsobjekt definiert werden. So werden von dem Anwendungsbereich der LAU Verträge über Dienst-, Militär- und Universitätswohnungen ganz ausgeschlossen. Das gleiche gilt für Verträge über Wohnungen, die im Zusammenhang mit land- und forstwirtschaftlichen Verträgen vermietet werden. Für Sozialwohnungen *(Protección Oficial)* gelten ebenfalls

Besonderheiten (*Disposición Adicional Primera* und *Disposición Transitoria Quinta*). Ferner unterscheidet die LAU zwischen Mietverhältnissen über Wohnraum und sonstigen Mietverhältnissen.

III. → Altverträge

Für Mietverhältnisse, die vor Geltung der neuen LAU abgeschlossen wurden, also vor dem 1.1.1995, gelten Sonderregelungen, auf die wegen ihrer Komplexität an dieser Stelle nicht eingegangen werden kann (1. – 4. Übergangsbestimmung LAU).

Näheres bei: **Wendland/Schlüter** – Mieten und Vermieten in Spanien — Frankfurt/Main, 2000 (in Vorbereitung) (→ siehe **Literaturverzeichnis**).

IV. → Gerichtsstand

Für Gerichtsstreitigkeiten über Mietvertragsverhältnisse sind grundsätzlich die Gerichte am Ort der belegenen Sache zuständig (Art. 16 EuGVÜ). National gilt die Zuständigkeit des Gerichts 1. Instanz (*Juzgado de Primera Instancia*, Art. 38 LAU).

> Kauf einer vermieteten Immobilie

> *Traspaso*

> Vorkaufsrecht des Mieters und Pächters, gesetzliche Vorkaufsrechte

✔ **Mietverträge über Wohnraum und deren Regelung**

Ein Mietvertrag über Wohnraum liegt nach der Definition der LAU dann vor, wenn die angemieteten Räume in erster Linie dazu bestimmt sind, das Bedürnis des Mieters nach einer ständigen Wohnung zu befriedigen. Negativ ausgedrückt fallen nach dieser Definition Saisonmietvertäge z.B. nicht unter den Begriff 'Mietvertag über Wohnraum' und genießen aus Mietersicht daher auch nicht denselben Schutz. Ferner gelten diejenigen Wohnraummietverhältnisse nicht als Mietvertrag über Wohnraum im Sinne der LAU, bei denen der angemietete Wohnraum eine Fläche von mehr als 300qm Größe aufweist oder der jährliche Mietzins den 5,5fachen Betrag des staatlich festgestellten Mindestjahresgehalts übersteigt. Kurzum: in den beiden zuletzt genannten Fällen betrachtet der Gesetzgeber das Mietobjekt als Luxuswohnung und hält den durch die LAU bezweckten Mieterschutz nicht für erforderlich.

➔ ➔ Mieterschutz

Liegt entsprechend dem zuvor Gesagten ein Mietvertrag über Wohnraum vor, so finden die LAU und somit die Mieterschutzvorschriften umfassende Anwendung. Dies bedeutet insbesondere, daß all die Vertragsvereinbarungen, welche von den gesetzlichen Bestimmungen zum Nachteil des Mieters abweichen, nichtig sind (Art. 6 LAU). Dies gilt nur dann nicht, wenn der entsprechende Artikel ausnahmsweise und ausdrücklich eine abweichende Vereinbarung zuläßt.

➔ ➔ Untervermietung

Untervermietung von Wohnraum im Sinne der LAU ist nur zulässig, wenn der Vermieter seine Zustimmung erklärt (Art. 8 LAU). Das Untermietverhältnis endet in jedem Fall mit dem Ablauf des Hauptmietverhältnisses. Der Mietzins für die Untervermietung darf in keinem Falle höher sein als der vereinbarte Mietzins (Art. 8 Ziff. 2 LAU).

➔ ➔ Form und Dauer von Mietverhältnissen

Miet– und Untermietverträge bedürfen zu ihrer Gültigkeit keiner besonderen Form, wenngleich ein jeder von dem anderen den Abschluß eines schriftlichen Mietvertrages verlangen kann (Art. 37 LAU). Ein schriftlicher Vertragsabschluß empfiehlt sich in jedem Falle, um bei Streitigkeiten das, was tatsächlich vereinbart wurde, auch darlegen und beweisen zu können. Hinsichtlich der Dauer von Mietverträgen gilt zwar gemäß Art. 9 Ziff. 1 LAU das Prinzip der Vertragsfreiheit. Gleichwohl kann jedoch bei einem Mietvertragsschluß über Wohnraum unter fünf Jahren der Mieter die alljährliche Verlängerung des Mietvertrages bis zu einer Gesamtdauer von fünf Jahren verlangen. Im Falle des Eigenbedarfs seitens des Vermieters gilt dieses automatische Verlängerungsrecht des Mieters dann nicht, wenn im Mietvertrag ausdrücklich vereinbart worden ist, daß der Vermieter nach Ablauf der vereinbarten Mietzeit den Wohnraum zur Eigennutzung benötigt. Der Vermieter muß jedoch binnen eines Zeitraums von drei Monaten die Wohnung selbst beziehen, um die mietvertraglichen Ansprüche des Mieters bis zu einer Gesamtmietzeit von fünf Jahren nicht wieder aufleben zu lassen (Art. 9 Ziff. 3 LAU).

Mietverhältnisse mit einer Laufzeit von fünf Jahren verlängern sich nach Ablauf der ersten fünf Jahre jeweils automatisch um ein weiteres Jahr, maximal jedoch bis zu drei Jahren, wenn sie von keinem der Vertragsteile mindestens einen Monat vor Vertragsende gekündigt worden sind (Art. 10 LAU). Eine Entschädigungspflicht des Mieters sieht das Gesetz nicht vor, wenn Verträge mit einer Dauer von mehr als fünf Jahren nach einer Laufzeit von fünf Jahren mit einer Frist von zwei Monaten durch den Mieter gekündigt werden (Art. 11 LAU).

→   →   Mietzins, Nebenkosten, Mieterhöhung, Kaution

Art. 17 Ziff. 1 LAU sieht die freie Vereinbarung des Mietzinses vor. An Nebenkosten hat der Mieter diejenigen Kosten zu tragen, welche aufgrund von Zählapparaten individualisierbar sind (z.B. Strom, Wasser), siehe Art. 20 Ziff. 3 LAU. Allgemeine Nebenkosten hingegen, welche zum Erhalt des Wohnraums erforderlich sind, wie z.B. Gärtner, Fahrstuhl, Steuern, Umlagen bei Wohnungseigentum, sind nur dann vom Mieter zu tragen, wenn dies schriftlich und unter Angabe der jährlichen Höhe im Vertrag fixiert wurde. Eine Anpassung des Mietzinses innerhalb der ersten fünf Jahre an den Verbraucherpreisindex ist zulässig, und zwar auch dann, wenn dies nicht ausdrücklich im Vertrag vereinbart wurde. Eine Mieterhöhung entsprechend dem Verbraucherindex ist dem Mieter jedoch zuvor schriftlich mitzuteilen und kann erst ab dem der Mitteilung folgenden Monat verlangt werden.

Erst nach fünf Jahren Laufzeit darf der Mietzins aufgrund vertraglicher Vereinbarung angehoben werden (Art. 18 Ziff. 1, 2 LAU). Zulässig ist eine Erhöhung auch bei baulichen Verbesserungen des Mietobjekts (Art. 19 LAU), jedoch erst nach Ablauf einer Mietvertragsdauer von fünf Jahren. Mit Abschluß des Mietvertrages ist der Mieter gesetzlich verpflichtet, dem Vermieter eine Kaution in Höhe einer Monatsmiete zu übergeben (Art. 36 Ziff. 1 LAU).

➜ ➜ Eintrittsrecht Dritter

Art. 15 LAU gewährt im Falle der Nichtigkeit der Ehe, der gerichtlichen Trennung und der Scheidung von Ehepartnern demjenigen Teil, der nicht Partner des Mietvertrages ist, ein Eintrittsrecht. Eintritt in das Mietverhältnis können im Falle des Todes des Mieters auch sein Ehegatte, sein(e) Lebensgefährte(in), Verwandte der auf– und absteigenden Linie, Geschwister wie auch Schwerbehinderte verlangen (Art. 16 LAU). Voraussetzung für diesen Anspruch ist, daß der vorgenannte Personenkreis während eines Zeitraums von mindestens zwei Jahren vor dem Ableben des vertraglichen Mieters in dessen Hausstand gelebt hat. Nur beim Ehegatten wird vom Erfordernis des zweijährigen Zusammenlebens abgesehen. Der Schwerbehinderte muß mit dem vertraglichen Mieter zudem auch verwandt sein.

➜ ➜ Kündigung von Mietverhältnissen

Die Kündigungsgründe sind in Art. 27 LAU normiert. Danach darf jede der Vertragsparteien die Auflösung des Mietvertrages nach Art. 1124 CC bei Nichterfüllung des Vertrags verlangen. Hierzu gehört u.a. die Nichtzahlung des Mietzinses oder der Kaution, die unzulässige Untervermietung oder Übertragung des Mietvertrages *(Cesión)*, die vorsätzliche Herbeiführung von Schäden am Mietobjekt oder die Vornahme von Bauarbeiten ohne das Vorliegen des erforderlichen Einverständnisses. In gleicher Weise ist auch die Störung des Mietverhältnisses durch jede Art von Belästigungen ein Kündigungsgrund (Art. 27 Ziff. 2 lit. e LAU).

➜ ➜ Eigentümerwechsel

Gemäß Art. 13 Ziff. 1 LAU besteht während der ersten fünf Jahre des Mietverhältnisses ein Schutz des Mieters gegen Zwangsversteigerungen des Mietobjekts in der Weise, daß stets der Mietvertrag respektiert werden muß. Bei Mietverhältnissen mit einer längeren Dauer als fünf Jahre ist der Mieter nur dann gegen Zwangsversteigerungen etc. über die fünf Jahre hinaus geschützt, wenn der Mietvertrag zeitlich vor denjenigen Rechten in das Grundbuch eingetragen wurde, aufgrund derer die Zwangsversteigerung betrieben wird. Der Mieter ist in diesen Fällen für die Dauer des vereinbarten Mietverhältnisses gegen Maßnahmen aus später eingetragenen Rechten geschützt.

Nach Art. 14 LAU gilt auch das Prinzip, daß Kauf Miete nicht bricht, mit anderen Worten der Erwerber in die Rechte und Pflichten des Verkäufers und Vermieters während der Dauer der ersten fünf Jahre des Mietverhältnisses eintritt, und zwar unabhängig davon, ob der Erwerber von der Existenz des Mietverhältnisses Kenntnis besaß oder nicht (Art. 34 LH).

✔ Mietverträge über Luxuswohnungen und deren Regelung (Art. 4 Ziff. 2 LAU)

Für Mietverträge über Wohnraum mit mehr als 300qm Größe oder einem Mietzins, der den 5,5fachen Betrag des staatlich festgestellten Mindestgehalts übersteigt, gilt das Prinzip der Privatautonomie. Demnach unterliegen diese Mietverträge in erster Linie den Parteivereinbarungen. Subsidiär, d.h. für den Fall, daß die Parteivereinbarungen über bestimmte Punkte keine Aussage treffen, finden dieselben Normen Anwendung, die auch für Mietverträge über Wohnraum gelten.

✔ Mietverträge über Geschäftslokale; Saisonmietverträge etc.

Art. 3 LAU regelt solche Mietverhältnisse, die Wohnraum nicht betreffen. Hierunter versteht man u.a. gewerbliche Mietverhältnisse, solche mit Angehörigen der freien Berufe, mit Handwerkern, Kaufleuten oder Lehrinstituten wie auch Saisonmietverhältnisse.

Für die sonstigen Mietverträge gilt das Prinzip der Privatautonomie im umfassenden Sinne. Nur die Normen bezüglich Kaution, Vertragsform (siehe oben 'Mietverträge über Wohnraum und deren Regelung') und Prozeßrecht finden auf diese Mietverträge zwingend Anwendung. So hat der Mieter eines Geschäftslokals anders als bei Wohnraummietverträgen mit Vertragsabschluß nicht nur eine, sondern zwei Monatsmieten als Kaution zu hinterlegen. Ansonsten unterstehen Vermieter und Mieter allein ihrem Parteiwillen, der seine einzige Grenze in Art. 1255 CC findet, nach dem die Vertragsvereinbarungen nicht gegen die öffentliche Ordnung und guten Sitten verstoßen dürfen. Demzufolge unterliegen sämtliche Regelungen bezüglich Vertragsdauer, Mietzins, Mietanpassung, Nebenkosten, Untervermietung, Kündigungsgründe, Eintrittsrechte Dritter, Folgen eines Verkaufs des Mietobjekts zunächst dem beiderseitigen Parteiwillen. Nur für den Fall, daß die Beteiligten über einen streitigen Punkt keine Regelung getroffen haben, finden die in der LAU in einem gesonderten Abschnitt festgehaltenen Normen (Art. 29 bis 35) für sonstige Mietverträge Anwendung. Diese subsidiär anwendbaren Normen sollen nachfolgend kurz erläutert werden:

■   Untervermietung — *Cesión*
Nach Art. 32 Ziff. 1 LAU kann ein Mietverhältnis über Geschäftslokale und sonstige Mieträume, die nicht Wohnräume sind, ohne Zustimmung des Vermieters auf einen Dritten übertragen werden, wenn die Räume gewerblich oder freiberuflich genutzt werden. Der Vermieter hat jedoch in diesem Falle ein Recht auf eine 10%ige Mieterhöhung bei einer teilweisen Untervermietung und auf eine 20%ige Mieterhöhung, wenn eine Vertragsübertragung *(Cesión)* oder eine Untervermietung hinsichtlich des gesamten Mietobjekts vorgenommen wird. Es besteht gemäß Art. 32 Nr. 4 LAU die Verpflichtung des Mieters, dem Vermieter innerhalb eines Monats in beweiskräftiger Form Mitteilung von der Übertragung des Mietverhältnisses oder von der Begründung des Untermietverhältnisses zu machen.

■　Eintrittsrecht Dritter

Stirbt der Mieter, so kann der Erbe oder Vermächtnisnehmer die bisherige Tätigkeit des verstorbenen Mieters in dem Mietobjekt bis zum Ende des Mietvertrages fortführen. Allerdings ist dies dem Vermieter binnen eines Zeitraums von zwei Monaten ab dem Tod des Mieters anzuzeigen (Art. 33 LAU).

■　Kündigung

Der Vermieter kann den Mietvertrag über ein Geschäftslokal bei Nichtzahlung des Mietzinses oder der Kaution kündigen. In gleicher Weise ist auch die Störung des Mietverhältnisses durch jede Art von Belästigungen ein Kündigungsgrund. Ferner kann dem Mieter die Kündigung ausgesprochen werden, wenn er nicht die oben genannten an eine wirksame Untervermietung geknüpften Bedingungen erfüllt.

■　Eigentümerwechsel

Bei der Veräußerung von Geschäftslokalen tritt der Erwerber gemäß Art. 29 LAU nur dann in das Vertragsverhältnis ein, wenn er Kenntnis von dem Bestehen eines Vertragsverhältnisses hat. Das bedeutet, daß der Erwerber eines Geschäftslokals an das frühere Vertragsverhältnis nicht gebunden ist, wenn der Geschäftsraummietvertrag nicht im Grundbuch eingetragen war und der Erwerber bzgl. der Nichtexistenz eines Mietvertrages gutgläubig war.

■　Entschädigung

Art. 34 LAU begründet einen Anspruch des Mieters eines gewerblichen Objekts auf Abfindung gegenüber dem Vermieter, wenn in den letzten fünf Jahren in dem Geschäftslokal eine wirtschaftliche Verkaufstätigkeit in öffentlicher Weise vorgenommen worden ist, sofern seitens des Mieters vier Monate vor Ablauf des Mietvertrages dem Vermieter gegenüber der Antrag gemacht wurde, das Vertragsverhältnis um weitere fünf Jahre zu verlängern, und zwar zu den üblichen Konditionen.

✔ Militärgenehmigung für den Erwerb von Immobiliareigentum

Als weitere Folge des spanischen EU–Beitritts ist die Aufhebung der militärrechtlichen Beschränkungen beim Immobilienerwerb durch EU–Angehörige gemäß Art. 106 Gesetz 31/1990 vom 27.12.1990 zu nennen. Damit steht nunmehr fest, daß EU–Ausländer das langwierige Verfahren der militärischen Erwerbserlaubnis — wie etwa beim Erwerb von Grundstücken in strategisch wichtigen Regionen oder wenn sie diese belasten oder bebauen wollen — nicht mehr durchlaufen müssen.

Erwerbsbeschränkungen bestanden nach dem Gesetz 8/1975 sowie dem RD 689/78 bis zum 22.11.1986 für Auslandsinvestitionen in Immobilien auf einigen Gebieten, die in folgende drei Klassen eingeteilt werden:

1. Gebiete von Interesse für die Landesverteidigung.
2. Sicherheitszone von militärischem Interesse.
3. Gebiete mit beschränktem Zugang für Ausländer.

Nicht der EU angehörende natürliche und juristische Personen müssen einen Antrag bei der zuständigen örtlichen Militärbehörde stellen. Dem Antrag natürlicher Personen sind eine legalisierte Fotokopie (mit *Apostille*) des Reisepasses bzw. des Residentenausweises, ein ebenfalls legalisiertes polizeiliches Führungszeugnis des persönlichen Aufenthaltsortes, ein Lageplan im Maßstab zwischen 1:5000 und 1:25000 sowie ein Plan des Grundstücks in einem Maßstab von mindestens 1:500 beizufügen. Falls es sich um die Ausführung von Bauarbeiten handelt, muß eine entsprechende genaue Skizze etc. beigelegt werden. Auch spanische bzw. sonstige europäische der EU angehörende juristische Personen bedürfen einer Militärgenehmigung, sofern sich über 50% des Gesellschaftskapitals nicht in EU–Hand befindet oder sonstige Umstände vorliegen, denen zu entnehmen ist, daß nicht der EU angehörende Personen einen bestimmenden Einfluß auf die Gesellschaftsführung ausüben.

Gemäß Art. 18 des Gesetzes 8/1975 und Art. 38 des RD 689/1978 gilt für die Zentren und Zonen, die zu nationalem touristischen Interesse erklärt worden sind, die Militärgenehmigung als erteilt.

✔ Miteigentum

Nach Art. 392 CC besteht Miteigentum an einem Grundstück, wenn das Eigentum mehreren Personen ungeteilt in einem bestimmten Quotenverhältnis zusteht; d.h. die einzelnen Eigentümer haben sogenannte ideelle Eigentumsanteile an dem Grundstück inne. Die Miteigentümer haben sich entsprechend ihrer Eigentumsquote an den Kosten zur Erhaltung des Gemeinschaftseigentums zu beteiligen (Art. 395 CC) und das Recht, die gemeinsame Sache entsprechend ihrem Zweck zu nutzen (Art. 394 CC). Jeder Miteigentümer kann über seinen Anteil frei verfügen, d.h. ihn verkaufen, belasten oder abtreten (Art. 399 CC). Verkauft ein Miteigentümer seinen Anteil, steht den übrigen Miteigentümern jedoch entsprechend Art. 1522 CC ein gesetzliches Vorkaufsrecht zu.

Ferner können die Miteigentümer gem. Art. 400 CC grundsätzlich verlangen, daß die Gemeinschaftssache geteilt wird. Ist die Sache unteilbar, was bei Immobilien überwiegend der Fall ist, so können die Miteigentümer die gemeinsame Immobilie verkaufen und den Kaufpreis entsprechend ihren Eigentumsanteilen aufteilen.

Miteigentum bzw. ideelles Eigentum mehrerer besteht häufig an Gemeinschaftsgegenständen einer Urbanisation, etwa an Grünflächen, Swimmingpools, Tennisplätzen oder Restaurants. Jeder Bungalow–Eigentümer einer Urbanisation ist vielfach gleichzeitig quotenmäßig idealer (Mit–)Eigentümer (etwa zu 1/76) an den in der Eigentumsurkunde genannten Gemeinschaftsanlagen. In diesen Fällen ist das Miteigentum jedoch regelmäßig entsprechend Art. 396 Abs. 2 CC unteilbar.

Gemeinschaftsanlagen stehen rechtlich jedoch häufig auch im Sondereigentum Dritter, etwa der Urbanisationsgesellschaft. Hier gilt es, darüber zu wachen, daß diese Gemeinschaftsanlagen nicht nach und nach — zweckentfremdet — an Einzeleigentümer verkauft werden und damit ihre bei den damaligen Verkaufsgesprächen vielgerühmte Funktion als nutzbares Gut der Gemeinschaft verlieren.

Bisweilen wird das Eigentum an den Gemeinschaftsanlagen wie Swimmingpools oder Tennisplätzen auch in der Form gestückelt, daß Aktien ausgegeben werden. Das Eigentumsrecht wird in diesen Fällen durch die Aktie verkörpert.

✔ Mündlicher Vertrag

Dem spanischen Recht ist eine dem § 313 BGB entsprechende Formvorschrift fremd, wonach ein Grundstückskaufvertrag zu seiner Gültigkeit der notariellen Form bedarf. Privatschriftliche Grundstückskaufverträge sind deshalb in Spanien gang und gäbe. Da ein Formzwang nicht besteht, im Gegenteil völlige Formfreiheit herrscht, können Verträge auch mündlich abgeschlossen werden (Art. 1278 CC).

Was nicht schriftlich fixiert ist, kann leicht Gegenstand von Meinungsverschiedenheiten werden. Ein Vertrag sollte daher stets schriftlich abgefaßt werden, und auch anscheinend nebensächliche oder selbstverständliche Zusicherungen sollten mit aufgenommen werden. Liegt aber allein eine mündliche Vereinbarung vor, so spielt die Beweisbarkeit von mündlich abgegebenen Willenserklärungen eine außerordentlich wichtige Rolle. Wer als Zeuge ein Interesse am Ausgang des Rechtsstreites hat, ist nach spanischem Recht (Art. 1247 Abs. 1 Nr. 1 CC) als Zeuge untauglich. Ist nur ein einziger Zeuge vorhanden, so steht man diesem Zeugnis als Beweismittel üblicherweise skeptisch gegenüber. Deshalb ist Vorsicht geboten, wenn man sich in mündliche Vertragsverhandlungen über eine spanische Liegenschaft einläßt. Dies gilt insbesondere deshalb, weil deutsche Gerichte, vor die entsprechende Rechtsstreitigkeiten gebracht werden können, nach dem eigenen Prozeßrecht an spanische Beweisverwertungsverbote nicht gebunden sind. Ein nach spanischem Prozeßrecht untauglicher Zeuge kann nach deutschem Prozeßrecht ein tauglicher Zeuge sein und damit den Ausgang des Rechtsstreits bestimmen.

> Form von Verträgen

✔ Nachbarrechte — *Relaciones de Vecindad*

Im spanischen Recht sind Bestimmungen, die den Schutz nachbarrechtlicher Rechte zum Gegenstand haben, nicht allgemein geregelt; sie finden sich versteckt an einzelnen Stellen des Código Civil (z.B. Art. 1908, 384, 590 ff., 552, 569, 580 ff.). Nach Artikel 1907 CC ist der Eigentümer eines Gebäudes für die Schäden verantwortlich, die durch den vollständigen oder teilweisen Zusammenbruch *(ruína)* desselben entstehen, wenn dieser wegen der Unterlassung der notwendigen Reparaturen entstanden ist.

Bei Wohnungseigentümern sind die nachbarschaftlichen Beziehungen wegen der größeren Nähe der Nachbarn von besonderer Bedeutung. Einzelheiten sind in den Art. 7 und 9 LPH geregelt.

Von besonderer Wichtigkeit erscheint in diesem Zusammenhang das Decreto 2414/1961 vom 30.11.1961, das einen Katalog von Belästigungen enthält, die der Nachbar nicht hinzunehmen braucht. Dieses Decreto bezieht sich allgemein auf Emissionen, die vom Nachbarn ausgehen und das eigene Eigentum beeinträchtigen. Es stellt eine äußerst wichtige Anspruchsgrundlage gegen Eigentumsstörungen durch Lärm, Abgase, Staubentwicklung, Gesundheitsbeschädigungen etc. dar.

✔ Naturschutz

Im spanischen Naturschutzgesetz Nr. 4/1989 werden die Grundzüge des Naturschutzes dargelegt. Dies bezieht sich insbesondere auf Nationalparks und Naturreservate.

In den einzelnen *Autonomías* gibt es Sonderregelungen, so etwa auf Mallorca die Figur der *Área Natural de Especial Interés* wie auch das 91er–Gesetz über natürliche Lebensräume *(espacios naturales)*. In den sogenannten *Áreas Rústicas de Interés Paisajístico* (ARIP) dürfen Urbanisationen, Sportplätze oder Golfplätze nicht errichtet werden. Einfamilienhäuser müssen sich in die Landschaft einpassen. Sie dürfen in der Regel zwei Stockwerke bzw. eine Höhe von sieben Metern nicht überschreiten. In diesen ländlichen Zonen muß das Grundstück eine größere Fläche ausmachen, um bebaut werden zu können. In jedem Falle sollten vor einem Erwerb genaue und verbindliche Informationen über die Bebaubarkeit eingeholt werden.

✔ **Neubauerklärung**
— *Declaración de Obra Nueva*

Die Bebauung eines Grundstücks muß dem Grundbuchamt durch eine notariell beurkundete Erklärung *(Declaración de Obra Nueva)* zur Eintragung ins Eigentumsregister angezeigt werden. Gegenstand einer Neubauerklärung können sowohl bauliche Veränderungen als auch Neubauten jeglicher Art (Wohnhäuser, Geschäftslokale, Lagerhallen) sein.

Die Einzelheiten sind in Art. 22 der *Ley sobre Régimen del Suelo y Valoraciones* und Art. 45 ff. des Real Decreto 1093/1997 vom 4. Juli geregelt. Mit dieser Gesetzesreform soll sichergestellt werden, daß nur die Neubauten im Grundbuch eingetragen werden, die in Übereinstimmung mit dem spanischen Bauplanungs– und Bauordnungsrecht errichtet worden sind.

So müssen bei der notariellen Neubauerklärung die Baugenehmigung sowie eine vom zuständigen Architekten ausgestellte sogenannte *Certificación de finalización de la obra* (Baufertigstellungsbescheinigung) vorgelegt werden. Hierin muß der zuständige Architekt das errichtete Gebäude oder die vorgenommenen Veränderungen (bebaute Grundstücksfläche, bebaute Wohnfläche, Anzahl der Stockwerke) detailliert beschreiben.

Vor allem aber muß er bescheinigen, daß der Bau entsprechend dem genehmigten Projekt fertiggestellt worden ist. In der Regel wird der Architekt die Bescheinigung ausstellen, der auch das Projekt eingereicht bzw. die Bauleitung durchgeführt hat. Im Hinblick auf die Zuständigkeit und die Ausstellung der Bescheinigung ist Art. 50 RD 1093/1997 zu beachten.

In den meisten Fällen wird die Neubauerklärung abgegeben, wenn die Bauarbeiten praktisch abgeschlossen sind. Sie kann aber auch schon zur Eintragung in das Eigentumsregister eingereicht werden, wenn sich das Gebäude noch im Bau befindet *(obra en construcción)*. Die vom zuständigen

Architekten in diesem Fall auszustellende Bescheinigung kann naturgemäß nicht bestätigen, daß der Bau entsprechend dem genehmigten Projekt fertiggestellt wurde, sondern nur, daß der beschriebene Bau dem genehmigten Projekt entspricht. Sobald der Bau beendet wird, muß die entsprechende Erklärung notariell beurkundet werden, um im Grundbuch eingetragen werden zu können. Die Eintragung eines noch im Bau befindlichen Gebäudes wird häufig beim Bau von Mehrfamilienhäusern vorgenommen. So kann ein Bauträger nämlich bereits in einem sehr frühen Stadium die sog. horizontale Aufteilung des Wohnungseigentums vornehmen und über die auf diesem Wege gebildeten einzelnen Wohneinheiten private Kaufverträge abschließen. Ein weiterer Vorteil der Eintragung eines noch nicht fertiggestellten Gebäudes liegt in der möglichen Steuerersparnis: kauft der Erwerber vom Bauträger ein unbebautes Grundstück, fällt Mehrwertsteuer in Höhe von derzeit 16% an, ist jedoch bereits ein Teil des Wohngebäudes im Grundbuch eingetragen, so fällt nur die Mehrwertsteuer in Höhe von derzeit 7% an.

Voraussetzung für die Eintragung des Gebäudes im Grundbuch ist die Zahlung einer Stempelsteuer in Höhe von 0,5% des in der notariellen Urkunde anzugebenden Neubauwertes. Ist der Grundstückseigentümer Nichtresident, so muß er zur notariellen Beurkundung einer Neubauerklärung ferner eine Bankbescheinigung über die der Höhe des Neubauwertes entsprechende Deviseneinfuhr beibringen. Aus diesem Grunde sollte ein nichtresidenter Käufer beim Grundstückskauf besonderen Wert darauf legen, daß das zu erwerbende Haus auch tatsächlich im Grundbuch eingetragen ist. Andernfalls wird er später nur unter erheblichen Schwierigkeiten die Neubauerklärung abgeben können, da er die Bezahlung der Baukosten nicht in der erforderlichen Weise nachweisen kann.

In der Praxis kommt es auch häufig vor, daß Grundstücke schon jahrelang ohne die erforderliche Baugenehmigung bebaut bzw. baulich erweitert worden sind und die Neubauerklärung mangels Baugenehmigung noch nicht abgegeben worden ist. Selbst diese Schwarzbauten können unter bestimmten, wenn auch engen Voraussetzungen (geregelt in Art. 52 des

Real Decreto 1093/1997) im Grundbuch als Neubau eingetragen werden. Eine wesentliche Voraussetzung hierfür ist, daß der durch den Schwarzbau begangene Verstoß gegen Baurechtsvorschriften verjährt ist.

Wegen der nur deklaratorischen Wirkung der Grundbucheintragung hängt der Eigentumserwerb eines Gebäudes auch nicht von der Eintragung ab. Es ist aber dennoch dringend anzuraten, die tatsächliche Situation in Einklang mit den gesetzlichen Erfordernissen zu bringen, d.h. ein tatsächlich bebautes Grundstück auch mit einer Neubauerklärung zu versehen. Das Fehlen der Neubauerklärung erschwert erfahrungsgemäß außerordentlich den Verkauf von Grundstücken.

> Bewohnbarkeitsbescheinigung — *Cédula de habitabilidad*
> Devisenbestimmungen

✔ Nichterfüllung — *Incumplimiento*

Bei Nichterfüllung eines gegenseitigen Vertrages bietet das spanische Recht die Möglichkeit, zwischen Erfüllung des Vertrages oder Vertragsauflösung zu wählen (Art. 1124 CC). Zusätzlich kennt es die Möglichkeit des Schadensersatzes wegen Nichterfüllung gemäß Art. 1101 CC. Die Vertragsauflösung setzt die Fälligkeit der gegenseitigen Verbindlichkeiten voraus, ferner die Vertragstreue der die Auflösung begehrenden Partei und das Vorliegen einer wirklichen oder eigentlichen Nichterfüllung *(Verdadero y Propio Incumplimiento)*.

Die Bestimmung des Art. 1124 CC findet auf Kaufverträge als gegenseitige Verträge Anwendung. Wenn endgültig feststeht, daß eine Vertragspartei entweder nicht erfüllen kann oder nicht erfüllen will, ist eine »wirkliche und eigentliche Nichterfüllung« gegeben. Eine bloße zeitliche und gerechtfertigte Verzögerung genügt nicht; sie bedeutet lediglich Verzug. In diesem Fall ist der Käufer trotz Fristablaufs bis zum Ablauf der vom Gericht oder vom Notar gesetzten Nachfrist zur Leistung befugt.

Eine Leistungsverzögerung ist dann als Fall der »wirklichen und eigentlichen Nichterfüllung« zu werten, wenn der Schuldner seiner Leistungsverpflichtung ohne rechtfertigende Gründe und willkürlich nicht nachkommt, einen »aufrührerischen und entschiedenen Willen«, so die Rechtsprechung, zur Nichterfüllung hat. Die Vertragsauflösung kann einverständlich durch die Parteien vorgenommen werden. Stimmt der Schuldner der Vertragsauflösung nicht zu, so ist sie gerichtlich auszusprechen.

Im Fall des Immobilienkaufs ist neben Art. 1124 CC auch die Regelung des Art. 1504 CC zu beachten. Danach kann der Verkäufer, wenn seine Kaufpreisforderung fällig ist, dem Käufer die Vertragsauflösung mitteilen. Die Mitteilung muß unter Einschaltung eines Notars oder in Form eines gerichtlichen Ausspruches erfolgen. Bis zur Zustellung dieser notariellen oder gerichtlichen Mitteilung hat der Käufer die Möglichkeit, den Kaufpreis zu zahlen und damit die Auflösung des Vertrages zu verhindern. Daneben hat der Verkäufer einer Immobilie nach Art. 1503 CC abweichend von den strengen Voraussetzungen des Art. 1124 CC das Recht zur sofortigen Vertragsauflösung, wenn er einen berechtigten Grund zu der Befürchtung hat, die Kaufsache und den Kaufpreis zu verlieren. Vorrausetzung ist, daß die Immobilie übergeben wurde.

Die Wirkungen der rechtswirksam ausgesprochenen Vertragsauflösung liegen in der Verpflichtung zur Rückgewähr der erhaltenen Leistungen zuzüglich der vereinbarten bzw. gesetzlichen Zinsen. Schadensersatzansprüche können sich aus dem Vertrag oder aus dem Gesetz (Art. 1101, 1124 CC) ergeben. Weiteres bei: **E. Huzel** – Vertragsauflösung wegen Nichterfüllung im spanischen Recht — Frankfurt 1993 (→ siehe **Literaturverzeichnis**).

> Anfechtung von Verträgen
> Notarielle Aufforderung — *Requerimiento Notarial*
> Vertragsauflösungsklausel — *Condición Resolutoria*
> Vertragsstrafe — *Cláusula Penal*
> Verzug — *Demora*

✔ Nichtigkeit von Verträgen

Nach Art. 1265 CC ist eine aufgrund von Irrtum, Gewalt, Drohung oder Täuschung erzielte Einigung nichtig. Nach Art. 1266 CC wird unterschieden zwischen einem wesentlichen und einem unwesentlichen Irrtum, der durch die Täuschung erregt wurde. Nur der wesentliche Irrtum kann zur Nichtigkeit des Vertrages führen. An die zur Nichtigkeit führende arglistige Täuschung stellt das spanische Recht strengere Anforderungen als das deutsche Recht. Außerdem werden die genannten Voraussetzungen der arglistigen Täuschung nicht vermutet, sondern sind vom Getäuschten im einzelnen zu beweisen (Art. 1269, 1270 CC). Die Nichtigkeit tritt im übrigen nicht schon durch die bloße Anfechtungserklärung ein; vielmehr ist sie auf Antrag der getäuschten Partei durch das Gericht auszusprechen (Art. 1300 CC). Die Nichtigkeitsklage ist einer vierjährigen Verjährung unterworfen, die mit Vertragsschluß beginnt.

> Anfechtung von Verträgen

✔ Nichtresidentenbescheinigung
— *Certificado de no residente*

Wer in Spanien Immobilien erwirbt, ohne im Lande selbst ansässig zu sein, also ohne die spanische *Residencia* zu besitzen, muß diese Eigenschaft des *no residente* durch ein sogenanntes *Certificado de no residente* belegen (Art. 1 Ziff. 4 RDIE iVm Art. 2 Ziff. 3 und 4 RD 1816/1991). Diese Bescheinigung ist auf einem besonderen Formular bei der zuständigen Polizeibehörde zu beantragen. Es muß hierbei eine beglaubigte Kopie des Reisepasses oder Personalausweises vorgelegt werden. In diesem Zusammenhang muß auch die spanische Steuernummer NIE *(Número de Identificación de Extranjeros)* beantragt werden.

Man muß davon ausgehen, daß die Vorlage beider Bescheinigungen Voraussetzung für die Eintragung des Erwerbers im Grundbuch ist; aufgrund der Gesetzeslage besteht auch seitens der Notare und Registerbeamten bereits die Verpflichtung, auf der Vorlage dieser Bescheinigung zu bestehen. Dies wird jedoch regional unterschiedlich gehandhabt. Die Nichtresidentenbescheinigung ist dann nicht erforderlich, wenn bei notarieller Protokollierung der Nachweis durch Bankbescheinigung eines spanischen Kreditinstituts erbracht wird, daß die entsprechende Kaufpreiszahlung von einem Nichtresidentenkonto herrührt.

Ist Eile bei der Unterzeichnung des öffentlichen Kaufvertrages geboten, weil etwa die Parteien sich nur vorübergehend in Spanien aufhalten, und liegt die Nichtresidentenbescheinigung nicht vor, so ist der Notar aufgrund der Instruktion *única* des Beschlusses vom 26.10.1992 der Dirección General de Inversiones Exteriores (BOE Nr. 261 vom 30.12.1992) befugt, gleichwohl die öffentliche Urkunde zu protokollieren. In diesem Fall muß jedoch die Nichtresidentenbescheinigung zeitlich danach dem spanischen Grundbuchamt vorgelegt werden.

>   Beurkundung von Grundstückskaufverträgen
>   vor ausländischen Notaren
>   Immobilieninvestitionen

✔ Nießbrauch — *Usufructo*

In gleicher Weise wie das deutsche Recht kennt auch das spanische die Rechtsfigur des Nießbrauchs (Art. 467 – 522 CC). Der Nießbrauch gibt das Recht, Nutzungen aus fremden Gütern zu ziehen, jedoch mit der Einschränkung, die Form und Substanz zu erhalten. Das spanische Recht unterscheidet zwischen dinglichem Nutzungsrecht und dinglichem Wohnrecht (Art. 523 ff. CC). Außerdem ist die Erlangung eines lebenslänglichen Nießbrauchrechts *(Usufructo Vitalicio)* zulässig und auch gebräuchlich. Der Nießbrauch erlischt u.a. mit dem Tode (Art. 513 Nr. 1 CC).

Der Nießbrauchsberechtigte darf das belastete Grundstück nutzen und seine Früchte einziehen. Das reine Eigentum *(nuda propiedad)* hingegen verbleibt beim Eigentümer. Verpflichtung des Nießbrauchsberechtigten ist es, ein Inventar der Nießbrauchsgegenstände zu errichten, wie ein guter Hausvater hierüber zu wachen, für die Kosten der Erhaltung und der gewöhnlichen Reparaturen aufzukommen, dem Eigentümer dringende Reparaturen mitzuteilen, laufende Kosten und Steuern zu entrichten und die Sache nach Ablauf des Nießbrauchs zurückzugeben. Ferner muß er eine Sicherheit hinterlegen, um so die ordnungsgemäße Erfüllung seiner Verpflichtungen zu gewährleisten. Der rechtsgeschäftliche Nießbrauch ist übertragbar und vererblich.

>   Grundstücksbelastungen — *Cargas y Gravámenes*
>   Gutglaubensschutz des Erwerbers

✔ Nießbrauchsrecht, lebenslängliches — *Derecho de usufructo vitalicio*

Im Hinblick auf die hohe Erbschaftsteuerbelastung in Spanien machen sich viele ausländische Immobilieneigentümer Gedanken über eine vorweggenommene Erbfolge. Teilweise wird die Immobilie zu diesem Zweck zwar mit Mitteln der Eltern erworben, aber unmittelbar auf den Namen der Kinder eingetragen.

Eine interessante Variante kann unter Umständen darin bestehen, den notariellen Immobilienerwerb so zu gestalten, daß die Eltern ein lebenslängliches Nießbrauchsrecht, die Kinder aber lediglich das sogenannte "nackte Eigentum" *(nuda propiedad)* erwerben. Dies setzt jedoch ein besonderes Vertrauensverhältnis zwischen Eigentümer und Nießbrauchnehmer voraus. Sterben die Eltern, so müssen die erbenden Kinder anschließend keine notarielle Erbschaftsannahmeerklärung abgeben, um im Grundbuch als Eigentümer eingetragen zu werden. Aus Art. 516 CC ergibt sich die Möglichkeit, ein Grundstücksnießbrauchsrecht für die Dauer des Lebens des Nießbrauchsberechtigten zu bestellen.

Wurde anläßlich des Immobilienerwerbs diese Alternative nicht bedacht, sondern haben die Eltern das Volleigentum erworben, so können sie anschließend unter Wahrung eines lebenslänglichen Nießbrauchsrechts das "nackte Eigentum" käuflich oder schenkweise auf die Kinder übertragen. Die schenkweise Übertragung des Nießbrauchsrechts hat in notarieller Form zu erfolgen, aber auch die entgeltliche Übertragung sollte notariell beurkundet werden, weil sie nur so im Grundbuch eingetragen werden kann.

Bei der entgeltlichen Übertragung des "nackten Eigentums", in dem sich der Veräußerer ein lebenslängliches Nießbrauchsrecht vorbehält, fällt die 6%ige Grunderwerbsteuer an. Die Steuer bezieht sich auf den Wert des "nackten Eigentums". Der Wert des "nackten Eigentums" ergibt sich wiederum aus der Wertdifferenz zwischen dem Volleigentum und dem lebenslänglichen Nießbrauchsrecht. Zur Ermittlung des Wertes des lebenslänglichen Nießbrauchsrechts wird der jeweils vergleichsweise höhere Katasterwert bzw. notariell beurkundete Kaufpreis des Volleigentums zugrundegelegt. Ist die nießbrauchsberechtigte Person 19 Jahre alt oder jünger, so wird der Wert des Nießbrauchsrechts auf 70% des Wertes des Volleigentums angegeben. Für jedes die 19 Jahre übersteigende Jahr verringert sich der Wert des Nießbrauchsrechts um 1%; der Wert des Nießbrauchsrechts beträgt unabhängig vom Alter des Nießbrauchsberechtigten aber nie weniger als 10% des Wertes des Volleigentums.

>   Grundstücksbelastungen — *Cargas y Gravámenes*
>   Immobilienbesteuerung in Spanien

✔ Notarielle Aufforderung
— *Requerimiento Notarial*

Der Notar in seiner Eigenschaft als öffentliche Urkundsperson übermittelt dem Schuldner entweder eine schriftliche Aufforderung des Gläubigers oder aber protokolliert ein entsprechendes Gläubigerersuchen und stellt dieses dem Schuldner zu.

Die notarielle Intervention kann nicht nur durch einen spanischen Notar erfolgen; vielmehr ist es auch im Hinblick auf die Gleichwertigkeit notarieller Beurkundungen aufgrund der Mitgliedschaft sowohl Spaniens, der Niederlande, der Schweiz, Deutschlands etc. zur "Union Lateinischen Notariats" zulässig, daß ausländische Notare entsprechende Rechtshandlungen vornehmen. Die Rechtshandlung des Notars ist als Vorstufe eines gerichtlichen Verfahrens anzusehen.

Für deutsche Rechtsvorstellungen ist diese Einbindung des Notars im Rahmen des sogenannten *requerimiento notarial* in ein künftiges Gerichtsverfahren ungewöhnlich. Entsprechenden notariellen Schreiben — zumeist in spanischer Sprache abgefaßt — sollte deshalb erhöhte Aufmerksamkeit geschenkt werden.

Derjenige, dem ein *requerimiento notarial* zugestellt wurde, hat das Recht, innerhalb von 48 Stunden vor dem selben Notar gebührenfrei auf das *requerimiento* zu antworten.

> Grundbuchamt / Notar — Institutionalisierte Zusammenarbeit
> Notarieller Vertrag — *Escritura Pública*
> Notarielles Beurkundungsverfahren
> Privatschriftlicher Kaufvertrag
> Vertragsauflösungsklausel — *Condición Resolutoria*

✔ Notarieller Vertrag — *Escritura Pública*

Voraussetzung der Eintragbarkeit eines dinglichen Rechts an einer spanischen Liegenschaft ist dessen Aufnahme in eine öffentliche Urkunde. Gemäß Art. 1280 CC müssen in öffentlicher Urkunde solche Rechtshandlungen und Verträge enthalten sein, deren Gegenstand die Begründung, Übertragung, Änderung oder Aufhebung von dinglichen Rechten an Grundstücken sind. Besteht ledglich eine privatschriftliche oder beweisbare mündliche Vereinbarung, so kann jede Vertragspartei von der anderen gemäß Art. 1279 CC die Erfüllung der Form und damit die notarielle

Beurkundung des Vertrages verlangen. Weigert sich eine Vertragspartei, dieser Verpflichtung nachzukommen, so kann die notarielle Beurkundung durch ein Gerichtsurteil ersetzt werden.

> Eintragungsverfahren
> *Escritura*
> Form von Verträgen
> Grundbuchamt / Notar — Institutionalisierte Zusammenarbeit
> Immobilieninvestitionen
> Notarielles Beurkundungsverfahren
> Privatschriftlicher Kaufvertrag

✔ **Notarielles Beurkundungsverfahren**

In notariellen Verträgen *(Escrituras Púlicas)* werden zunächst das Erscheinen der Beteiligten und ihre Identität in der Urkunde selbst festgehalten und festgestellt, daß sie zu dem in Frage kommenden Rechtsgeschäft berechtigt sind; hierzu gehört auch die Darlegung, ob die Erschienenen im eigenen oder fremden Namen und ggf. in wessen Namen sie handeln. Sodann erfolgt die Umschreibung des Gegenstandes des abzuschließenden Rechtsgeschäfts *(Exposición)*, in der im allgemeinen auf den *Título* Bezug genommen wird. Vor den Vereinbarungen der Beteiligten *(Estipulación)* ist ein kurzer Hinweis darauf enthalten, ob das Eigentum belastet oder unbelastet *(Libre de Cargas y Gravámenes)* ist. Ferner gibt der Veräußerer eine Erklärung dazu ab, ob die Immobilie vermietet ist oder nicht. Auch muß bei der notariellen Beurkundung neuerdings nach Art. 50 des Gesetzes Nr. 13/1996 vom 30.12.1996 grundsätzlich die Katasterreferenz angegeben werden, die sich jeweils den Grundsteuerbescheiden entnehmen läßt.

In der Urkunde versichern sodann die Beteiligten, von ihrem Inhalt *(Fe de conocimiento)* Kenntnis zu haben. Am Schluß dann erhält die Urkunde die Zustimmung der Erschienenen *(Otorgamiento)* zum Inhalt der Vereinbarungen und die Genehmigung des Notars, was den Inhalt der Urkunde anbetrifft *(Autorización)*. In der Regel endet die Urkunde damit, daß der Notar ihr "öffentlichen Glauben" *(Fe Pública)* gibt. Kurze Zeit nach der Protokollierung erhalten sodann die Erschienenen eine einfache Abschrift, die in der Regel jedoch nicht die Unterschrift des Notars sondern nur ein Amtssiegel trägt. Die Ausfertigung der Urkunde wird entweder vom Notar, sofern dies gewünscht und entsprechend vereinbart worden ist, an die zuständigen Stellen zwecks Eintragung weitergeleitet oder dem Berechtigten bzw. einer von diesem bevollmächtigten Person innerhalb von 5 Werktagen nach Beurkundung zwecks Durchführung des Eintragungsverfahrens ausgehändigt.

Auch vor spanischen Konsulaten im Ausland können notarielle Verträge abgeschlossen werden. In der Regel bestehen diese Konsulate jedoch darauf, daß der Inhalt der Urkunde von den Beteiligten in spanischer Sprache so vorbereitet wird, daß er den gesetzlichen Erfordernissen entspricht.

> Apostille
> Eintragungsverfahren
> *Escritura*
> Immobilieninvestitionen
> Notar / Grundbuchamt — Institutionalisierte Zusammenarbeit
> Notarieller Vertrag — *Escritura Pública*

✔ **Nutzungspfand** — *Anticresis*

Es handelt sich hierbei um ein dingliches Verwertungsrecht, aufgrund dessen der Gläubiger berechtigt ist, die Früchte einer unbeweglichen Sache zur Verrechnung auf die gesicherte Forderung einschließlich Zinsen einzuziehen (Art. 1881–1886 CC). Der Gläubiger ist berechtigt, die Zwangsversteigerung durchführen zu lassen, um seine Forderungen zu befriedigen. In der Praxis wird die *Anticresis* häufig mit dem Sicherungsrecht der Immobiliarhypothek verbunden, was eine erhebliche Verstärkung der Gläubigerstellung gegenüber der des Grundeigentümers zu Folge hat.

> Grundstücksbelastungen — *Cargas y Gravámenes*

✔ *Pacto Comisorio*

Nach spanischem Vertragsrecht kann ein Rücktritt durch einseitige Erklärung einer Vertragspartei nur dann erfolgen, wenn ein Rücktrittsrecht vereinbart worden war. Ein solches vertragliches Rücktrittsrecht ähnelt in seinen Voraussetzungen und Wirkungen weitgehend dem gesetzlichen Rücktrittsrecht aus Art. 1124 CC. Die Rechtsprechung verlangt auch hier, daß eine echte Nichterfüllung vorliegt.

> Nichterfüllung — *Incumplimiento*

✔ Pfändung — *Embargo*

Wenn Gläubiger einen vollstreckbaren Titel haben und der Schuldner und Eigentümer eines Grundstücks nicht zahlt, kann das Eigentum des Schuldners in Beschlag genommen, also gepfändet werden. Pfandgläubiger kann auch die Steuerverwaltung sein, die üblicherweise nach mehreren Vorwarnungen zum sog. *Embargo* schreitet. Ist der Wohnsitz des Schuldners unbekannt, so besteht die Möglichkeit der öffentlichen Zustellung durch Veröffentlichung des Antrags auf Zwangsversteigerung im spanischen Staatsanzeiger *(Boletín Oficial del Estado)* oder im jeweiligen Provinzanzeiger *(Boletín Oficial Provincial)*. Der Embargovermerk wird auch ins Grundbuch eingetragen. Es ist daher empfehlenswert gelegentlich Einsicht zu nehmen, um zu vermeiden, daß wegen nicht entrichteter Steuern eine Zwangsversteigerung angeordnet wird, ohne daß man davon etwas erfährt.

Das *Embargo* endet mit Zahlung der Schuld bzw., für den Fall, daß diese nicht bezahlt wird, mit dem Zuschlag in der Zwangsversteigerung *(Pública Subasta)*. Werden die Rechte eines Dritten durch das Embargo betroffen, so hat dieser die Möglichkeit der Erhebung einer Drittwiderspruchsklage *(Acción de Tercería de Dominio)*.

Vom üblichen Embargo, das einen Titel gegen den Eigentümer–Schuldner voraussetzt, zu unterscheiden ist das sog. *Embargo Preventivo*, d.h. die vorsorgliche Pfändung, mit der verhindert werden soll, daß der Eigentümer während eines langwierigen Verfahrens über die Liegenschaft zum Nachteil des Gläubigers verfügt. Voraussetzung ist gemäß Art. 1400 LEC die Vorlage einer Urkunde, aus der sich die Schuld ergibt. Weiterhin muß ein Verfügungsgrund gegeben sein, etwa die Gefahr, daß zum Nachteil des Gläubigers über die Sache verfügt wird.

In Bezug auf Grundstücke bietet Art. 42 LH die Möglichkeit einer Vormerkung *(Anotación Preventiva)*, aufgrund derer die Beschlagnahme des Grundstücks *(Embargo)* angeordnet und im Grundbuch eingetragen werden kann. Insbesondere ist das Kaufobjekt im einzelnen genau zu beschreiben, möglichst unter Angabe der genauen Grundbuchbezeichnung. Die *Anotación preventiva* verliert vier Jahre nach ihrer Eintragung im Grundbuch ihre Wirkungen; die Frist kann jedoch auf Antrag verlängert werden (Art. 86 LH).

✔ Privatschriftlicher Kaufvertrag

Üblicherweise einigen sich Verkäufer und Käufer über die Konditionen des Kaufvertrages in einem privatschriftlichen Vertrag *(Contrato privado)*. Dieser regelt die Beschaffenheit des Kaufobjektes, die Zahlungskonditionen, wer Steuern und Übertragungskosten zahlt, den Übergabezeitpunkt wie auch die eventuelle Übernahme von Inventar. Im spanischen Recht sind privatschriftliche Verträge über dingliche Rechte deshalb gebräuchlich und häufig, weil das spanische Recht eine Bestimmung wie § 313 BGB, wonach die notarielle Form Gültigkeitsvoraussetzung des Vertrages ist, nicht kennt.

Lediglich zur Eintragung im Grundbuch bedarf der Vertrag der öffentlichen Beurkundung *(Escritura Pública)*. Da an die Eintragung im Grundbuch wichtige Rechtsfolgen geknüpft sind, wie z.B. daß ein gutgläubiger Dritterwerb ausgeschlossen werden kann, ist es jedem Käufer zu empfehlen, die notarielle Beurkundung des Kaufvertrages zügig durchzuziehen und bereits in dem Privatvertrag einen Notartermin zu bestimmen. Ferner sollten Kaufinteressenten nicht, wie häufig zu beobachten, erst anläßlich des Notartermins rechtskundigen Rat einholen, sondern bereits vor Unterzeichnung des Privatvertrages. Dies aus dem einfachen Grund, daß der einmal unterzeichnete Privatvertrag zwischen den Parteien verbindlich deren Rechte und Pflichten festlegt.

> Form von Verträgen
> Notarieller Vertrag — *Escritura Pública*
> Rechtsanwalt — *Abogado*

✔ **Prozeßkostenhilfe**

Spanien wie auch die Bundesrepublik sind Mitgliedstaaten des Haager Abkommens über den Zivilprozeß vom 1.3.1954 in Verbindung mit dem Haager Abkommen vom 25.10.1980 (Art. 1). Danach ist einem Ausländer unter den gleichen Voraussetzungen wie einer inländischen Person Prozeßkostenhilfe zu gewähren. Die Gewährung von Prozeßkostenhilfe ist in Spanien per Gesetz vom 10. Januar 1996 (Ley 1/1996 De Asistencia Jurídica Gratuita) und in dem Real Decreto 2103/1996 vom 20. September 1996 neu geregelt worden. Nach Art. 2 und Art. 44 ff. der Ley 1/1996 können demnach grundsätzlich auch EU–Bürger und andere in Spanien legal residierende Ausländer Prozeßkostenhilfe erhalten.

✔ **Publizität des Grundbuchs**
  — *Publicidad del Registro*

Aufgrund der Bestimmungen der Art. 221–237 LH handelt es sich beim *Registro de la Propiedad* um ein öffentliches Register, in das jedermann Einsicht hat, der ein berechtigtes Interesse hat.

> Grundbuchauszug — *Nota informativa simple*

✔ Rang — *Rango*

Grundsätzlich gilt das Prioritätsprinzip, wonach vorrangig eingetragene Rechte den späteren vorgehen. Erlöschen diese Rechte, so rücken die späteren Rechte nach. Gleichwohl sind auch Rangänderungen der einzelnen Beteiligten untereinander möglich. Rangvorbehalt, Rangrücktritt und Rangtausch können vereinbart werden (Art. 241 RH). Spätestens im Zwangsversteigerungsverfahren erweist sich, ob die eingeräumte Rangstelle zur Befriedigung der Forderung ausreicht.

✔ Ratenzahlungskauf

Häufig vereinbaren die Parteien, daß der Käufer den Kaufpreis nur in Raten zu zahlen hat. Erfolgen die Ratenzahlungen aufgrund eines privatschriftlichen Kaufvertrages mit der Zusatzvereinbarung, daß die notarielle Kaufvertragsurkunde erst mit vollständiger Kaufpreiszahlung errichtet wird, so bleibt der Käufer vollkommen schutzlos, denn er ist noch nicht im Grundbuch eingetragen. Auch wenn Verkäufer dies nur widerstrebend tun, sollte der Käufer zu seiner eigenen Sicherheit dafür sorgen, daß bereits der Ratenzahlungskaufvertrag notariell beurkundet wird. Dies ist zwar mit Mehrkosten verbunden, beugt aber unliebsamen Überraschungen vor. Dem häufig vorgebrachten Argument, daß bei notarieller Beurkundung von Ratenzahlungen der gesamte Kaufpreis protokolliert werden müsse und dies erhebliche steuerliche Nachteile mit sich ziehe, kann dadurch begegnet werden, bereits vor der notariellen Beurkundung geleistete Zahlungen nicht in die Urkunde aufzunehmen. Die notarielle Ratenkaufvertragsurkunde wird dann mit dem Vermerk der Ratenzahlung im Eigentumsregister eingetragen. Die Eintragung der Ratenzahlung hat nach Art. 11 LH Dritten gegenüber aber nur dann Wirkung, wenn die ausstehenden Beträge durch eine Hypothek gesichert werden oder ein Rücktrittsrecht vereinbart wird, falls der Käufer nicht zahlt. Im übrigen sollte nach Zahlung der letzten Kaufpreisrate die Bestätigung des Verkäufers, daß der Kaufpreis voll gezahlt worden ist *(Carta de Pago)*, in das Eigentumsregister eingetragen werden, damit das Eigentumsregister die tatsächliche Situation auch widerspiegelt. Der Käufer kann die Löschung der Hypothek und des Rücktritts-rechts einseitig erwirken, wenn die Parteien vereinbaren, daß der Käufer die Zahlung durch eine Bankbestätigung oder Vorlage von bezahlten Wechseln nachweisen kann. Eine automatische Löschung tritt nicht ein.

Die Rechte des Verkäufers können im Falle nicht rechtzeitiger Raten-zahlung auch dadurch gewahrt werden, daß das Grundstück unter Eigen-tumsvorbehalt verkauft wird. Vereinbarungen dieser Art werden häufig wechselrechtlich durch Hingabe verschiedener Wechsel gesichert, wobei die Vorlage eines mangels Zahlung protestierten Wechsels beim Grund-buchamt — wenn dies besonders vertraglich vereinbart worden ist — ausreichen kann, um das Erwerbsgeschäft rückgängig zu machen. An-dererseits genügt die Vorlage sämtlicher bezahlter Wechsel, um das Wort "Eigentumsvorbehalt" im Grundbuch löschen zu lassen.

Darüber hinaus ist dem Verkäufer zu empfehlen, seinen Zahlungsanspruch dadurch abzusichern, daß der Käufer verpflichtet wird, eine Gebäudeversi-cherung mit dem Verkäufer als Begünstigten abzuschließen. Denn: was nützt die Hypothek, wenn das Haus nach Übergabe vollständig abbrennt?

>   Kauf einer in Planung oder im Bau befindlichen Wohnung
>   vom Bauträger

✔ Raumentwicklung

Das spanische öffentliche Baurecht regelt in folgender Rangfolge die Raum- und Bodenplanung:

1.   territoriale Koordinierungspläne;
2.   die in der jeweils zuständigen *Comunidad Autónoma* vorgesehenen Planungsinstrumente;
3.   allgemeine gemeindliche Ordnungspläne nebst Durchführungsverordnungen.

Den territorialen Koordinierungsplänen kommt übergeordneter Charakter zu. Der territoriale Koordinierungsplan ist ein Flächennutzungsplan, aus dem die eigentlichen Baupläne oder sonstigen Programme zur speziellen städtebaulichen Entwicklung hergeleitet werden.

✔ Reallasten — *Censos*

Die *Censos* sind dingliche Nutzungsrechte. Im einzelnen werden drei Arten unterschieden, von denen der *Censo Enfitéutico* — Erbpacht (Art. 1605, 1628 ff CC) — noch von einer gewissen Bedeutung ist, während der *Censo Consignativo* (Art. 1606, 1657 ff. CC) und der *Censo Reservativo* (Art. 1607, 1661 ff. CC) in der Praxis an Bedeutung immer mehr verloren haben. Der Schuldner einer Reallast kann dem Gläubiger u.a. zur Zahlung einer jährlichen Rente und zur Verschaffung von Gegenständen verpflichtet sein.

✔ Rechtsanwalt — *Abogado*

In Spanien werden in der Regel Anwälte eingeschaltet, wenn es um die Abwicklung von Grundstückstransaktionen geht. Der Anwalt koordiniert die einzelnen Handlungen und führt Regie. Er arbeitet die privatschriftlichen Verträge aus und sorgt dafür, daß die Verträge unter besonderer Wahrung der Mandanteninteressen notariell beurkundet und die verschiedenen Zahlungen geleistet werden. In der Regel liefert er auch dem beurkundenden Notar einen Vertragsentwurf und kümmert sich um die Eintragung des Käufers im Grundbuch.

✔ Rechtsmängelhaftung

Wird dem Käufer die Kaufsache aufgrund eines vor dem Kaufvertrag bestehenden Rechtes durch richterliches Urteil entzogen (Eviktion), so muß der Verkäufer dem Käufer den Kaufpreis zurückerstatten und ihm auch die sonstigen erlittenen Schäden ersetzen (Art. 1475, 1478 CC). Die Parteien können die Eviktionshaftung des Verkäufers ausschließen, erweitern oder beschränken. Der Verkäufer ist dann nicht zur Eviktionshaftung verpflichtet, wenn ihm die Eviktionsklage nicht auf Antrag des Käufers zugestellt wurde (Art. 1481 CC).

Erfährt der Käufer nach Unterzeichnung der notariellen Urkunde, daß das von ihm erworbene Grundstück belastet ist oder z.b. eine Dienstbarkeit vorliegt, so kann der Käufer unter Umständen die Vertragsaufhebung oder eine entsprechende Entschädigung verlangen. Voraussetzung hierfür ist, daß die Belastung oder Dienstbarkeit nicht offenkundig war, sie in der notariellen Kaufvertragsurkunde nicht erwähnt wurde und der Käufer die Immobilie bei Kenntnis der Belastung oder Dienstbarkeit nicht gekauft hätte. Sofern der Käufer sein Vertragsauflösungsrecht nicht innerhalb eines Jahres nach Abschluß des notariellen Kaufvertrages ausübt, kann er nur noch innerhalb eines Jahres — hier: nachdem er von der Belastung Kenntnis erlangt hat — eine Entschädigung vom Verkäufer verlangen.

>   Sachmängelhaftung
>   Verkäuferpflichten

✔ Rückkaufsrecht — *Compraventa con Pacto Retro* oder auch *Retroventa*

Zulässig sind gemäß Art. 1507 ff. Rückkaufsklauseln, aufgrund derer der Verkäufer berechtigt ist, das Kaufobjekt gegen Zahlung des vereinbarten Kaufpreises und Kostenerstattung zurückzuerwerben. Ist keine Vereinbarung über den Zeitraum des Rückkaufsrechts getroffen, so gilt dies innerhalb eines Zeitraums von vier Jahren. Die ausdrückliche Vereinbarung des Rückkaufsrechts darf jedoch einen Zeitraum von zehn Jahren nicht überschreiten. Zur wirksamen Ausübung eines Rückkaufsrechts muß der Verkäufer den Kaufpreis nebst den entstandenen Kosten dem ehemaligen Käufer übergeben oder, falls der ehemalige Käufer die Annahme verweigert, diesen notariell hinterlegen. Ein Kaufvertrag unter gleichzeitiger

Vereinbarung eines Rückkaufsrechts wird häufig bei aktueller Geldnot des Verkäufers vereinbart und er sein Haus eigentlich gar nicht verkaufen möchte. Der unter diesen Voraussetzungen abgeschlossene Kaufvertrag mit Rückkaufsrecht geht oftmals mit dem Abschluß eines Mietvertrages einher, der den Verkäufer zum weiteren Bewohnen der Immobilie berechtigt. Auf diese Weise behält sich der Verkäufer das Recht vor, 'sein Haus' weiterhin zu bewohnen und es zurückzuerwerben, sofern und sobald er wieder über die notwendigen finanziellen Mittel verfügt.

>   Vorkaufsrecht des Mieters und Pächters, gesetzliche Vorkaufsrechte

✔ **Sachmängelhaftung — *Saneamiento***

Wenn die Kaufsache in ihren wesentlichen Eigenschaften der vertraglichen Vereinbarung entspricht, sonst aber versteckte Mängel aufweist, kommen für den Käufer Ansprüche aus Sachmängelgewährleistung in Betracht. Sie sind in den Art. 1484–1490 CC geregelt.

Davon ist der Fall zu unterscheiden, daß eine wesentliche Eigenschaft der Kaufsache von der vertraglich vereinbarten Eigenschaft abweicht. Hier handelt es sich nicht um einen Mangel i.S. der Sachmängelvorschriften sondern um einen Fall der Nichterfüllung des Vertrages nach Art. 1124 CC.

Die Abgrenzung ist Tatfrage und oft schwer durchzuführen. Für den Einzelfall ist das von Bedeutung, da die Sachmängelrechte innerhalb einer Frist von sechs Monaten seit Übergabe gerichtlich geltend gemacht werden müssen (Art. 1490 CC), während Ansprüche wegen Nichterfüllung nach der allgemeinen Regel des Art. 1964 CC in 15 Jahren verjähren.

Beispielsweise ist die Bebaubarkeit des Grundstücks , wenn Käufer und Verkäufer diese Frage in ihre Vertragsverhandlungen mit einbezogen haben, eine wesentliche Eigenschaft. Nach spanischer Rechtsprechung wird das Fehlen der Bebaubarkeit als ein Fall der Nichterfüllung des Vertrages qualifiziert, nicht als Mangel des Grundstücks i.S. der Sachmängelvorschriften.

Weist der verkaufte Gegenstand Mängel auf, so stehen dem Käufer Gewährleistungsrechte zu, wenn diese die Kaufsache zum bestimmungsgemäßen Gebrauch untauglich machen; es reicht aus, wenn der Gebrauch so weit beeinträchtigt wird, daß der Käufer bei Kenntnis der Mängel die Sache nicht gekauft oder weniger dafür bezahlt hätte.

Nach Annahme der Sache kann der Käufer den Verkäufer für offenbare oder augenscheinliche Mängel nicht mehr haftbar machen. Vor einem Hauskauf sollte daher der Käufer das Objekt stets mit einem Sachverständigen besichtigen und auf mögliche Mängel untersuchen. Selbst für versteckte Mängel haftet der Verkäufer dem Käufer gegenüber nicht, wenn ein sachkundiger Käufer diese leicht hätte erkennen müssen. Gemäß Art. 1485 CC kann der Verkäufer die Haftung für versteckte, ihm selbst unbekannte Mängel auch kaufvertraglich abbedingen.

Haftet der Verkäufer nach dem zuvor Gesagten für die versteckten Mängel, so steht dem Käufer ein Rücktritts– oder Minderungsrecht zu. Entscheidet er sich für den Rücktritt, so hat er die Kaufsache zurückzugeben; der Verkäufer muß geleistete Anzahlungen zurückerstatten. Wurde in der notariellen Kaufvertragsurkunde ein niedrigerer als der tatsächlich gezahlte Kaufpreis deklariert, so kann dies bei dem Käufer zu Problemen führen. Bei Kenntnis der versteckten Mängel und deren Verschweigen seitens des Verkäufers, stehen dem Käufer bei Rücktritt neben der Kaufpreisrückzahlung auch Schadensersatzansprüche zu. Die Wirkungen des Rücktritts treten aber erst mit der Aufhebungsvereinbarung oder durch entsprechendes Gerichtsurteil ein.

Gewährleistungsrechte sind innerhalb von sechs Monaten nach Übergabe gerichtlich geltend zu machen (Art. 1490 CC). Es genügt hingegen nicht, wenn der Käufer seine Gewährleistungsrechte innerhalb der sechs Monate außergerichtlich geltend macht, denn die spanische Rechtsprechung hat wiederholt erklärt, daß die 6–Monatsfrist des Art. 1490 CC keine Verjährungsfrist ist und somit auch nicht unterbrochen werden kann. Als Übergabe i.S. des Art. 1490 CC ist regelmäßig nicht die notarielle Beurkundung des Kaufvertrages sondern die tatsächliche Übergabe der Sache zu verstehen. Daneben kann der Käufer eines mit Mängeln behafteten Hauses auch Ansprüche aus Art. 1591 CC haben, welche nicht der kurzen Frist unterliegen.

> Baumängelhaftung
> Doppelverkauf
> Nichterfüllung — *Incumplimiento*
> Rechtsmängelhaftung
> Verkäuferpflichten

✔ Schenkung von Immobilien

Nach Art. 633 CC ist die notarielle Beurkundung der Schenkung Gültigkeitsvoraussetzung. Es handelt sich hierbei um eine Ausnahme von der allgemeinen Regel des spanischen Rechts, wonach Formerfordernisse lediglich als Beweisregel anzusehen sind. Gemäß Art. 10 Ziff. 7 CC findet auf eine Schenkungsvereinbarung das Heimatrecht des Schenkenden Anwendung.

✔ Selbstverwaltung

Eine große Anzahl von Urbanisationen ist noch nicht an eine Gemeinde angegliedert. Dies scheitert zumeist an der fehlenden Vollendung der Infrastrukturmaßnahmen der Urbanisation. Urbanisationen sind vielfach ohne Vorliegen behördlicher Erlaubnisse begonnen und durchgeführt worden. Bis zur Eingemeindung haben deren Mitglieder in Selbstverwaltung für die notwendigen Versorgungseinrichtungen wie Strom, Wasser, Müllabfuhr, Straßen etc. zu sorgen.

> Eigentümergemeinschaften
> Urbanisationen

✔ *Solar*

Unter Solar wird ein unbebautes Grundstück verstanden, dessen Bebaubarkeit sich aus dem Bebauungsplan ergibt (Art. 82 RD 1346/1976).

> *Finca* — Liegenschaft

✔ **Spanisches Internationales Privatrecht**

Gemäß Art. 10 Ziff. 1 CC richten sich Besitz, Eigentum und sonstige Rechte an unbeweglichen Sachen, ebenso wie ihre Publizität, nach dem Recht des Ortes, an dem sie sich befinden. Das spanische internationale Privatrecht gibt bei vertraglichen Schuldverhältnissen über unbewegliche Sachen in Art. 10 Ziff. 5 Abs. 1 CC den Parteien die Möglichkeit, das anwendbare Recht zu bestimmen, allerdings unter der Voraussetzung, daß dieses irgendeine Beziehung zu dem betreffenden Geschäft hat. In dem Zusammenhang ist jedoch darauf hinzuweisen, daß nach Art. 3 Abs. 1 Satz 3 des EWG–Übereinkommens über das auf vertragliche Schuldverhältnisse anzuwendende Recht die Rechtswahlfreiheit der Parteien absolut ist; das Übereinkommen ist in Spanien seit dem 1.9.1993 und in Deutschland seit dem 1.4.1991 in Kraft. Die Regelungen dieses Übereinkommens haben gegenüber dem spanischen Internationalen Privatrecht Vorrang. Haben indes die Parteien in einem Vertrag über unbewegliche Sachen keine ausdrückliche Rechtswahl getroffen, so ist — anders als im deutschen Recht — der etwa vorhandene stillschweigende Parteiwille unbeachtlich; vielmehr bestimmt Art. 10 Ziff. 5 Abs. 2 CC, daß sich in diesem Falle die Vertragsbeziehungen nach dem Recht des Lageortes der Immobilien richten. Auf eine Schenkungsvereinbarung ist entsprechend Art. 10 Ziff. 7 CC das Heimatrecht des Schenkenden anwendbar. Nach Art. 9 Ziff. 8 CC richtet sich die Erbnachfolge nach dem Heimatrecht des Erblassers.

> Anwendbares Recht
> Deutsches internationales Privatrecht
> Gerichtsstand — *Jurisdicción*

✔ Städtische Liegenschaftskammer
— *Cámara de la Propiedad Urbana*

Diese ursprünglich mit dem Decreto vom 2.2.1956 ins Leben gerufene Institution wurde als Körperschaft des öffentlichen Rechts durch das Real Decreto Ley 8/1994 vom 5. August wieder aufgehoben. In der Folgezeit wurden die entsprechenden Kompetenzen auf die verschiedenen *Comunidades Autónomas* übertragen. So z.b. für die Balearen über das Real Decreto 495/1997 vom 14. April (BOE Nr. 102) in Verbindung mit dem Decreto 65/97 vom 21. Mai (BOCAIB Nr. 65). Mietverträge, die der LAU unterliegen, müssen grundsätzlich bei der Liegenschaftskammer angemeldet werden. Gleichfalls ist die aufgrund der LAU vorgesehene und vom Mieter zu erbringende Kaution in der Regel bei der *Cámera de la Propiedad Urbana* zu hinterlegen. Damit soll gewährleistet werden, daß nach dem Auszug des Mieters Schäden beseitigt oder rückständige Mieten bezahlt werden können. Die Nichtbeachtung dieser Pflicht kann sankioniert werden.

✔ Stellvertretung

Sowohl beim Erwerb als auch bei der Veräußerung von Immobilien können sich die Kaufvertragsparteien vertreten lassen. Erwerbs– und Verkaufsvollmachten, die den Bevollmächtigten zum Ankauf bzw. Verkauf ermächtigen, bedürfen der notariellen oder konsularischen Beurkundung. Deutsche Urkunden sind mit einer Apostille nach dem Haager Abkommen vom 5. 10. 1961 zu versehen.

Vollmachtlos abgeschlossene Verträge können vom Vertretenen nachträglich genehmigt werden *(Ratificación)*. Auch diese bedarf der notariellen Form.

> Apostille
> Genehmigung — *Ratificación*
> Vollmacht — *Poder*

✔ Steuerhypothek
— *Hipoteca Legal por Impuestos*
Es handelt sich hierbei um eine vorrangige Hypothek des Staates für fällige Steuerzahlungen, die in den Art. 168, 194 LH im einzelnen geregelt sind.

> Hypothek
> Immobilienbesteuerung

✔ Steuernummer für Ausländer — NIE
Ausländer, die sich in Spanien wirtschaftlich betätigen oder Immobilien erwerben wollen, müssen die Ausländersteuernummer beantragen *(Número Personal de Identificación para Extranjeros)*. Auch für jegliche Art von steuerlichen Zahlungen muß der Ausländer stets über eine NIE–Nummer verfügen. Die Ausländersteuernummer wird auf einem bestimmten Vordruck bei der örtlichen Polizeibehörde beantragt, wobei zusätzlich eine beglaubigte Kopie des Reisepasses oder Personalausweises überreicht werden muß.

> Immobilienbesteuerung in Spanien

✔ Steuervertreter — *Representante Fiscal*
Aufgrund von Art. 9 Ley 41/1998 sind nur diejenigen Nichtresidenten verpflichtet, einen Steuervertreter zu benennen, die in Spanien eine Betriebsstätte unterhalten oder aber auf andere Weise in Spanien wirtschaftliche Aktivitäten entfalten, bei denen bestimmte Ausgaben abgesetzt werden können (siehe Art. 23 Abs. 2 Ley 41/1998). Ferner kann die Finanzverwaltung mit Blick auf die Summe und sonstigen Charakteristika der von Nichtresidenten in Spanien erzielten Einkommen bestimmen, daß ein Steuervertreter zu benennen ist. Nichtresidente, die sich allein auf das Halten von Immobilien beschränken, sind daher nicht verpflichtet, einen

Steuervertreter zu benennen, solange die Finanzverwaltung nicht von dem ihr in Art. 9 Ley 41/1998 eingeräumten Recht Gebrauch macht.

Die Nichterfüllung der Pflicht zur Benennung eines Steuervertreters kann mit einer Strafe zwischen 25.000 und 1.000.000 Pts. geahndet werden (Art. 9 Abs. 3 Ley 41/1998).

> Immobilienbesteuerung in Spanien

✔ Tausch — *Permuta*

Das Recht des Tausches ist in den Art. 1538–1541 CC geregelt. Tausch ist ein Vertrag, aufgrund dessen sich zwei Vertragsparteien verpflichten, der anderen jeweils eine Sache zu übergeben und hierfür eine andere in Empfang zu nehmen.

Im Real Decreto vom 04.07.1997 wird u.a. der Tausch eines Baugrundstücks gegen beispielsweise ein oder mehrere Appartements oder Reihenhäuser des auf diesem Gelände errichteten Bauwerks behandelt.

✔ Time–Sharing

Das Gesetz über »turnusmäßige Nutzungsrechte« an Immobilien des touristischen Gebrauchs (Gesetz Nr. 42/98 vom 15. Dezember 1998) beruht auf der entsprechenden EU–Richtlinie. Mit dem neuen Gesetz sollen die Auswüchse der bisherigen Time–Sharing–Praxis beseitigt werden. In verbraucherschützender Weise ist damit eine solide Basis für Ferienwohnrechte in Spanien geschaffen worden.

Wichtige Merkpunkte des neuen Gesetzes → →

◆ Freies Rücktrittsrecht des Erwerbers für einen Zeitraum von zehn Tagen

◆ Zusätzliches Recht auf Vertragsauflösung bis zu drei Monaten, falls die informierende Broschüre des Anbieters von Teilzeitwohnrechten wesentliche Informationslücken aufweist.

◆ Verbot der Annahme von Anzahlungen innerhalb des zehntägigen Rücktrittsrechts. Sanktion: Nimmt der Verkäufer gleichwohl innerhalb der Zehn–Tage–Frist eine Anzahlung an, so hat der Käufer ein sofortiges Rückzahlungsrecht des doppelten Betrages.

◆ Bei noch nicht fertiggestellten Objekten müssen die Time–Sharing–Rechte durch Bankbürgschaft oder eine entsprechende Versicherungspolice abgedeckt sein.

◆ Werden zur Finanzierung des Time–Sharing–Kaufs Darlehensverträge in Absprache mit dem Verkäufer geschlossen, so gilt der Time–Sharing–Rücktritt oder die Vertragsauflösung automatisch auch für die Darlehensverträge.

◆ Die Sprache der Verträge muß die vom Erwerber gewünschte EU–Sprache sein. Zusätzlich ist eine spanische Fassung zu errichten.

◆ Die Informationsbroschüre hat umfassende Angaben über das Nutzungsrecht, die Kosten wie auch die über die Anbieter zu enthalten. Der Informationsbroschüre kommt der Charakter eines verbindlichen, einklagbaren Vertragsangebotes zu.

◆ Künftige Time–Sharing–Anlagen dürfen nur noch in der Form des »turnusmäßigen Nutzungsrechts« begründet und verkauft werden. Das »turnusmäßige Nutzungsrecht« muß in öffentlicher Form (Notar) begründet und im Grundbuch eingetragen werden, bevor das Produkt auf den Markt kommt. Zuvor bedarf es einer behördlichen Prüfung der Nutzungsrechte im Hinblick auf gewerberechtliche Bestimmungen und solche des allgemeinen Tourismusrechts.

◆ Die Time–Sharing–Anlage darf nur betrieben werden, wenn umfassende Haftpflicht– und Gebäudeversicherungen abgeschlossen sind.

◆ Verträge über Time–Sharing–Rechte müssen auf Verlangen des Käufers in notarieller Form mit anschließender Eintragung im Grundbuch abgeschlossen werden.

◆ Das »turnusmäßige Nutzungsrecht« darf nicht als *propiedad* (Eigentum) oder *multipropiedad* bezeichnet werden.

◆ Die Laufzeit einer Time–Sharing–Anlage beträgt maximal 50 Jahre. Danach erlöschen die Time–Sharing–Rechte entschädigungslos.

◆ Die Mindestdauer des Time–Sharing–Rechts beläuft sich auf sieben Tage.

◆ Die Rechte des Time–Sharing–Inhabers gegenüber den Betreiberfirmen und umgekehrt die der Betreiberfirmen gegen säumige Time–Sharing–Inhaber sind besonders geregelt.

◆ Das turnusmäßige Nutzungsrecht wird mit je 4% beim Erwerb und bei der Übertragung besteuert.

◆ Bereits bestehende Time–Sharing–Anlagen sollen binnen einer Frist von zwei Jahren dem Gesetz angepaßt und ins Grundbuch eingetragen werden. Das Gesetz gewährt dem Käufer für den Fall der Zuwiderhandlung Schadensersatzansprüche wie auch das Recht der Vertragsauflösung; es kann auch gerichtlich die Eintragung des turnusmäßigen Nutzungsrechts geltend gemacht werden.

Weitere Informationen und Details bei **Schomerus** — Time–Sharing in Spanien; Frankfurt/Main 1999 (→ siehe **Literaturverzeichnis**).

> Verbraucherschutz

✔ *Traspaso, Cesión* — **Abtretung eines Pachtvertrages**

Der *Traspaso*, oder *Cesión*, beinhaltet, daß ein Mieter bzw. Pächter seine Rechte und Pflichten aus einem Miet– bzw. Pachtvertrag an einen Dritten abtritt. Dieser tritt sodann in die Rechte und Pflichten des bisherigen Mieters bzw. Pächters ein. Für Mietverträge über Wohnraum bestimmt Art. 8 Ziff. 1 LAU, daß der Mieter seinen Mietvertrag nur mit der schriftlichen Zustimmung des Vermieters an Dritte abtreten kann.

Bei Mietverhältnissen über Geschäftslokale, in denen eine berufliche oder kommerzielle Tätigkeit ausgeübt wird, hat der Mieter von Gesetzes wegen das Recht, ohne die Zustimmung des Vermieters den Mietvertrag auf einen anderen zu übertragen (*Cesión*, Art. 32 LAU). Die Parteien können dieses Übertragungsrecht jedoch vertraglich ausschließen. Überträgt der Mieter den Mietvertrag auf eine dritte Person, so hat der Vermieter das Recht, den Mietzins um 20% anzuheben (Art. 32 Ziff. 2 LAU). Der Mieter ist daher auch verpflichtet, den Vermieter binnen eines Monats von der Abtretung des Mietvertrags in beweiskräftiger Weise zu unterrichten. Kommt der Mieter dieser Verpflichtung nicht nach, so steht dem Vermieter das Recht der Vertragsauflösung zu (Art. 32 Ziff. 1 und 35 LAU).

Die zuvor genannten Vorschriften gelten für Mietverträge, die ab dem 1. Januar 1995 abgeschlossen wurden. Für vor diesem Datum abgeschlossene Mietverträge gelten hingegen noch die alten gesetzlichen Bestimmungen vom 24.12.1964 (Art. 29–42), in denen der *Traspaso* minutiös geregelt ist.

Wer ein Geschäftslokal in Form des *Traspaso* bzw. der *Cesión* übernehmen will, sollte vor Vertragsabschluß entsprechenden Rat einholen. So gilt es, vorher u.a. abzuklären, welches Recht anwendbar ist (altes oder neues Mietrecht), ob das zu übertragende Geschäftslokal tatsächlich über die entsprechenden Lizenzen (z.B. Restaurant, Einzelhandel) verfügt und ob der Vermieter von seinem Mietanhebungsrecht Gebrauch machen will.

> Mietverträge — *Contratos de Arrendamiento*

✔ Treuhandschaft — *Fiducia*

Die Treuhandschaft ist weder im spanischen Zivil– noch im Handelsrecht geregelt. Lehre und Rechtsprechung haben jedoch der Rechtsfigur der Treuhandschaft eine beschränkte juristische Anerkennung gegeben. Aus zahlreichen Urteilen des *Tribunal Supremo* (so etwa dem Urteil vom 10. 3. 1944) kann die Rechtsgültigkeit von Treuhandvereinbarungen entnommen werden, auch wenn diese privatschriftlicher Natur sind, neben Vereinbarungen, die gleichzeitig oder zuvor in öffentlichen Urkunden protokolliert worden sind. Vom *Tribunal Supremo* wurden derartige Treuhandvereinbarungen als solche mit Garantiecharakter angesehen. Voraussetzung für die Rechtswirksamkeit einer Treuhandvereinbarung ist jedoch nach vorgenannter Rechtsprechung stets, daß damit keine Gesetzesumgehung *(Fraude de Ley)* verbunden ist. Die Abgrenzung kann sich schwierig gestalten.

✔ Umlagen

Gemäß Art. 9e LPH ist jeder Wohnungseigentümer oder Inhaber eines Grundstücks in einer Urbanisation verpflichtet, sich an den allgemeinen Kosten zur Erhaltung des Gemeinschaftseigentums in Form von Umlagenzahlungen zu beteiligen.

Entsprechend dem im Wege der Gesetzesreform eingeführten vereinfachten und beschleunigten Gerichtsverfahren (Art. 21 LPH) kann die Eigentümerversammlung den Präsidenten oder Verwalter bevollmächtigen, die geschuldeten Umlagen gerichtlich einzutreiben. Die Einschaltung eines Anwalts ist nunmehr unabhängig vom Streitwert nicht mehr erforderlich. Für dieses neue vereinfachte Verfahren muß vom Sekretär und Präsidenten der Eigentümergemeinschaft eine Bescheinigung über den Beschluß der Eigentümergemeinschaft ausgestellt werden, die fälligen Umlagenschulden der betreffenden Eigentümer gerichtlich einzutreiben. Die Klage wird grundsätzlich an dem Ort zugestellt, an dem sich das dem spanischen Wohnungseigentumsgesetz unterfallende Eigentum befindet. Etwas anderes gilt nur, wenn der betreffende Eigentümer dem Sekretär der Eigentümergemeinschaft eine andere Zustellungsanschrift in Spanien mitteilt. Nach Zustellung der Klage wird der Beklagte aufgefordert, innerhalb von 20 Tagen die Forderung der Gemeinschaft zu begleichen und dies gegenüber dem Gericht zu beweisen. Läßt sich der Beklagte nicht innerhalb einer Frist von 20 Tagen auf die Klage ein und belegt die Zahlung nicht, werden vom Gericht die notwendigen Schritte zur Zwangsvollstreckung in das Eigentum des Beklagten eingeleitet. Dies kann der Beklagte bei Nichtzahlung nur dadurch vermeiden, daß er eine Bankbürgschaft beibringt, die die eingeklagten Umlagen, Zinsen und die durch das Gerichtsverfahren verursachten Kosten abdeckt. Die unterlegene Partei hat sämtliche durch das Gerichtsverfahren verursachte Kosten zu tragen (Rechtsanwälte, Procurador). Der zur Zahlung verurteilte Eigentümer kann nur dann Berufung gegen das Urteil einlegen, wenn er zugleich die Zahlung oder Hinterlegung des Klagebetrages nachweist.

Aufgrund dieser Gesetzesneuerung ist es für die Eigentümergemeinschaften erheblich einfacher geworden, fällige Forderungen einzuklagen. Experten gehen davon aus, daß die neuen Gerichtsverfahren nicht mehr als 3 bis 4 Monate in Anspruch nehmen werden. Zur Vermeidung von "bösen Überraschungen" ist daher insbesondere ausländischen Eigentümern zu empfehlen, einen in Spanien ansässigen Zustellungsbevollmächtigten zu benennen und dies dem Sekretär beweiskräftig bekannt zu geben.

Schließlich schreibt Art. 16 LPH vor, daß in der Einberufung zur Eigentümerversammlung über die von säumigen Eigentümern geschuldeten Umlagen informiert wird. Nach Art. 15.2 LPH können säumige Eigentümer zwar an der Eigentümerversammlung teilnehmen, haben aber grundsätzlich kein Stimmrecht.

>   Eigentümerversammlung
>   Urbanisationen

✔ Umlagen bei der Eigentumsübertragung

Bei Eigentumsübertragungen in notarieller Form, also bei Kaufverträgen, Schenkungen, Erbschaften etc., hat der Übertragende zu notariellem Protokoll zu erklären, ob er hinsichtlich seiner Umlagenzahlungen auf dem Laufenden ist, oder ggf. die Rückstände anzugeben (Art. 9 Nr. 1e LPH). Ferner muß der Übertragende zur notariellen Protokollierung eine seine Erklärung bestätigende und vom Sekretär und Präsidenten der Eigentümergemeinschaft ausgestellte Bescheinigung vorlegen. Sekretär und Präsident der Eigentümergemeinschaft sind verpflichtet, die Bescheinigung auf Antrag innerhalb von 7 Tagen zu erstellen, und sie haften für die Richtigkeit der Bescheinigung.

Der neue Eigentümer und das von ihm erworbene Eigentum haften für diejenigen Schulden des Alteigentümers, welche im Jahr des Eigentumsübergangs und im vorangegangen Jahr entstanden sind. Der Alteigentümer muß dem Sekretär der Eigentümergemeinschaft den Eigentümerwechsel mitteilen, andernfalls haftet er gesamtschuldnerisch für die Schulden des neuen Eigentümers (Art. 9 Nr. 1 i LPH).

✔ Unterschriftsbeglaubigung

Eine notarielle Unterschriftsbeglaubigung ist nicht ausreichend, um ein Recht im Grundbuch *(Registro de la Propiedad)* einzutragen. Voraussetzung ist vielmehr eine öffentliche Beurkundung (Art. 1–5 LH).

> *Escritura*

✔ Urbanisationen

In Spanien wird in einem für deutsche Verhältnisse ungewöhnlichen Ausmaß eine Einflußnahme Privater auf die gemeindliche Bauleitplanung eingeräumt. Die Rechtsgrundlage stellt das Real Decreto 2159/1978 dar. Die Art. 43 und 46 geben Privaten das Recht, der Gemeinde ein sog. *Proyecto de Urbanización* , d.h. einen komplett ausgearbeiteten Bebauungsplan zur Genehmigung vorzulegen. Dieser Entwurf muß den für alle Bebauungspläne verbindlichen Anforderungen genügen und darüber hinaus Angaben dazu enthalten, wie Erhaltung und Pflege der künftigen Urbanisation sichergestellt werden soll, sowie Vorschläge hinsichtlich der Vereinbarungen, die zu diesem Zweck zwischen dem Urbanisator, dem künftigen Eigentümer und der Gemeinde getroffen werden müssen (vgl. Art. 46 RD 2159/1978). Der Entwurf wird von der Gemeinde genehmigt. Ein Rechtsanspruch auf Genehmigung besteht allerdings nicht.

In der juristischen Praxis bereiten weniger das Genehmigungsverfahren und die sich anschließende Bebauung besondere Schwierigkeiten; die Probleme stellen sich ein, sobald es um die Frage der Erhaltung und Pflege der Urbanisation geht. Wer ist zuständig für Straßenreinigung, Müllabfuhr, Feuerwehr, Elektrizitäts– und Wasserversorgung. Und vor allem, wer bezahlt den dafür erforderlichen Aufwand an Personal– und Sachmitteln? Art. 46b Ziff. 3 RD 2159/1978 bestimmt, daß Bebauungspläne, die sich auf private Urbanisationen beziehen, auch Bestimmungen darüber enthalten müssen, ob die Erhaltung der Urbanisation der Gemeinde, dem Urbanisator oder den Eigentümern obliegt.

→　→　Urbanisationskosten
Nur wenige Gemeinden sind bereit, einen Planungsentwurf zu genehmigen, der ihnen von Anfang an diese Aufgabe überantworten möchte. Eine Einstellung, die angesichts der vor allem für kleinere Gemeinden kaum tragbaren Folgekosten nur allzu verständlich ist. Die privaten Betreiber der Urbanisation sind zwar an einem schnellen Verkauf der Parzellen und Gebäude, weniger aber daran interessiert, auf unabsehbare Zeit personell und finanziell in die Erhaltung und Pflege der Urbanisation eingebunden zu sein. In der Praxis werden daher diese Aufgaben während der 'Anlaufphase' der Urbanisation vom Urbanisator wahrgenommen und später, sobald ein Großteil der Parzellen verkauft ist, den Eigentümern übertragen. Entsprechende Festlegungen finden sich in den Bebauungsplänen.
An dieser Stelle stellt sich die Frage nach der Organisationsform, dem juristischen Gewand von Eigentümergemeinschaften, die als *Asociaciones*, d.h. als Vereine bürgerlichen Rechts organisiert sind.
Diese *Asociaciones* finanzieren ihren Personal– und Sachmittelbedarf per Satzung durch festgelegte Mitgliederbeiträge. Was aber ist zu tun, wenn sich einzelne, im Gebiet der Urbanisation ansässige Eigentümer weigern, dem Verein beizutreten und Mitgliedsbeiträge zu entrichten? Ein gesetzlicher Zwang, einem privatrechtlichen Verein beizutreten und an diesen Beiträge zu entrichten, besteht nicht.
Bietet sich hier also für "renitente Eigentümer" eine Möglichkeit, die vom Verein erbrachten Leistungen (Strassenreinigung, Beleuchtung, Müllabfuhr, Feuerwehr, etc.) in Anspruch nehmen zu können, ohne dafür auch nur eine Peseta zahlen zu müssen?

Daß dies vom spanischen Gesetzgeber nicht so gewollt sein kann, ist offensichtlich. Ein Blick in die einschlägige Baugesetzgebung zeigt, daß die Erhaltung der Urbanisation durch private Vereine den Intentionen des Gesetzgebers zuwiderläuft.

➜   ➜   *Entidad urbanística colaboradora*

Ist nämlich die Erhaltung der Urbanisation dem bereits zitierten Art. 46b Ziff. 3 RD 2159/1978 zufolge Aufgabe der Eigentümer, so greift Art. 68 RD 3288/1978 ein. Nach dieser Bestimmung sind die Eigentümer einer Urbanisation verpflichtet, ein sog. "Zusammenarbeitendes urbanistisches Unternehmen" *(Entidad Urbanística Colaboradora)* zu gründen.

Hinter diesem Begriff verbirgt sich eine Vereinigung öffentlichen Rechts, der per Gesetz sämtliche Eigentümer der Urbanisation anzugehören verpflichtet sind (vgl. auch Art. 25 Ziff. 3 RD 3288/1978). Den Nichtzahlern wird so das Wasser abgegraben.

Auch gegen säumige Zahler hält der Gesetzgeber ein wirksames Mittel parat: Gemäß Art. 70 Ziff. 1 RD 3288/1978 kann die zuständige Baubehörde von Amts wegen oder auf Verlangen der *Entidad Urbanística* ausstehende Beiträge im Wege des Verwaltungsvollstreckungsverfahrens eintreiben. Jeder, der einmal in Spanien über Jahre einen Zivilprozeß zu führen hatte, wird die Vorteile dieser Bestimmung zu schätzen wissen.

Aus der Zuordnung der *Entidad Urbanística* zum öffentlichen Recht sowie aus der Tatsache, daß sie öffentliche Aufgaben wahrnimmt, folgt eine Reihe von Kontrollbefugnissen der zuständigen Gemeindebehörden. So sind sowohl der Gründungsakt als auch die Satzung genehmigungspflichtig; auch Satzungsänderungen müssen genehmigt werden (Art. 27 Ziff. 1, 3 RD 3288/1978); ferner können Beschlüsse der Organe der Vereinigung im Verwaltungsrechtswege angefochten werden (Art. 29 RD 3288/1978).

Die Vereinigung erlangt Rechtsfähigkeit mit Eintragung des Genehmigungsabschlusses der Gemeindebehörde in ein spezielles *Register (Registro de Entidades Urbanísticas Colaboradoras)*. Die per Satzung festzulegende Organisationsstruktur der *Entidades Urbanísticas* ähnelt im allgemeinen der von Kaptialgesellschaften. Oberstes Beschlußorgan ist die Eigentümerversammlung. Ihr gehören alle an, die im Bereich der Urbanisation Immobilieneigentum besitzen. Sie ist für alle Angelegenheiten der Vereinigung zuständig, soweit diese nicht ausdrücklich von der Satzung den anderen Organen, d.h. dem Vorstand oder Präsidenten zugewiesen sind. Die anderen Organe werden von der Eigentümerversammlung gewählt. Der Vorstand *(Consejo de Administración)* führt die Geschäfte der Vereinigung; dem Präsidenten obliegt ihre außergerichtliche und gerichtliche Vertretung gegenüber Dritten.

→   →   Anwendbarkeit des Wohnungseigentumsgesetzes
Mit der Reform des spanischen Wohnungseigentumsgesetzes durch das Gesetz 8/1999 wird nunmehr ausdrücklich geregelt, daß die LPH auch auf private Immobilienkomplexe anwendbar ist (Art. 2c, 24 LPH). Demnach können sich private Urbanisationen, die unter die Definition des Art. 24 Abs. 1 LPH fallen, genauso wie Eigentümergemeinschaften im herkömmlichen Sinne als eine einzige große Eigentümergemeinschaft organisieren. Alternativ kann die Urbanisation aus verschiedenen kleineren Eigentümergemeinschaften eine Gruppierung von Eigentümergemeinschaften bilden (Art. 24 Abs. 2b LPH). Im ersten Fall findet die LPH umfassend auf die so gegründete Eigentümergemeinschaft Anwendung. Wird indes eine Gruppierung von verschiedenen Eigentümergemeinschaften gebildet, so bestehen einige Besonderheiten, wie z.B. daß in der Regel kein Rücklagenfond gebildet werden muß und die Eigentümerversammlung der Gruppierung sich aus den Präsidenten der verschiedenen zusammengelegten Eigentümergemeinschaften zusammensetzt (zu den Einzelheiten siehe Art. 24 Abs. 3 LPH). Aber auch wenn der private Immobilienkomplex keine der beiden oben genannten Formen annehmen sollte, findet die LPH zumindest ergänzend zu den unter den Eigentümern beschlossenen Vereinbarungen Anwendung (Art. 24 Abs. 4 LPH).
Zusammenfassend bleibt festzustellen: Urbanisationen sind in ihrer touristischen Variante Ferienwohnanlagen, die von privaten Unternehmern gebaut werden. Ihnen liegt ein Bebauungsplan zugrunde, der, obgleich von der zuständigen Baubehörde kontrolliert und genehmigt, so doch von

Privaten initiiert und ausgestaltet wird. Erhaltung und Pflege der Urbanisation obliegen zumeist den Eigentümern, die zu diesem Zweck in einer Vereinigung des öffentlichen Rechts *(Entidad Urbanística Colaboradora)* zusammgefaßt werden.

➜ ➜ Wilde Urbanisationen

Ausländischen Grundstückseigentümern in Spanien oder solchen, die es werden wollen, stellt sich häufig das Problem der sog. "wilden Urbanisationen" *(Urbanizaciones Salvajes)*. Es handelt sich hierbei um faktische Urbanisationen, denen keine ordnungsgemäße Bauleitplanung zugrunde liegt und die nicht den behördlichen Segen hinsichtlich der Bauten, Strassen etc. erhalten haben.

Da den einzelnen Eigentümern aus der illegalen Situation der faktischen Urbanisation Nachteile verschiedenster Art drohen, die in Einzelfällen sogar bis zum Abriß von Gebäuden gehen, empfiehlt es sich, die vorhandene Situation unter Beachtung der oben aufgezeigten Prinzipien zu legalisieren. Die Bildung einer *Entidad Urbanística Colaboradora* bedeutet keinen Anschluß an die Gemeinde, sondern schafft ein Selbstverwaltungsorgan unter weitestgehender Wahrung der gewachsenen Rechte der Eigentümer der Urbanisation und die Möglichkeit relativ freier Gestaltung des Zusammenlebens der Eigentümer der Vereinigung.

➜ ➜ Strafrechtliche Sanktionen

Eine strafrechtliche Verfolgung droht nach Art. 319 und 320 CP demjenigen, der als Promotor, technischer Direktor oder Erbauer auf einem Gelände, das als Weg, Grünzone oder öffentliches Eigentum dient oder das gesetzlich oder verwaltungsmäßig wegen seines landschaftlichen, ökologischen, künstlerischen, historischen oder kulturellen Wertes anerkannt ist, nicht genehmigte Bauarbeiten vornimmt.

> Eigentümergemeinschaften
> Selbstverwaltung

✔ **Verbraucherschutz**

Durch Real Decreto 515/1989 vom 21.4.1989 wurde eine Verbraucher-
schutzbestimmung erlassen, die spezielle Vorschriften für gewerbsmäßige
und berufliche Vermietung und Verkauf von Wohnraum enthält und die
Rechte des Verbrauchers garantieren soll. Geregelt wird unter anderem,
welche Werbung bei Verkauf und Vermietung von Wohnungen zulässig
ist und welche allgemeinen Geschäftsbedingungen bzw. Vertragsklauseln
verwendet werden dürfen.

Die Anbieter sind danach verpflichtet, eine genaue, dem tatsächlichen Zustand entsprechende Beschreibung des Objektes zu geben. Die Angaben
müssen erkennen lassen, ob der Wohnraum bereits fertiggestellt ist oder
sich noch im Bau befindet. Ist letzteres der Fall, kann der Käufer verlangen, daß der Anbieter die entsprechenden Urkunden über Sicherheiten bei
Ratenzahlungskauf nach dem Gesetz 57/1968 vorlegt.

➔   ➔   Genaue Angaben zum Objekt und zur Anbieterfirma

Nach Art. 4 RD 515/1989 haben die Anbieter von Wohnraum eine Fülle
von Daten zu offenbaren, insbesondere ihren Namen oder Firmennamen,
Firmensitz und ggf. Eintragung in das Handelsregister. Weiter haben sie
den genauen Lage– und Bauplan des angebotenen Vertragsobjektes vorzulegen unter Angabe der Nutzfläche, einer Beschreibung des Gebäudes, in
dem der Wohnraum liegt, der Gemeinschaftseinrichtungen und der Neben-
leistungen. Daneben müssen die beim Bau verwendeten Materialien angegeben und die Installationspläne für Elektrizität, Wasser, Gas, Strom, Hei-
zung, Abwasser sowie Wärme– und Schallisolierung vorgelegt werden.
Außerdem sind die Baugenehmigung und alle sonstigen baurechtlichen
Bescheinigungen vorzulegen, bei Eigentumswohnungen die Teilungserklärung mit Hausordnung.

➔   ➔   Angaben zum Vertrag

Der Kaufpreis muß als Gesamtkaufpreis angegeben werden, der alle anfallenden Steuern, Gebühren und Honorare, auch das des Agenten, umfaßt.
Das RD 515/1989 enthält einige Bestimmungen über die Vertragsgestal-

tung. So müssen insbesondere Vertragsunterlagen für Kauf und Miete der Wohnung mit der gebotenen Klarheit abgefaßt sein. Auf Dokumente oder Texte, die nicht vor oder bei Vertragsunterzeichnung vorliegen, darf nicht verwiesen werden.

Ergänzend zu den Verbraucherschutzbestimmungen der autonomen Regionen kommt das RD 515/1989 zur Anwendung. Die Vorschriften über die Gestaltung von Vertragsklauseln sowie die Einklagbarkeit von Angaben über Wohnraum in der Werbung gelten unmittelbar in ganz Spanien.

Ein Verstoß gegen die Regelungen kann entsprechend der LCU je nach Schwere des Verstoßes mit Strafen von über 100 Mio. Pts. geahndet werden. Ferner sind im Wege der Reform des Strafrechts mit den Art. 282–284 CP drei neue Strafvorschriften eingeführt worden, die dem Verbraucherschutz dienen.

→   →   Spanisches AGB–Gesetz

Nicht zuletzt ist in diesem Zusammenhang noch auf das Gesetz 7/1998 vom 13. April 1998 über die Allgemeinen Geschäftsbedingungen hinzuweisen, mit dem die LCU teilweise reformiert wurde, und das spanische Recht der allgemeinen Geschäftsbedingungen nun dem deutschen Recht der allgemeinen Geschäftsbedingungen (AGBG) stark ähnelt. Bei mißbräuchlichen Klauseln ist daher anhand des neuen Gesetzes zu überprüfen, ob die Vertragsklauseln nichtig sind.

>   Grundbuchamt / Notar — Institutionalisierte Zusammenarbeit
>   Kauf einer in Planung oder im Bau befindlichen Wohnung
>   Time–Sharing
>   Vertragsstrafe — *Cláusula Penal*

✔ Verkäuferpflichten
— *Obligaciones del Vendedor*

Die Hauptpflicht des Verkäufers ist die Übergabe der Sache, also die Besitzeinräumung (Art. 1461, 1462 CC). Hierzu gehört auch die Schlüsselübergabe. Die Direktübergabe der Sache kann ersetzt werden durch eine fiktive Übergabe, nämlich mittels notariellem Kaufvertrag *(Escritura Pública de Compraventa)* gemäß Art. 1462 Abs. 2 CC. Zu den Verkäuferpflichten gehört auch die Mitwirkung bei der Protokollierung des Kaufvertrages. Der Verkäufer hat dem Käufer auch die Eigentumstitel herauszugeben. Hingegen ist eine Mitwirkung des Verkäufers bei der Eintragung des Eigentums im Grundbuchamt nicht erforderlich. Ausreichend ist die Vorlage des notariellen Kaufvertrages durch den Berechtigten. Die Kosten des notariellen Kaufvertrages trägt der Verkäufer (Art. 1455 CC). In der Regel wird aber diese Bestimmung kaufvertraglich abbedungen, so daß letztlich diese Kosten dem Käufer auferlegt werden.

> Käuferpflichten
> Rechtsmängelhaftung
> Sachmängelhaftung

✔ **Vermietergemeinschaft**

Streng zu unterscheiden von der Eigentümergemeinschaft ist der Begriff "Vermietergemeinschaft". Während zur Eigentümergemeinschaft sämtliche Eigentümer gehören, sind Mitglieder der Vermietergemeinschaft nur solche, die ihr Eigentum wirtschaftlich nutzen und sich deshalb mit anderen vermietungswilligen Eigentümern zu einem sog. "Pool" zusammengeschlossen haben.

> Bewirtschaftung
> Eigentümergemeinschaften

✔ **Vertragsauflösungsklausel**
  — *Cláusula Resolutoria*

Häufig wird in Grundstückskaufverträgen die sog. Vertragsauflösungsklausel *(Cláusula Resolutoria)* aufgenommen, wonach bei nicht fristgerechter

Zahlung einer einzigen Kaufpreisrate der Vertrag ohne weiteres aufgelöst werden kann. Die Klausel kann weiter vorsehen, daß die bereits geleisteten Zahlungen dann dem Verkäufer zustehen — eine Art Schadensersatz (u.U. als Vertragsstrafe zu werten).

In diesem Zusammenhang ist auf die Bestimmung des Art. 1504 CC hinzuweisen, wonach der Käufer trotz Nichteinhaltung der Ratenzahlung so lange zur Leistung berechtigt ist, als er nicht gerichtlich oder notariell das sog. *Requerimiento* des Verkäufers erhält *(Requerimiento Judicial o Notarial)* . Mit dem *Requerimiento* ist das an den Käufer wegen fehlender Kaufpreiszahlung gerichtete formelle Auflösungsverlangen gemeint. Die Voraussetzungen eines *Requerimiento* i.S. des Art. 1504 CC werden aber auch dann erfüllt, wenn der Verkäufer dem Käufer auf notariellem Wege eine letzte Zahlungsfrist einräumt und unmißverständlich zu erkennen gibt, den Vertrag auflösen zu wollen, sofern der Käufer seiner Zahlungspflicht nicht innerhalb der gesetzten Frist nachkommt. Die gerichtliche Form wird ferner auch mit einer Vergleichsverhandlung in einem Sühnetermin oder mit Erhebung der Auflösungsklage erfüllt. Dabei muß der Verkäufer seine Vertragspflichten erfüllt haben, also z.B. vertragsgemäß die *Escritura* errichtet haben. Erfolgt das *Requerimiento* durch den Richter, so ist es nicht berechtigt, dem Käufer einen Zahlungsaufschub zu gewähren. Nach Erklärung des *Requerimiento* ist der Verkäufer frei, die Vertragsauflösung durchzuführen, also etwa vom Käufer Besitzaufgabe und Rückgabe von Vertragsunterlagen zu fordern. In diesem Fall kann der Käufer natürlich Rückzahlung der Anzahlung und weiterer geleisteter Raten verlangen, sofern nicht ausdrücklich etwas anderes vereinbart ist.

Art. 1504 CC ist für Immobilienkaufverträge zwingendes Recht und kann nicht abbedungen werden. Solange der Verkäufer dem Käufer noch kein *Requerimiento* in dem oben genannten Sinne zugestellt hat, kann der Käufer daher selbst dann noch das Grundstück gegen Restkaufpreiszahlung erwerben, wenn die Parteien ausdrücklich vereinbart haben, daß der Vertrag bei Zahlungsverzug automatisch aufgelöst wird.

> Auflösungsvertrag — *Contrato Extintivo* oder *Mutuo Disenso*
> Nichterfüllung — *Incumplimiento*
> Notarielle Aufforderung — *Requerimiento Notarial*
> Vertragsstrafe — Cláusula Penal

✔ **Vertragsfreiheit**

Das Prinzip der Vertragsfreiheit ist normiert in Art. 1255 CC. Die Vertragsfreiheit findet dort ihre Schranken, wo sie gegen gesetzliche Prinzipien, gegen die Moral oder gegen die öffentliche Ordnung verstößt.

Bei Formularverträgen ist Vorsicht geboten. Hier wird vielfach unter dem Deckmantel der Vertragsfreiheit einseitig zu Ungunsten des anderen Vertragspartners niedergelegt, was üblicherweise bei bloßer Geltung des Gesetzes eine andere Regelung gefunden hätte. Mit dem Gesetz 7/1998 vom 13. April 1998 *(Ley sobre Condiciones General de la Contratación)* hat der spanische Gesetzgeber die EU–Richtlinie 93/13/CEE in spanisches Recht umgesetzt. Das spanische Recht der AGB ähnelt daher nunmehr in weiten Teilen dem deutschen AGB–Gesetz. Die Wirksamkeit von in Formularverträgen enthaltenen AGB ist daher anhand des anwendbaren AGB–Gesetzes zu überprüfen. Bei Zweifeln, ob eine bestimmte Klausel als mißbräuchlich und damit nichtig einzustufen ist, sollte entsprechender fachkundlicher Rat eingeholt werden.

> Verbraucherschutz

✔ **Vertragsstrafe — *Cláusula Penal***

Gemäß Art. 1152 CC ersetzt eine Vetragsstrafe den tatsächlich erlittenen Schaden und die entgangenen Zinsen in pauschaler Form, sofern dies extra vereinbart worden ist. Hat der Schuldner seine Verpflichtung nicht erfüllt, so bedarf es zur Geltendmachung der Vertragsstrafe keiner Einzelnachweise über den Eintritt und die Höhe des Schadens; die Vertragsstrafe wird in der vereinbarten Höhe sofort fällig. Der Gläubiger trägt die Beweislast für die schuldhafte Nicht– oder Schlechterfüllung. Entsprechend dem Charakter der *Cláusula Penal* wird zwischen der kumulativen und der liquidatorischen Vertragsstrafe unterschieden. Verfolgt sie das Ziel, auf den Vertragspartner Zwangswirkung oder Druck auszuüben und sich bei Nichterfüllung der vertraglichen Verpflichtungen strafend auszuwirken, so kann sie neben dem Schadensersatz wegen Nichterfüllung gemäß Art. 1152 CC gefordert werden. Voraussetzung ist, daß der Vertragspartner die Nichterfüllung zu vertreten hat. Der Maßtab für das Verschulden ergibt sich aus Art. 1104 CC. Es handelt sich um eine kumulative Vertragsstrafe, die ausdrücklich vereinbart sein muß. Sie kann auch neben den Erfüllungsanspruch treten (Art. 1153 Satz 2 CC).

Soll die Vertragsstrafe im Falle der Nichterfüllung dagegen lediglich an die Stelle des Schadens– und Zinsersatzes treten, dann erfüllt sie liquidatorische, also ersetzende Funktionen und wird als liquidatorische Vertragsstrafe bezeichnet. Das ist das gesetzliche Leitbild des Art. 1152 Abs. 1 CC.

➜   ➜   Vertragsstrafe darf kein "Wucher" sein

Die Vereinbarung einer Vertragsstrafe darf aber nicht gegen gesetzliche Vorschriften verstoßen. Gründe für die Nichtigkeit können sich ergeben, wenn sich hinter einer Vertragsstrafenklausel in Wahrheit ein wucherisches Darlehen verbirgt, das wegen Verstoßes gegen die *Ley Azcarate* (Gesetz zur Verhinderung des Wuchers vom 23.7.1908) nichtig ist, oder wenn das Hauptgeschäft selbst und damit — wegen der Akzessorietät zur Hauptforderung (Art. 1155 Abs. 2 CC) — die Klausel ebenfalls nichtig ist. Weitere Nichtigkeitsgründe folgen aus Verstößen gegen das Gesetz, die Moral oder die öffentliche Ordnung gemäß Art. 1255 CC oder gegen zwingende Normen und gesetzliche Verbote nach Art. 6 Nr. 3 CC.

Wenn die Verbindlichkeit nur teilweise oder mangelhaft erfüllt worden ist, besteht nach spanischem Recht auch die Möglichkeit der richterlichen Herabsetzung der Vertragsstrafe. Voraussetzung ist aber, daß der Schuldner schon etwas zur Erfüllung der Hauptverbindlichkeit geleistet hat. Eine Herabsetzung wird dann nach dem Grundsatz der Billigkeit vorgenommen.

Kriterien sind der Grad des Verschuldens und die Intensität des entstandenen Schadens.

→ → Vertragsstrafe und AGBs

Vertragsstrafen und Schadenspauschalierungen tauchen häufig in allgemeinen Geschäftsbedingungen auf. Hier gilt folgendes: Ist Vertragsstatut deutsches Recht, so sind die Vorschriften des deutschen Gesetzes über die Allgemeinen Geschäftsbedingungen (AGB–Gesetz) anwendbar, und zwar unabhängig davon, welcher Vertragspartner die AGB verwendet hat oder ob der Vertrag in spanischer Sprache abgefaßt ist. Die Unzulässigkeit und damit Unwirksamkeit richtet sich dann nach den Art. 10/Nr. 7, 11/Nr. 5 und 11/Nr. 6 AGB–Gesetz.

Gilt spanisches Recht als Vertragsstatut, so finden zunächst die Normen des spanischen Rechts Anwendung (Art. 27, 28 in Verbindung mit Art. 35 Abs. 1 EGBGB).

Die *Ley sobre Condiciones Generales de la Contratación* vom 13. April 1998 hat die EU–Richtlinie 93/13/CEE in spanisches Recht umgesetzt, womit das spanische Recht der allgemeinen Geschäftsbedingungen dem deutschen AGB–Gesetz angenähert wurde. Der Schutz vor mißbräuchlichen Klauseln bemißt sich im spanischen Verbraucherschutzrecht nach Art. 10, 10 bis LCU, in erster Linie aber nach der *Disposición Adicional Primera* der LCU, welche durch das oben zitierte Gesetz 7/1998 eingeführt wurde. Die *Disposición Adicional Primera* führt — ähnlich wie im deutschen AGB–Gesetz — konkret auf, in welchen Einzelfällen eine AGB als mißbräuchlich und damit nichtig anzusehen ist. Die in den AGBs festgelegten Gegenleistungen müssen in einem angemessenen Verhältnis zueinander stehen. Verstoßen die AGBs gegen diese Grundsätze, so sind sie nichtig. Zweifel bei der Auslegung gehen zu Lasten des Verwenders.

> Anwendbares Recht
> Gerichtsstand — *Jurisdicción*
> Nichterfüllung — *Incumplimiento*
> Verbraucherschutz

✔ **Verzug — *Demora***

Nach Art. 1100 CC befindet sich derjenige Vertragspartner in Verzug, der nach Fälligkeit der von ihm geschuldeten Leistung vom anderen Teil zur Erfüllung aufgefordert wird und dennoch schuldhaft nicht erfüllt. Der Schuldner gerät auch ohne diese außergerichtliche bzw. gerichtliche Mahnung in Verzug, sofern der Vertrag oder das Gesetz dies so ausdrücklich bestimmen. Bei gegenseitigen Verträgen befindet sich keine der beiden Parteien in Verzug, solange auch die andere Seite ihre Leistungspflichten nicht erfüllt. Es besteht die gesetzliche Vermutung, daß der Schuldner den Verzug zu vertreten hat (Art. 1183 CC).

➔   ➔   Voraussetzung: Nichterfüllung

Der Verzug des Vertragspartners bei der Erfüllung der ihm obliegenden Leistung kann unter gewissen Umständen dem anderen, vertragstreuen Partner das Recht zum Rücktritt geben. Die Nichterfüllung der Verbindlichkeit darf nicht nur eine bloß zeitliche und gerechtfertigte Verzögerung sein, vielmehr ist es erforderlich, daß eine »wirkliche und eigentliche Nichterfüllung« vorliegt, um die Rechtsfolge des Rücktritts vom Vertrag eintreten zu lassen. Ist die Erfüllung objektiv unmöglich oder ergibt sich der klare Nichterfüllungswille des Schuldners, so liegt eine »wirkliche und eigentliche Nichterfüllung« vor, aufgrund derer das Vertragsverhältnis aufgelöst werden kann. Wird durch die Leistungsverzögerung der Vertragszweck vereitelt, so gilt dies als zulässiger Rücktritts- und Vertragsauflösungsgrund.

Die Vertragsauflösung ist gemäß Art. 1124 CC vom Gericht auszusprechen, wobei es dem Schuldner eine Nachfrist zur Erfüllung setzen kann. Eine Nachfrist wird jedoch dann nicht ausgesprochen, wenn ein Fall der vorsätzlichen Nichterfüllung vorliegt und die Unmöglichkeit der Leistung feststeht.

>   Nichterfüllung — *Incumplimiento*
>   Notarielle Aufforderung — *Requerimiento Notarial*

✔ Vollmacht — *Poder*

Wenn Käufer oder Verkäufer persönlich zur Vertragsunterschrift nicht erscheinen können, etwa wegen Ortsabwesenheit, Krankheit oder sonstiger Verhinderung, können sie sich eines Bevollmächtigten bedienen. So kann der Vollmachtgeber aufgrund einer Vollmacht bestimmen, daß ein Dritter, der Vollmachtnehmer, für ihn handelt.

→　→　Vollmacht über den Tod hinaus

Sowohl das deutsche als auch das spanische Internationale Privatrecht bestimmen, daß sich die Wirksamkeit einer Vollmacht nach dem Recht des Landes bestimmt, in dem die Vollmacht Wirkung entfaltet. Für Vollmachten, die Verfügungsbefugnisse in Bezug auf Grundstücke einräumen, gilt, daß sich die Wirksamkeit der Vollmacht nach der lex rei sitae richtet, d.h. nach dem Ort der Belegenheit der Immobilie. Bezieht sich die Vollmacht also auf ein Grundstück in Spanien, so ist spanisches Recht auf die Vollmacht anwendbar, es sei denn, der Vollmachtgeber hat ausdrücklich bestimmt, daß z.B. deutsches Recht auf die Vollmacht Anwendung finden soll. Ob auf die Vollmacht deutsches oder spanisches Recht Anwendung findet, ist z.B. entscheidend für die Frage, ob die Vollmacht mit dem Tod des Vollmachtgebers erlischt. Nach Art. 1732 Ziff. 3 CC erlischt im spanischen Recht eine Vollmacht regelmäßig mit dem Tod des Vollmachtgebers. Ist diese Folge unerwünscht, kann dies in der Weise gestaltet werden, daß der Vollmachtgeber ausdrücklich deutsches Recht für anwendbar erklärt und bestimmt, daß die Vollmacht mit seinem Tod nicht erlöschen soll. Die Erben des Vollmachtgebers können die über den Tod hinausgehende Vollmacht aber selbstverständlich widerrufen, sobald sie von der Vollmacht Kenntnis erhalten.

→　→　Generalvollmacht

Generalvollmachten nach spanischem Recht enthalten statt der in Deutschland üblichen Generalklausel eine Aufzählung der Einzelbefugnisse des Vollmachtnehmers. Der Grund hierfür liegt in Art. 1713 CC, nach dem eine in allgemeiner Form erteilte Vollmacht in Spanien nur zur Vornahme von Verwaltungstätigkeiten befugt. Bei einer Vollmacht, die in Spanien Wirkung entfalten soll, ist daher stets zu empfehlen, die einzelnen Befugnisse detailliert aufzuführen.

Vollmachten zur Vornahme eines Grundstücksgeschäfts müssen vor einem deutschen bzw. spanischen Notar oder einem Konsulat protokolliert werden. Die vor einem deutschen Notar erteilte Vollmacht ist mit der Apostille nach dem Haager Abkommen zu versehen, um in Spanien Wirkung entfalten zu können. Ist die Vollmacht in deutscher Sprache abgefaßt, muß sie, wenn sie in Spanien verwendet werden soll, noch von einem vereidigten Übersetzer ins Spanische übersetzt werden. Bei Abfassung der Vollmacht ist zusätzlich zu überlegen, ob der Bevollmächtigte vom grundsätzlichen Verbot des Insichgeschäfts und der Mehrfachvertretung befreit werden und befugt sein soll, einem Dritten Untervollmacht zu erteilen.

> Apostille
> Genehmigung — *Ratificación*
> Stellvertretung

✔ Voreintragung im Grundbuch

Aus Art. 20 Abs. 1 LH ergibt sich der Grundsatz des *Tracto Sucesivo*, wonach sich jede Neueintragung im Grundbuch von einer früheren ableiten muß. Da sich in Spanien wegen der nicht rechtsbegründenden Form der Grundbucheintragungen Rechtsänderungen häufig außerhalb des Grundbuchs abspielen, ist in vielen Fällen der Partner des privatschriftlichen Vertrages ein anderer als der der *Escritura*, des notariellen Kaufvertrages.

→ Ein **B e i s p i e l** mag dies verdeutlichen:
Sánchez, eingetragener Eigentümer eines Grundstücks, verkauft dieses privatschriftlich und übereignet es an Rodríguez. Rodríguez, der von vornherein den Weiterverkauf beabsichtigt, läßt sich im Grundbuch nicht eintragen und verkauft das Grundstück mittels eines privatschriftlichen

Vertrages an Müller weiter. Der privatschriftliche Vertrag mit Rodríguez, dem nicht eingetragenen Eigentümer, nützt Müller wenig, da beim Grundbuchamt notarielle Verträge vorzulegen sind. Notarielle Verträge müssen aber mit demjenigen geschlossen werden, von dem sich das Recht grundbuchmäßig ableitet. Obwohl der wirkliche Partner seines Kaufvertrages Rodríguez ist, muß Müller also mit Sánchez zum Notar gehen bzw. Sánchez muß Rodríguez eine entsprechende notarielle Verkaufsvollmacht erteilen.

→   →   *Acta de Notoriedad / Expediente de Dominio*
Eine weitere Möglichkeit bei unterbrochener Eigentümerkette besteht darin, eine *Acta de Notoriedad*, eine Urkunde über die Bekanntheit eines Rechts, beim Notar zu beantragen (siehe Art. 200 Abs. 1 LH). Auch durch ein besonderes Gerichtsverfahren — *Expediente de Dominio* — kann der Nachweis des Eigentums erbracht werden. Der Antrag ist beim Amtsgericht *(Juzgado de Primera Instancia)* unter Darlegung von Fakten, die die Rechtslage widerspiegeln, zu erbringen. Aufgrund eines Gerichtsbeschlusses *(Auto)* wird dann die Rechtslage verbindlich festgelegt.

>   Eigentumsnachweis — *Determinación del Derecho de Propiedad*
>   Grundbuchsystem

✔   **Vorkaufsrecht des Mieters und Pächters, gesetzliche Vorkaufsrechte**
Vermieteter Wohnraum, der der LAU unterliegt, ist Gegenstand des gesetzlichen Vorkaufsrechts des jeweiligen Mieters. Der vertraglich vereinbarte Verzicht auf dieses Vorkaufsrecht ist bei Mietverträgen über Wohnraum nur dann wirksam, wenn die vertragliche Mietdauer über 5 Jahre liegt (Art. 25 Ziff. 8 LAU). Ein Vorkaufsrecht steht grundsätzlich auch den Mietern und Pächtern von Luxuswohnungen und Geschäftslokalen zu, wobei es den Parteien dieser Miet– und Pachtverträge freisteht, das Vorkaufsrecht vertraglich auszuschließen.

Aufgrund der Entscheidung des Landgerichts Toledo vom 22.12.1994 gilt das Vorkaufsrecht des Mieters auch dann, wenn die Veräußerung der Immobilie im Rahmen einer öffentlichen Versteigerung erfolgt ist.

Der Miteigentümer hat gegenüber den Mietern des Objektes ein vorrangiges Vorkaufsrecht. Verkauft der Vermieter und Eigentümer mehrere Eigentumswohnungen oder Geschäftslokale eines selben Gebäudes zusammen, so steht dem Mieter oder Pächter kein Vorkaufsrecht zu. Auch entfällt das Vorkaufsrecht des Mieters, wenn die verschiedenen Eigentümer von Eigentumswohnungen und Geschäftslokalen alle Wohnungen und Geschäftslokale eines Gebäudes zusammen verkaufen. Anderweitige vertragliche Vorkaufsrechte genießen nur dann Vorrangstellung, wenn diese bereits zum Zeitpunkt des Mietvertragsabschlußes im Grundbuch eingetragen waren. Bestehende Mietverträge sind im Grundbuch eintragbar. Dies bezieht sich sowohl auf Wohnraummietverträge als auch auf gewerbliche und Saisonmietverträge (Art. 2.5 LH und RD 297/1996).

Weitere Vorkaufsrechte und ihre Regelung im *Código Civil*

◆ zwischen Miteigentümern (Art. 1522 CC);

◆ zwischen Nachbarn unmittelbar aneinandergrenzender landwirtschaftlicher Grundstücke *(Finca Rústica)*, sofern das verkaufte Grundstück 1 ha nicht überschreitet (Art. 1523 CC) und ein Miteigentümer nicht von seinem Vorkaufsrecht Gebrauch macht (Art. 1524 CC);

◆ zwischen Miterben (Art. 1067 CC);

◆ zwischen Mitgesellschaftern im Rahmen der Liquidation (Art. 1708);

◆ zwischen dem Ober– und Untereigentümer beim Verkauf des Eigentums am Erbpachtgrundstück (Art. 1636 CC);

◆ zwischen Zessionar und Zedenten beim Erbpachtrecht (Art. 1656 Nr. 6, 1655 CC);

Die vorgenannten gesetzlichen Vorkaufsrechte sind innerhalb von neun Tagen seit Eintragung des Erwerbers im Grundbuch auszuüben (Art. 1524 CC). Wird der Erwerb nicht im Grundbuch eingetragen, so beginnt diese Frist ab Kenntnis des Berechtigten von dem Verkauf zu laufen.

Außerhalb des *Código Civil* verdient schließlich noch das in der Ley 19 / 1995 vom 4. Juli 1995 über die Modernisierung der landwirtschaftlichen Nutzungen geregelte Vorkaufsrecht besondere Erwähnung. Danach steht den Nachbarn eines landwirtschaftlichen Grundstücks ein Vorkaufsrecht zu, wenn das verkaufte Nachbargrundstück kleiner ist als die doppelte Mindestfläche eines landwirtschaftlichen Grundbesitzes (siehe Art. 23 und 27 LEA). Die Nachbarn können von ihrem Eintrittsrecht innerhalb von einem Jahr seit Eintragung des Verkaufs im Grundbuchamt Gebrauch machen. Wurde den Nachbarn indes in beweiskräftiger Weise eine Mitteilung von dem geplanten Kauf gemacht, so müssen sie innerhalb von 60 Tagen seit Zustellung dieser Mitteilung von ihrem Vorkaufsrecht Gebrauch machen. Macht einer der Nachbarn von seinem Vorkaufsrecht Gebrauch, darf er das erworbene Grundstück erst nach Ablauf von sechs Jahren weiterverkaufen.

> Kauf einer *Finca Rústica*
> Kauf einer vermieteten Immobilie
> Mietverträge — *Contratos de Arrendamiento*

✔ Vormerkung — *Asiento de Presentación*

Im deutschen Recht ist die Auflassungsvormerkung ein wirksamer Schutz des Erwerbers gegen unberechtigte Zwischenverfügungen des Veräußerers (§ 883 BGB). Das spanische Recht hingegen kennt die Auflassung nicht, so daß die Absicherung des Erwerbers mittels einer Auflassungsvormerkung ausscheidet.

Wegen des im spanischen Recht geltenden Prioritätsprinzips, wonach diejenige Eintragung, die zuerst vorgenommen wird, die bevorrechtigte ist, kann der Zeitpunkt der Vorlage der Urkunde von entscheidender Bedeutung sein. Daher führt jedes Grundbuchamt ein Tagebuch *(Libro Diario)*, in dem die Vorlage der Urkunden vermerkt wird. Der Berechtigte sollte darauf achten, daß der Registerbeamte den Eingangsvermerk *(Asiento de Presentación)* auch tatsächlich vornimmt, denn danach richtet sich das Datum der späteren, endgültigen Eintragung (Art. 24 LH).

Da nach Ausfertigung der notariellen Kaufurkunde und vor der endgültigen Eintragung wegen Zahlungsverpflichtungen verschiedener Steuern und Abgaben in der Regel eine geraume Zeit verstreicht, sollte der Erwerber zur Absicherung seiner Rechte auf dem *Asiento de Presentación* bestehen; andernfalls können in der Zwischenzeit andere den Erwerber belastende Verfügungen durch gutgläubige Dritte vorgenommen werden. Der Ersterwerber bleibt dann auf einen Schadensersatzanspruch gegen den Verkäufer beschränkt.

Allerdings ist der *Asiento de Presentación* nur vorläufiger Natur und hat eine Geltungsdauer von 60 Werktagen (Art. 17 Abs. 2 und Art. 66 LH). In den Fällen, in denen die vorgeschriebenen Steuern nachweislich nicht vorher entrichtet werden können, ist eine Verlängerung der Frist bis zu 180 Tagen möglich (Art. 255 Abs. 4, 5 LH).

Die LH bietet auch die rechtliche Möglichkeit, gegen unrichtige, d.h. mit der Rechtswirklichkeit nicht übereinstimmende Grundbucheintragungen auf dem Prozesswege — auch im Eilverfahren — vorzugehen.

→ → *Anotación Preventiva*

Als vorläufige Sicherung kommt hier eine *Anotación Preventiva* (eine Grundbucheintragung zur Sicherung bestimmter Rechte) in Betracht, die in den Art. 42 ff. LH und 139 ff. RH näher geregelt ist. Sie dient in erster Linie der Sicherung gerichtlicher, gesetzlicher und erbrechtlicher Pfandrechte für einen Zeitraum von vier Jahren (Art. 86 LH). Sie kann auf Antrag um weitere vier Jahre verlängert werden. Sie kann aber auch zur Sicherung eines einzutragenden, derzeit aber wegen behebbarer Hindernisse nicht eintragungsfähigen Kaufvertrages oder anderer einzutragender notarieller Urkunden eingetragen werden.

Sie dient dazu, die durch den *Asiento de Presentación* in Lauf gesetzte Schutzfrist zugunsten des eintragungsberechtigten Eigentümers zu verlängern. Der Antrag auf Eintragung der *Anotación Preventiva* ist folglich innerhalb derselben Frist wie der des *Asiento de Presentación* einzureichen.

In diesem Fall verfällt die Anotación Preventiva ebenfalls nach 60 Tagen und kann in Ausnahmefällen auf 180 Tage verlängert werden (Art. 96 LH).

>   Eintragungsverfahren
>   Grundbuchamt / Notar — Institutionalisierte Zusammenarbeit

✔ Vorvertrag — *Precontrato*, *Contrato Preliminario*

Ein Vorvertrag ist nach spanischem Recht ein wirksamer, verpflichtender Vertrag, der zum Abschluß eines von den Parteien gewollten Vertrages verpflichtet. Der Vorvertrag muß, um wirksam zu sein, dieselben Vertragsbestandteile enthalten wie Verträge im allgemeinen. Darüber hinaus muß sich aus dem Vorvertrag die Rechtsnatur des angestrebten abzuschließenden Vertrages ergeben.

Für die spanische Lehre sind notwendige Vertragsbestandteile (essentialia negotii): die Einigung der Vertragsparteien, ein bestimmtes Objekt als Gegenstand des Vertrages und die Angabe des Rechtsgrundes der eingegangenen Verpflichtung.

>   *Arras* — Draufgeld
>   *Escritura*
>   Kaufoptionsvertrag — *Contrato de opción de compra*
>   Kaufversprechen — *Promesa de venta*
>   Privatschriftlicher Kaufvertrag

✔ Wasserlieferungsverträge

Der Anschluß an das öffentliche Wassernetz setzt voraus, daß eine sog. Bewohnbarkeitsbescheinigung *(Cédula de Habitabilidad)* vorgelegt wird. Erst dann ist die Wassergesellschaft berechtigt, einen Vertrag mit dem einzelnen Grundstückseigentümer abzuschließen.

> Bewohnbarkeitsbescheinigung — *Cédula de Habitabilidad*

✔ Wegerecht

Beim Wegerecht der Art. 564 ff. CC handelt es sich um eine gesetzliche Dienstbarkeit. Danach kann derjenige, dessen Grundstück von fremden Grundstücken ohne Zugang zu einem öffentlichen Weg umschlossen ist, ein Wegerecht beanspruchen. Der Weg muß so gewählt werden, daß das belastete Grundstück möglichst wenig beeinträchtigt wird; außerdem ist Entschädigung zu leisten.

Überraschungen kann auch das Recht zum Durchzug von Viehherden mit sich bringen. Es kann auf alten Rechten bzw. Gewohnheitsrechten beruhen, die den Durchzug in einer Breite bis zu 75 Metern (Art. 570 Abs. 2 CC) gestatten können.

> Grundbuchsystem
> Gutglaubensschutz des Erwerbers

✔ Weiterverkauf von Immobilien

In der Praxis erfolgt der Weiterverkauf von Immobilien zumeist gleichfalls an nichtresidente Landsleute. Die Verkäufer bestehen in diesem Fall zumeist darauf, daß der Kaufpreis im Ausland, also z.B. in der Bundesrepublik, gezahlt wird. Bevor der potentielle Käufer sich auf diesen Vorschlag einläßt, möge er, um spätere unangenehme Überraschungen zu vermeiden, die devisen– und grundbuchrechtliche Situation der Immobilie genauestens überprüfen. Wenn sich herausstellt, daß die bestehenden Vorschriften erfüllt und die entsprechenden Eintragungen erfolgt sind, bestehen grundsätzlich keine Bedenken gegen eine Kaufpreiszahlung im Ausland.

→   →   *Retención*

Allerdings ist ab 01.01.1992 eine Haftung des Käufers für eventuelle Steuerschulden des nichtresidenten Verkäufers in Höhe von 5% des verbrieften Kaufpreises eingeführt worden. Der Käufer ist insoweit verpflichtet, 5% des notariell beurkundeten Kaufpreies einzubehalten und an das spanische Finanzamt abzuführen. Der 5%ige Steuereinbehalt ist nicht vorzunehmen, wenn der Verkäufer zum 31.12.1996 bereits mehr als 10 Jahre Eigentümer der Immobilie war und seitdem auch keine Neu–, Um– oder Anbauten vorgenommen hat. Der Käufer sollte sich daher vor Kaufpreiszahlung informieren, ob der Steuereinbehalt in Höhe von 5% vorzunehmen ist oder nicht.

>   Beurkundung von Grundstückskaufverträgen
       vor ausländischen Notaren
>   Immobilienbesteuerung in Spanien

✔ **Wohnungseigentum — *Propiedad Horizontal***

Das spanische Wohnungseigentumsgsgesetz regelt in seinen 24 Artikeln sowie Zusatzbestimmungen die Rechte und Pflichten der Wohnungseigentümer in bezug auf das Sonder– und Gemeinschaftseigentum.

Es ist in seinen Grundsätzen durchaus vergleichbar mit dem deutschen Wohnungseigentumsgesetz. Es regelt, was man darf und was man nicht darf, ohne allzu sehr ins Detail zu gehen. Zu den Pflichten der Wohnungseigentümer gehört insbesondere auch die anteilige Zahlung von Strom, Steuern und Verwaltungskosten. Ein zentrales Anliegen dieses 1999 reformierten Gesetzes ist u.a. sicherzustellen, daß die Eigentümergemeinschaften auf möglichst effektive und schnelle Weise ihre offenstehenden Forderungen gegenüber ihren säumigen Eigentümern eintreiben können. So wurde im Zuge der Reform ein vereinfachtes, beschleunigtes Gerichtsverfahren zur Eintreibung der Schulden säumiger Eigentümer eingeführt. Ferner ist der Notar bei Protokollierung eines Kaufvertrages über Wohnungseigentum nunmehr grundsätzlich verpflichtet, von dem Verkäufer die Vorlage einer vom Sekretär und Präsidenten der Eigentümergemeinschaft ausgestellten Bescheinigung über den aktuellen Schuldenstand des Verkäufers gegenüber der Eigentümerversammlung zu verlangen. Sekretär und Präsident haften für die Richtigkeit der Bescheinigung. Im Wege der Gesetzesreform wurde das Prinzip der Einstimmigkeit für Entscheidungen der Eigentümerversammlung bezüglich bestimmter Punkte — wie z.b. Aufzug, Hausmeister — zugunsten einer Mehrheitsentscheidung von 3/5 weiter eingeschränkt (Art. 17 LPH). Auch wird die Bildung eines Rücklagenfonds nunmehr gesetzlich vorgeschrieben, und die Annahme des Amtes des Präsidenten wird zur Pflicht eines jeden Eigentümers erklärt.

> Eigentümergemeinschaften
> Eigentümerverpflichtungen
> Eigentümerversammlung
> Geschäftsraumeigentum
> Kauf von Wohnungseigentum
> Umlagen
> Urbanisationen

✔ **Wohnungs– und Nutzrecht**

Art. 524 CC bietet die Möglichkeit, einem Dritten ein Wohnungs– und Nutzrecht einzuräumen. Dieses Recht ist individuell ausgestaltet, weil es sich nach den Bedürfnissen des Berechtigten richtet. Es handelt sich hierbei um ein höchstpersönliches Recht, das weder pfändbar noch mit einer Hypothek belastbar ist (Art. 108 Nr. 3 LH).

> Nießbrauch — *Usufructo*

✔ **Zahlungsquittung — *Carta de Pago***

Der notarielle Kaufvertrag muß alle wesentlichen Elemente enthalten. Hierzu gehört auch die Zahlungsquittung (Art. 10 LH). Ist bei Protokollierung des öffentlichen Kaufvertrages *(Escritura Pública de Compraventa)* der Kaufpreis noch nicht vollständig entrichtet worden, so werden Ratenzahlungen und deren Fälligkeit ausdrücklich im Kaufvertrag aufgeführt. Der Verkäufer sollte sich durch eine Vertragsauflösungsklausel *(Cláusula Resolutoria)* oder eine erstrangige Restkaufpreishypothek für den Fall der Nichtzahlung absichern.

Gemäß Art. 58 RH muß der Verkäufer bei vollständiger Zahlung des Kaufpreises die sog. Zahlungsquittung *(Carta de Pago)* grundsätzlich in notarieller Form erklären. Diese Urkunde ist dem Grundbuchamt zwecks Eintragung vorzulegen.

> Eintragungsverfahren
> Notarieller Vertrag — *Escritura Pública*
> Ratenzahlungskauf

✔ **Zurückbehaltungsrecht**

Nach Art. 1466 und 1467 CC hat der Verkäufer ein Zurückbehaltungsrecht an der Kaufsache, wenn sie sich noch in seiner Gewalt befindet. Das bedeutet, daß er die Übergabe verweigern kann, wenn ihm nicht gleichzeitig der Kaufpreis angeboten wird und er mit dem Käufer keine gegenteilige Abrede gemäß Art. 1500 Abs. 2 über den Zahlungszeitpunkt getroffen hat. Bei Grundstückskaufverträgen wird häufig Ratenzahlung vereinbart. Dann aber ist der Verkäufer, wenn hinsichtlich der Fälligkeit der Übergabeverpflichtung nicht anderes vereinbart ist, vorleistungspflichtig. Bei Insolvenz des Käufers ist der Verkäufer nicht verpflichtet, die Sache zu übergeben (Art. 1467 CC).

✔ **Zusammenlegung von Grundstücken**
  — *Agrupación*

Zwei oder mehr rechtlich selbständige Grundstücke, die zusammengelegt werden, erhalten eine neue Grundbuchbezeichnung und werden danach als ein einziges Grundstück geführt, wobei das zusammengelegte Grundstück eine neue Grundstücksbezeichnung erhält (Art. 45 RH). Die Zusammenlegung von Grundstücken erfolgt zu notarieller Urkunde und löst eine sogenannte Stempelsteuer in Höhe von 0,5 % aus.

✔ **Zwangsversteigerung**

In Einzelfällen ist es in Bezug auf Immobilienobjekte von Ausländern in Spanien zu Eigentumsverlusten durch Zwangsversteigerung gekommen, da diese ihren steuerlichen Verpflichtungen nicht nachgekommen waren. In jenen Fällen hatten die Eigentümer es versäumt, einen Steuerbevollmächtigten zu benennen, so daß sie keine Kenntnis von der Eintragung der Zwangshypothek und den entsprechenden Anordnungen zur Zwangsversteigerung erhielten. Es empfiehlt sich deshalb im eigenen Interesse eines jeden Immobilieneigentümers, der spanischen Steuerverwaltung einen in Spanien ansässigen Steuerbevollmächtigten zu benennen. Im Wege des Lastschriftverfahrens können fällige Steuern vom spanischen Bankkonto des ausländischen Immobilienbesitzers abgebucht werden. Dies ist eine zusätzliche Sicherungsmöglichkeit gegen unerwartete Schicksalsschläge wie die eines Eigentumsverlusts.

> Hypothek — *Hipoteca*
> Kauf einer Immobilie in der Zwangsversteigerung

Courage   Dechant
González   Lampreave
Wolf

ST€UERFIBEL
SPANIEN

Erläuterungen
Steuertexte
Formulare
Glossarium

€ 50,-

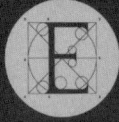

edition für internationale wirtschaft
verlags- und kommunikations gmbh

Herausgegeben in Zusammenarbeit
mit der Amtlichen Spanischen
Handelskammer für Deutschland

Frankfurt a. M.   *2000*

I. *Código Civil**

● **Artikel 10**

→ Ziffer 1

Besitz, Eigentum und sonstige Rechte an unbeweglichen Sachen richten sich, ebenso wie ihre Publizität, nach dem Recht des Ortes, an dem sie gelegen sind. Das gleiche Recht findet auf bewegliche Sachen Anwendung.

→ Ziffer 5

Auf vertragliche Schuldverhältnisse findet das Recht Anwendung, dem die Parteien sich ausdrücklich unterstellt haben, vorausgesetzt, dieses hat irgendeine Beziehung zu dem betreffenden Geschäft; mangels eines solchen gilt das gemeinsame Heimatrecht der Parteien; fehlt (auch) ein solches, so gilt dasjenige des gemeinsamen gewöhnlichen Aufenthalts und zuletzt das Recht des Abschlußorts des Vertrages.

Ungeachtet der Bestimmungen des vorstehenden Absatzes wird in Ermangelung einer ausdrücklichen Rechtswahl auf Verträge über unbewegliche Sachen das Recht ihres Lageortes angewendet sowie auf Kaufverträge über bewegliche Sachen, die in Handelsniederlassungen vorgenommen werden, das Recht des Ortes, an dem diese ihren Sitz haben.

→ Ziffer 7

Schenkungen unterliegen stets dem Heimatrecht des Schenkers.

● **Artikel 11**

→ Ziffer 1

Formen und Förmlichkeiten von Verträgen, Testamenten und sonstigen Rechtshandlungen bestimmen sich nach dem Recht des Landes, in dem sie zustande kommen. Sie sind jedoch auch dann gültig, wenn sie in den Formen und Förmlichkeiten des inhaltlich auf sie anwendbaren Rechts durch-

---

* Die deutsche Übersetzung wurde mit freundlicher Genehmigung des Autors entnommen aus: **Peuster**, Witold — Spanisches Zivilgesetzbuch (Código Civil), Köln 1979.

geführt werden; das gleiche gilt auch für Formen und Förmlichkeiten aufgrund des Heimatrechts des Verfügenden oder im Fall der Vornahme durch mehrere aufgrund deren gemeinschaftlichen Rechts. In gleicher Weise sind Handlungen und Verträge über unbewegliche Sachen wirksam, wenn sie in Übereinstimmung mit den Formen und Förmlichkeiten des Belegenheitsortes zustande gekommen sind.

● **Artikel 348**

Das Eigentum ist das Nutzungs– und Verfügungsrecht an einer Sache, das keinen weiteren Beschränkungen unterliegt, als in den Gesetzen bestimmt ist. Der Eigentümer hat einen Herausgabeanspruch gegen den Inhaber und den Besitzer einer Sache.

● **Artikel 530**

Die Dienstbarkeit ist eine Belastung an einem Grundstück zugunsten eines anderen, das einem anderen Eigentümer gehört. Das Grundstück, zu dessen Gunsten die Dienstbarkeit begründet wurde, heißt herrschendes Grundstück; dasjenige, das belastet ist, heißt dienendes Grundstück.

● **Artikel 606**

Eigentumstitel und andere dingliche Rechte an Grundstücken, die nicht gehörig im Eigentumsregister eingetragen oder vermerkt sind, können Dritten nicht entgegengehalten werden.

● **Artikel 609**
→ Absatz 2

Das Eigentum und die übrigen Rechte an Sachen werden erworben und übertragen ... als Folge bestimmter Verträge mittels Übergabe.

● **Artikel 633**

Damit die Schenkung einer unbeweglichen Sache wirksam ist, muß sie in öffentlicher Urkunde geschehen, wobei in ihr im einzelnen die geschenkten Güter und der Wert der Lasten aufgeführt werden, die der Beschenkte bezahlen muß. Die Annahme kann auf der Schenkungsurkunde selbst erklärt werden oder auf einer anderen, getrennten Urkunde; sie ist aber nicht wirksam, wenn sie nicht zu Lebzeiten des Schenkers erklärt worden ist. Wird die Annahme auf einer getrennten Urkunde erklärt, so muß sie dem Schenker in öffentlich beglaubigter Form mitgeteilt werden, und diese Maßnahme wird auf beiden Urkunden vermerkt.

● **Artikel 1124**
Die Berechtigung zur Auflösung von gegenseitigen Verträgen versteht sich als stillschweigend vereinbart für den Fall, daß einer der Vertragspartner nicht erfüllt, was ihm obliegt. Der Geschädigte hat ein Wahlrecht zwischen Erfüllung oder Auflösung der Verbindlichkeit, wobei jeweils ein Schadensersatz– und Zinsanspruch besteht. Er kann auch die Auflösung verlangen, nachdem er sich schon für die Erfüllung entschieden hatte, wenn sich diese als unmöglich herausstellt. Das Gericht spricht die geltend gemachte Auflösung aus, falls keine rechtfertigenden Gründe vorliegen, die es ihm gestatten, eine Frist zu bestimmen.

● **Artikel 1153**
Der Schuldner kann sich nicht durch Zahlung einer Vertragsstrafe von der Erfüllung seiner Verbindlichkeit befreien, es sei denn, dieses Recht ist ihm ausdrücklich vorbehalten worden. Ferner kann der Gläubiger nicht zugleich die Erfullung der Verbindlichkeit und die Zahlung der Vertragsstrafe verlangen, ohne daß ihm diese Befugnis eindeutig gewährt wurde.

● **Artikel 1216**
Öffentliche Urkunden sind solche, die vor einem Notar oder einem zuständigen öffentlichen Beamten unter Wahrung der gesetzlich vorgeschriebenen Förmlichkeiten aufgenommen worden sind.

● **Artikel 1261**
Ein Vertrag liegt nur vor, wenn die folgenden Voraussetzungen zusammentreffen:
1. Einigung der Vertragsschließenden;
2. ein bestimmter Gegenstand, der Inhalt des Vertrages ist;
3. der Grund für die Verpflichtung, die eingegangen wird.

- **Artikel 1278**

Verträge sind verbindlich, wenn die sachlichen Erfordernisse erfüllt sind, gleich in welcher Form sie abgeschlossen werden.

- **Artikel 1279**

Verlangt das Gesetz den schriftlichen oder sonst besonders förmlichen Abschluß zum Eintritt der dem Vertrag eigenen Bindungswirkung, so können die Vertragsschließenden sich gegenseitig dazu zwingen, diese Form zu erfüllen, wenn die Willenseinigung und die sonstigen Gültigkeitserfordernisse gegeben sind.

- **Artikel 1280**

Es müssen in öffentlicher Urkunde vorgenommen werden: Erklärungen und Verträge, deren Gegenstand die Schaffung, Übertragung, Abänderung oder Aufhebung von dinglichen Rechten an Grundstücken ist.

- **Artikel 1445**

Durch den Kauf– und Verkaufsvertrag verpflichtet sich ein Vertragsteil, eine bestimmte Sache zu übergeben, und der andere, hierfür einen bestimmten Preis zu zahlen.

- **Artikel 1450**

Der Kaufvertrag kommt zwischen Käufer und Verkäufer zustande und ist für beide Teile verbindlich, wenn diese eine Übereinkunft erzielt haben über die Sache, die Gegenstand des Vertrages ist, wie auch über den Preis, auch wenn weder das eine oder noch das andere übergeben worden ist.

- **Artikel 1451**
→ Absatz 1

Das Versprechen, zu verkaufen oder zu kaufen, gibt, wenn Einigkeit über die Sache und über den Preis besteht, den Vertragsschließenden das Recht, voneinander die Erfüllung des Vertrages zu fordern.

● **Artikel 1454**

Wenn bei einem Kaufvertrag ein Handgeld oder eine Draufgabe gewährt worden ist, kann der Vertrag aufgelöst werden, indem sich der Käufer mit dessen Verlust oder der Verkäufer mit dessen doppelter Rückgewähr einverstanden erklärt.

● **Artikel 1462**

→ Absatz 2

Wird der Kaufvertrag mittels öffentlicher Urkunde geschlossen, so steht deren Ausfertigung der Übergabe der Sache, welche Gegenstand des Vertrages ist, gleich, wenn sich nicht aus der Urkunde selbst das Gegenteil ergibt oder unzweideutig folgern läßt.

● **Artikel 1504**

Beim Verkauf von unbeweglichen Sachen kann der Käufer, selbst wenn vereinbart worden ist, daß bei Ausbleiben der Zahlung des Kaufpreises zur vereinbarten Zeit die Auflösung des Vertrages mit allen Rechtsfolgen stattfindet, auch nach Fristablauf zahlen, solange er nicht gerichtlich oder durch notarielle Urkunde gemahnt worden ist. Nach erfolgter Aufforderung kann der Richter ihm keine neue Frist gewähren.

II. Spanisches Hypothekengesetz — *Ley Hipotecaria*

● **Artikel 1**

Zweck des Grundbuchs ist die Einschreibung oder Anmerkung von Verfügungen oder Verträgen, die sich auf das Eigentum und auf andere dingliche Rechte an unbeweglichen Sachen beziehen. Die Eintragungen und Anmerkungen erfolgen in dem Grundbuchamt, in dessen Gebiet sich die Liegenschaften befinden.

III. Gesetz Nr. 57 vom 27.7.1968 über den Empfang von Anzahlungen beim Bau und Verkauf von Wohnungen und deren Versicherung

● **Artikel 1**

Natürliche und juristische Personen, die die Errichtung von nicht öffent-lich geförderten, zum dauernden oder zeitweiligen, Neben– oder behelfs-mäßigen Wohnsitz dienenden Wohnungen fördern und die von den Über-nehmern Geldzahlungen vor Baubeginn oder während des Baus fordern, müssen folgende Bedingungen erfüllen:

1. Gewährleistung der Rückgabe der gezahlten Beträge nebst 6% Jah-reszinsen entweder durch einen Versicherungsvertrag, der von einer im Register der *Subdirección General de Seguros* eingeschriebenen und auto-matisierten Versicherungsfirma ausgestellt worden ist, oder durch gesamt-schuldnerische Wechselbürgschaft einer im Bankregister eingetragenen Körperschaft oder Sparkasse für den Fall, daß der Bau aus irgendeinem Grunde nicht in der vereinbarten Zeit begonnen oder zu Ende geführt wor-den ist.

2. Einnahme der von den Erwerbern vorausgezahlten Beträge durch ein Bankinstitut oder eine Sparkasse, bei welchen die Beträge auf ein Sonder-konto, getrennt von allen anderen, dem Unternehmer gehörenden Geldern eingezahlt werden müssen; über diese Beträge kann er nur zur Erfüllung der mit dem Wohnungsbau in Zusammenhang stehenden Aufgaben verfü-gen. Bei der Eröffnung dieser Konten oder Depots verlangt die Bank oder Sparkasse auf eigene Verantwortung die in der vorigen Ziffer genannte Sicherheit.

● **Artikel 2**

In den Wohnungserwerbsverträgen, auf die sich Art. 1 dieser Anordnung bezieht, in denen die Zahlung von Vorauszahlungen an den Unternehmer vereinbart wird, muß ausdrücklich festgehalten werden:

a) Daß der Verkäufer sich zur Rückzahlung der erhaltenen à–Konto–Beträge nebst 6% Jahreszinsen an den Käufer für den Fall verpflichtet, daß der Bau nicht innerhalb der vereinbarten, im Vertrag festgelegten Fristen begonnen oder fertiggestellt wird oder falls die Bewohnbarkeitsbescheinigung nicht erteilt wird.

b) Bezugnahme auf die in Ziffer 1 des vorigen Artikels bezeichnete Bürgschaft oder den Versicherungsvertrag, mit Angabe der bürgenden oder versichernden Firma.

c) Bezeichnung der Bank oder Sparkasse sowie des Kontos, auf das der Käufer die Beträge zahlen muß, die er sich aufgrund des abgeschlossenen Vertrages zu zahlen verpflichtet hat.

Bei Ausfertigung des Vertrages übergibt der Verkäufer dem Käufer die Urkunde mit dem Sicherheitennachweis, einzeln spezifiziert nach den Beträgen, die auf den Preis im voraus zu zahlen sind.

● **Artikel 3**

Ist die Frist für den Baubeginn oder die Wohnungsübergabe abgelaufen, ohne daß das eine oder andere stattgefunden hat, kann der Käufer wählen zwischen der Auflösung des Vertrages, verbunden mit einer Rückgabe der geleisteten Vorauszahlungen nebst 6% Jahreszinsen, oder der Gewähr eines Aufschubs für den Verkäufer, der in einer Zusatzklausel zum geschlossenen Vertrag unter Bezeichnung der neuen Frist mit Angabe des Datums der Fertigstellung und der Wohnungsübergabe festgelegt wird ...

● **Artikel 7**

Die Rechte, welche das vorliegende Gesetz dem Käufer einräumt, sind unverzichtbar.

Löber / Wendland / Fröhlingsdorf

DIE NEUE SPANISCHE GMBH

Ein Handbuch für den Praktiker

2. neubearbeitete Auflage

€ 50,–

edition für internationale wirtschaft
verlags- und kommunikations gmbh

J. M. Bosch Editor, S.A., Barcelona

Cámara de Comercio Alemana para España
Deutsche Handelskammer für Spanien,
Madrid

Frankfurt am Main · Barcelona · Madrid 2001

C. Abkürzungsverzeichnis

ABl.	Amtsblatt (der EU)	EU	Europäische Union
Abs.	Absatz	EuGVÜ	EWG–Übereinkommen
AGB	Allgemeine Geschäfts-		über die gerichtliche
	bedingungen		Zuständigkeit und die
API	Agente de la Propiedad		Vollstreckung gericht-
	Inmobiliaria		licher Entscheidungen
Art.	Artikel (artículo)		in Zivil– und Handels-
Aufl.	Auflage		sachen
		evtl.	eventuell
BGB	Bürgerliches Gesetz-	EWG	Europäische Wirt-
	buch		schaftsgemeinschaft
BGBl.	Bundesgesetzblatt		
BGH	Bundesgerichtshof	ff.	folgende (Seiten)
BGHZ	Entscheidungen des		
	Bundesgerichtshofs in	ggf.	gegebenenfalls
	Zivilsachen	GmbH	Gesellschaft mit be-
BOE	Boletín Oficial del		schränkter Haftung
	Estado		
bspw.	beispielsweise	ha	Hektar
bzgl.	bezüglich		
		IAJD	Impuesto sobre Actos
CC	Código Civil		Jurídicos Documenta-
CDCC	Codi Dret Civil de		dos
	Catalunya	IBI	Impuestos sobre
CP	Código Penal		Bienes Inmuebles
		IPR	Internationales Privat-
D.	Don		recht
DGTE	Dirección General de	IPRspr.	IPR–Rechtsprechung
	Transacciones Exterio-	i.S.	im Sinne
	res	ISD	Impuesto sobre Suce-
d.h.	das heißt		siones y Donaciones
DM	Deutsche Mark	ITP	Impuesto sobre Trans-
DOGC	Diari Oficial de la Ge-		misiones Patrimonia-
	neralitat de Catalunya		les
		IVA	Impuesto sobre el
EGBGB	Einführungsgesetz zum		Valor Añadido
	Bürgerlichen Gesetz-		
	buch	iVm	in Verbindung mit

JW	Juristische Wochenschrift
LAU	Ley de Arrendamientos Urbanos
LBS	Landesbausparkasse
LCU	Ley General para la Defensa de los Consumidores y Usuarios
LE	Ley de Extranjería
LEC	Ley de Enjuiciamiento Civil
LH	Ley Hipotecaria
LIP	Ley del Impuesto sobre el Patrimonio de las Personas Físicas
LIRPF	Ley del Impuesto sobre la Renta de las Personas Físicas
LIRPFN	Ley del Impuesto sobre la Renta de las Personas No Residentes
lit.	litera
LITP	Ley sobre el Impuesto de Transmisiones Patrimoniales
LPH	Ley de Propiedad Horizontal
LRHL	Ley Reguladora de las Haciendas Locales
LRSV	Ley sobre Regimén del Suelo y la Valoraciones
Mio.	Million(en)
n.F.	neue Fassung
NIE	Número Personal de Identificación de Extranjeros
NIF	Número de Identificación Fiscal
NOF	Número de Operación Financiera
Nr.	Nummer
OLG	Oberlandesgericht
Pts.	Pesetas (span. Peseten)
RD	Real Decreto
RDL	Real Decreto Legislativo
RDIE	Real Decreto sobre Inversiones Extranjeras
RDL	Real Decreto–Ley
R.G.L.J.	Revista General de Legislación y Jurisprudencia
RH	Reglamento de la Ley Hipotecaria
RITP	Reglamento sobre el Impuesto de Transmisiones Patrimoniales
RIW	Recht der Internationalen Wirtschaft
S.	Seite
sog.	sogenannte(r), (s)
TS	Tribunal Supremo
u.a.	unter anderem
u.U.	unter Umständen
vgl.	vergleiche
WEG	Wohnungseigentümergemeinschaft
Ziff.	Ziffer
ZPO	Zivilprozessordnung

D. Literaturverzeichnis

Botía Valverde, Antonio
La Protección del comprador de pisos en construcción. La Notaría 9/1998.

Contijoch Pratsdesaba, Ramón
La Compraventa de inmuebles — Problemas y soluciones. 1996.

Frankenheim, Christoph
Das deutsche Grundbuch und das spanische Eigentumsregister. Frankfurt 1985.

Gantzer, Peter
Spanisches Immobilienrecht. 8. Auflage, Frankfurt 1999.

García Gil, F. Javier
La compraventa de vivienda. 2. Auflage, 1997.

González Pérez, Jesús
Comentarios a la Ley sobre Régimen del suelo y valoraciones. Madrid 1998.

Höhne, Hans–Hellmut
Grundbesitz in Katalonien. Castell d'Aro 1998.

Huzel, Erhard
Vertragsauflösung wegen Nichterfüllung im span. Recht. Frankfurt 1993.

Immerschmitt, Jörn
Die Haftung des Bauunternehmers für Mängel. Eine rechtsvergleichende Studie zum spanischen und deutschen Recht. Frankfurt 1999.

Inversor Ediciones / Colegios Notariales de España
Los consejos del Notario.

Löber, Burckhardt
Erben und Vererben in Spanien. 3. Auflage, Frankfurt 1998.

Löber, Burckhardt
Ausländer in Spanien. 5. Auflage, Frankfurt 2000.

Löber, Burckhardt
Abkommen Deutschland/Spanien über Urteilsvollstreckung, Niederlassung, Doppelbesteuerung, technische Zusammenarbeit. 4. Auflage, Frankfurt 1988.

Löber, Burckhardt / **Pérez**, Antonio
Wohnungseigentum in Spanien. 4. Aufl., Frankfurt 2000.

López Jacoiste, José Javier
Tradition und Grundbuch im spanischen System der Übertragung von
Grundstücken. NJW 1966, 1009 ff.

Loscertales Fuertes, Daniel
Los Arrendamientos Urbanos. 1995.

Lozano Romeral, Diego / **Fuentes Bardají**, Joaquín de
Todo sobre la nueva Ley de Arrendamientos Urbanos. 1994.

Lüdemann, Peter / **Plattes**, Willi
Immobilienerwerb in Spanien. Europäisches Institut für Steuerrecht, Palma
de Mallorca / Rügen / München. 2. Auflage, 1999.

Maroto Sáez, Amelia
Tributación de Inmuebles de No Residentes. 2. Auflage, 1997.

Molina García, Antonio
La Resolución de la Compraventa de Inmuebles. Granada 1985.

Navarro Pérez, José Luis
La compraventa civil, Antecedentes, comentario doctrinal, jurisprudencia y
formularios. Granada 1993.

Ningelgen, Susanne
Formvorschriften im spanischen Recht. Frankfurt 1992.

Peuster, Witold
Spanisches Zivilgesetzbuch (Código Civil). Deutsche Übersetzung: Köln
1979.

Plans Sanz de Bremond, José María
Diccionario Práctico–Asesor de la Propiedad y Copropiedad Inmobiliaria.
Madrid 1975.

Prinz von Sachsen Gesaphe, Karl August
Aspekte der Sicherung des Verkäufers und Drittfinanzierers beim
Immobilienerwerb nach spanischem Recht. RIW 1991, 474 ff.

Prinz von Sachsen Gesaphe, Karl August
Der Grundstückserwerb im spanischen Recht. RIW 1991, 299 ff.

Reckhorn–Hengemühle, Monika
Grundstückskauf in Spanien. ZVglRWiss 90 (1991), 155 ff.

Reichmann, Armin
Praktische Probleme bei der Verwendung von Vollmachten im deutsch–
spanischen Rechtskreis. 3. Aufl., informaciones 1996.

Reichmann, Armin
Immobilienerwerb in Spanien. Bonn 1998.

Reithmann, Christoph / **Martiny**, Dieter
Internationales Vertragsrecht. 5. Aufl., Köln 1996.

Rivas Andrés, Rafael
La retención del 5% del precio o contraprestación en las transmisiones de inmuebles por 'no residentes'. La Notaría 7–8/1997.

Rodríguez López, Felix
Dictámenes sobre Problemas Prácticos de Derecho Inmobiliario. Comares 1990.

Sarrate i Pou, Joaquim
Formprobleme bei Grundstücksveräußerungen im deutsch–spanischen Rechtsverkehr. Frankfurt 1998

Schomerus, Andreas
Time–Sharing in Spanien. Frankfurt 1999.

Schöllhorn, Peter
Ferienimmobilien in Spanien. Freiburg 1996.

Selling, Heinz–Jürgen
Änderungen im spanischen Steuer–, Sozialversicherungs–, Bilanz– und Wirtschaftsrecht 1990/1991. RIW 1991, 479 ff.

Selling, Heinz–Jürgen
Kommentar zum DBA–Spanien. Frankfurt 1986

Serrano Chamorra, María Eugenia
Cambio de solar por edificación futura. Pamplona 1999.

Vilalta, A. Esther / **Méndez**, Rosa M.
Defectos en la construcción y Acción de responsabilidad decenal. Barcelona 1998.

Vilalta, A. Esther / **Méndez**, Rosa M.
Procedimientos sobre el Registro de la Propiedad. Barcelona 1998.

Wendland, Manfred / **Schlüter**, Harald
Mieten und Vermieten in Spanien. Frankfurt 2000 (in Vorbereitung).

Zoforteza Socias, José María
Abc de los arrendamientos urbanos. Barcelona 1996.

Löber

ERBEN UND VERERBEN IN SPANIEN

3. Auflage

€ 38,–

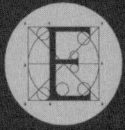

edition für internationale wirtschaft
Frankfurt 1998

E. Normenregister

→ Zivilprozeßordnung, Ley de Enjuiciamiento Civil (LEC), vom **3.2. 1881**, Gaceta Nr. 36–58 vom 5.2. – 22.2.1881.

→ Zivilgesetzbuch, Código Civil (CC), vom **24.7.1889**, Gaceta Nr. 206 vom 25.7.1889.

→ Gesetz zur Verhinderung des Wuchers, Ley de Represión de la Usura, vom **23.7.1908**, Gaceta Nr.205 vom 24.7.1908.

→ Statute der Architektenkammern von Spanien, Estatutos de los Colegios de Arquitectos de España, durch Decreto vom **13.6.1931**, Gaceta Nr. 113 vom 14.6.1931.

→ Hypothekengesetz, Ley Hipotecaria (LH), vom **8.2.1946**, BOE Nr. 58 vom 27.2.1946.

→ Ausführungsverordnung zum Hypothekengesetz, Reglamento de la Ley Hipotecaria (RH), Decreto vom **14.2.1947**, BOE Nr.106 vom 16.4.1947.

→ Haager Abkommen über den Zivilprozess, Convenio de la Haya sobre Procedimiento Civil, vom **1.3.1954**, BGBl. 1958 II 576 bzw. BOE Nr. 297 vom 13.12.1961.

→ Enteignungsgesetz, Ley de Expropiación Forzosa vom **16.12.1954**, BOE Nr. 351 vom 17.12.1954.

→ Verordnung über die Dienste der Gebietskörperschaften, Reglamento de Servicios de las Corporaciones Locales, Decreto vom **17.6.1955**, BOE Nr. 196 vom 15.7.1955.

→ Decreto über die Änderung der Verordnung der Städtischen Liegenschaftskammern (sobre Modificación del Reglamento de Cámeras Oficiales de la Propiedad Urbana) vom **2.2.1956**, BOE vom 6.4.1956.

→ Ausführungsverordnung zum Enteignungsgesetz, Reglamento de la Ley de Expropiación Forzosa, Decreto vom **26.4.1957**, BOE Nr. 160 vom 20.6.1957.

→ Gesetz über Wohnungseigentum, Ley sobre Propiedad Horizontal (LPH), Gesetz 49/1960 vom **21.7.1960**, BOE Nr. 176 vom 23.7.1960.

→ Übereinkommen von Den Haag zur Befreiung ausländischer öffentlicher Urkunden von der Legalisation, Convenio sobre Supresión de Legalización de Documentos Públicos Extranjeros, vom **5.10.1961**, BGBl. 1965 II 875 bzw. BOE Nr. 229 vom 25.9.1978.

→ Verordnung über belästigende, gesundheitsschädliche, schädigende und gefährliche Betriebe, Reglamento sobre Industrias Molestas, Insalubres, Nocivas y Peligrosas, Decreto 2414/1961 vom **30.11.1961**, BOE Nr. 292 vom 7.12.1961.

→ Gesetz über Zentren und Zonen von nationalem touristischen Interesse, Ley sobre Centros y Zonas de Interés Turístico Nacional, Gesetz 197/1963 vom **28.12.1963**, BOE Nr. 313 vom 31.12.1963.

→ Abzahlungsgesetz, Ley reguladora de las Ventas a Plazos de Bienes Muebles, Gesetz 50/1965 vom **17.7.1965**, BOE Nr. 173 vom 21.7.1965.

➔   Gesetz über Gemeinschaftsantennen, Ley sobre Antenas Colectivas, Gesetz 49/1966 vom **23.7.1966**, BOE Nr. 176 vom 25.7.1966 (inzwischen aufgehoben).

➔   Abkommen zwischen der Bundesrepublik Deutschland und dem Spanischen Staat zur Vermeidung der Doppelbesteuerung und zur Verhinderung der Steuerverkürzung bei den Steuern vom Einkommen und vom Vermögen (Deutsch–Spanisches Doppelbesteuerungsabkommen), Convenio entre la República Federal de Alemania y el Estado Español para evitar la Doble Imposición y prevenir la Evasión Fiscal en Materia de Impuestos sobre la Renta y sobre el Patrimonio, vom **5.12.1966**, BGBl. 1968 II 9 bzw. Boe Nr. 85 vom 8.4.1968.

➔   Gesetz über Vorauszahlungen beim Bau und Verkauf von Wohnraum ('Avalgesetz'), Ley que regula la Percepción de Cantidades Anticipadas en la Construcción y Venta de Viviendas, Gesetz 57/1968 vom **27.7.1968**, BOE Nr. 181 vom 29.7.1968.

➔   EWG–Übereinkommen über die gerichtliche Zuständigkeit und die Vollstreckung gerichtlicher Entscheidungen in Zivil– und Handelssachen, Convenio sobre la Competencia Judicial y Ejecución de Resoluciones Judiciales en Materia Civil, vom **27.9.1968** — EuGVÜ (Gerichtsstand), BGBl. 1972 II 773. Spanien hat die EuGVÜ–Fassung von 1989 ('Fassung von San Sebastián') ratifiziert, BOE Nr. 24 vom 28.1.1991, in welcher es mittlerweile auch in Deutschland mit Wirkung vom 1.12.1994 in Kraft ist (BGBl. 1994 II 518, 3707).

➔   Niederlassungsvertrag zwischen der Bundesrepublik Deutschland und dem Spanischen Staat (Deutsch–Spanisches Niederlassungsabkommen), Tratado de Establecimiento entre la República Federal de Alemania y el Estado Español, vom **23.4.1970**, BGBl. 1972 II 1041 bzw. BOE Nr. 286 vom 29.11.1972.

➔   Resolution vom 7.12.1971 der Dirección General Correos y Telecomunicaciones, Circular vom 9.12.1971 der Jefatura Principal Correos; beide zur Anbringung von Briefkästen an Gebäuden.

➔   Orden über Verträge des Staates und Preisindex für den Elektrizitätsverbrauch (sobre Conratos del Estado; Indices del Precio al Consumo de Electricidad) vom **24.2.1972**, BOE Nr. 50 vom 28.2.1972.

➔   Decreto über das Verfahren bei der Ausstellung von Bewohnbarkeitsbescheinigungen (sobre la Cédula de Habitabilidad, Procedimiento de Expedición, Decreto 469/1972 vom **24.2.1972**, BOE Nr. 56 vom 6.3.1972.

➔   Strafgesetzbuch, Código Penal, Neufassung durch Decreto 3096/1973 vom **14.9.1973**, BOE Nr. 297–300 vom 12.–17.12.1973 (mittlerweile reformiert).

➔   Gesetz über Militärzonen an Küsten und Grenzen, Ley sobre Zona Militar de Costas y Fronteras, Gesetz 8/1975 vom **12.3.1975**, BOE Nr. 63 vom 14.3.1975.

➔   Real Decreto, der das Gesetz über Boden und städtische Ordnung verabschiedet, Real Decreto 1346/1976, vom **9.4.1976**, por el que se aprueba el texto refundido de la Ley sobre Régimen del Suelo y Ordenación Urbana, BOE Nr. 144.

➜   Verordnung über Zonen und Einrichtungen von Interesse für die nationale Verteidigung, Reglamento de Zonas e Instalaciones de Interés para la Defensa Nacional, RD 689/1978 vom **10.2.1978**, BOE Nr. 89 vom 14.4.1978.

➜   Planungsverordnung zur Ausführung und Anwendung des Gesetzes über
Boden und städtische Ordnung, Reglamento de Planeamiento para el Desarrollo
y Aplicación de la Ley sobre Régimen del Suelo y Ordenación Urbana, RD
2159/1978 vom **23.6.1978**, BOE Nr. 221 und 222 vom 15. und 16.9.1978.

➜   Verordnung über urbanistische Disziplin zur Ausführung und Anwendung des Gesetzes über Boden und städtische Ordnung, Reglamento de Disciplina Urbanística para el Desarrollo y Aplicación de la Ley sobre Régimen del
Suelo y Ordenación Urbana, RD 2187/1978 vom **23.6.1978**, BOE Nr. 223
vom 18.9.1978.

➜   Verordnung über Urbanistische Geschäftsführung zur Ausführung und
Anwendung des Gesetzes über Boden und städtische Ordnung, Reglamento de
Gestión Urbanística para el Desarrollo y Aplicación de la Ley sobre Régimen
del Suelo y Ordenación Urbana, RD 3288/1978 vom **25.8.1978**, BOE Nr. 27
und 28 vom 31.1.1979 und 1.2.1979.

➜   Real Decreto über das Katasteramt (sobre Coordinación del Catastro Topográfico Parcelario con el Registro de la Propiedad Inmobiliaria), RD 1030 /
1980 vom **3.5.1980**, BOE Nr. 131 vom 31.5.1980.

➜   EWG–Übereinkommen über das auf vertragliche Schuldverhältnisse anzuwendende Recht vom **19.6.1980**, BGBl, 1986 II, S. 810.

➜   Real Decreto über die Vermietung von Appartements und Ferienwohnungen (sobre Ordenación de Apartamentos y Viviendas Vacacionales), RD
2877/1982 vom **15.10.1982**, BOE Nr. 269 vom 9.11.1982.

➜   Real Decreto über die Änderung der Hypothekenverordnung und der
Handelsregisterverordnung (por el que se modifica el Reglamento Hipotecario
y el Reglamento Mercantil), RD 3503/1983 vom **21.12.1983**, BOE Nr. 46
vom 23.2.1984.

➜   Gesetz über die Änderung des gesetzlichen Zinses von Geld, Ley sobre
Modificación del Tipo de Interés Legal del Dinero, Gesetz 24/1984 vom **29.
6. 1984**, BOE Nr. 158 vom 3.7.1984.

➜   Decret Legislatiu 1/1984 über die Neufassung der Kompilation des
Zivilrechts von Katalonien (pel qual s'aprova el Text Refós del Dret Civil de
Catalunya, CDCC) vom **19.7.1984**, DOGC Nr. 456 vom 27.7.1984.

➜   Verbraucherschutzgesetz, Ley General para la Defensa de los Consumidores y Usuarios (LCU), Gesetz 26/1984 vom **19.7.1984**, BOE Nr. 176 vom
24.7.1984.

➜   Ley 7/1985, vom **2.4.1985**, Ley reguladora de las Bases del Régimen
Local, BOE Nr. 80 vom 3.4.1985.

➜   Real Decreto–Ley über Maßnahmen der Wirtschaftspolitik (sobre Medidas de Política Económica), RDL 2/1985 vom **30.4.1985**, BOE Nr. 111
vom 9.5.1985.

➜   Richtlinie des Rates der Europäischen Gemeinschaft vom **10.6.1985**
für die gegenseitige Anerkennung der Diplome, Prüfungszeugnisse und sonstigen Befähigungsnachweise auf dem Gebiet der Architektur und für Maßnah-

men zur Erleichterung der tatsächlichen Ausbildung des Niederlassungsrechts und des Rechts auf freien Dienstleistungsverkehr (85/384/EWG), ABl. Nr. L 223/15 vom 21.8.1985.

➔ Verordnung über ausländische Investitionen in Spanien, Reglamento de inversiones extranjeras en España, RD 2077/1986 vom **25.9.1986**, BOE Nr. 240 vom 7.10.1986.

➔ Gesetz über die Schenkung– und Erbschaftsteuer vom **18.12.1987**, Ley 29/1987, BOE vom 19.12.1987.

➔ Gesetz über die Reform des Gesetzes 49/1960 vom 21.7.1960 über Wohnungseigentum, Ley de Reforma de la Ley 49/1960 de 21 de Julio sobre Propiedad Horizontal (LPH), Gesetz 2/1988 vom **23.2.1988**, BOE Nr. 50 vom 27.2.1988.

➔ Küstengesetz, Ley de Costas, Gesetz 22/1988 vom **28.7.1988**, BOE Nr. 181 vom 29.7. 1988.

➔ Gesetz über Aufsicht und Kontrolle bei Kreditinstituten, Ley sobre Disciplina e Intervención de las Entidades de Crédito, Gesetz 26/1988 vom **29.7.1988**, BOE Nr. 182 vom 30.7.1988.

➔ Gesetz über die Kommunalverwaltung, Ley Reguladora de las Haciendas Locales (LRHL), Gesetz 39/1988 vom **28.12.1988**, BOE Nr. 313 vom 30.12.1988.

➔ Gesetz über öffentliche Gebühren und Preise, Ley de Tasas y Precios Públicos, Gesetz 8/1989 vom **13.4.1989**, BOE Nr. 90 vom 15.4.1989.

➔ Real Decreto über den Schutz der Verbraucher hinsichtlich der zu verschaffenden Information bei Kauf– und Mietverhältnissen (sobre Protección de los Consumidores en cuanto a la Información a suministrar en la Compraventa y Arrendamiento), RD 515/1989 vom **21.4.1989**, BOE Nr. 117 vom 17. 4. 1989.

➔ Real Decreto über Leasing von Immobilien (sobre Arrendamiento Financiero de Inmuebles), RD 771/1989 vom **23.6.1989**, BOE Nr. 252 vom 27.7.1989.

➔ Real Decreto über die Anerkennung von Bescheinigungen, Diplomen und anderen Befähigungsnachweisen der Mitgliedstaaten sowie über die effektive Ausübung des Niederlassungsrechts und des Rechts auf freie Dienstleistung der Architekten (que regula el Reconocimiento de Certificados, Diplomas y otros Títulos de los Estados Miembros y el Ejercicio Colectivo del Derecho de Establecimiento y la Libre Prestación de Servicios de Arquitectos), RD 1081 / 1989 vom **28.8.1989**, BOE Nr. 214 vom 7.9.1989.

➔ Real Decreto über die Gebührenordnung der Notare (sobre Arancel de los Notarios), RD 1426/1989 vom **17.11.1989**, BOE Nr. 285 vom 28.11.1989

➔ Real Decreto über die Regelung der Steuernummer (sobre la regulación de la composición y forma de utilización del Número de Identificación Fiscal — LNIF), RD 338/1990 vom **9.3.1990**, BOE Nr. 63 vom 14.3.1990.

➔ Decreto Legislativo 79/1990 vom **6.9.1990**, mit dem die neubearbeitete Kompilation des Zivilrechts der Balearen verabschiedet wird, zuletzt reformiert durch das Gesetz 7/1993 vom 20. Oktober 1993.

➜ Gesetz 31/1990 vom **27.12.1990**, BOE Nr. 311 vom 28.12.1990 (Das Gesetz hat keinen Namen, da es als 'Sammelgesetz' zahlreiche Einzelbestimmungen enthält).

➜ Einkommensteuergesetz, Ley del Impuesto sobre la Renta de las Personas Físicas (LIRPF), Gesetz 18/1991 vom **6.6.1991**, BOE Nr. 136 vom 7.6.1991 (alte Fassung).

➜ Vermögensteuergesetz, Ley del Impuesto sobre el Patrimonio de las Personas Físicas (LIP), Gesetz 19/1991 vom **6.6.1991**, BOE Nr. 136 vom 7.6.1991.

➜ Real Decreto zur Festlegung der Länder und Gebiete [Steuerparadiese], auf die sich die Artikel 2 Abs. 3–4 des Gesetzes 17/1991 vom 27.5.1991 über dringende Steuermassnahmen und 62 des Gesetzes 31/1990 vom 27.12.1990 über den Staatshaushalt beziehen (que determina los Países y Territorios [Paraísos Fiscales] a que se refieren los artículos 2, 3–4 de la Ley 17/1991, de 27 de Mayo, de Medidas Fiscales Urgentes y 62 de la Ley 31/1990, de 27 de Diciembre, de Presupuestos Generales del Estado para 1991), RD 1080/1991 vom **5.7.1991**, BOE Nr. 167 vom 13.7.1991.

➜ Ley 29/1991 vom **16.12.1991** über die Anpassung bestimmter steuerlicher Konzepte an die Richtlinien und Verordnungen der EU, BOE vom 16. und 17.12.1991.

➜ Real Decreto über Außenwirtschaftsverkehr (sobre Transacciones Económicas con el Exterior — RDTE), RD 1816/1991 vom **20.12.1991**, BOE Nr. 310 vom 27.12.1991.

➜ Real Decreto über die Änderung der Hypothekenordnung auf dem Gebiet der außergerichtlichen Vollstreckung von Hypotheken (sobre Modificación del Reglamento Hipotecaria en Materia de ejecución Extrajudicial de Hipotecas), RD 290/1992 vom **27.3.1992**, BOE Nr. 99 vom 24.4. 1992.

➜ EWG–Übereinkommen von Funchal über den Beitritt des Königreichs Spanien und der Portugiesischen Republik zu dem am 19. Juni 1980 in Rom zur Unterzeichnung aufgelegten Übereinkommen über das auf vertragliche Schuldverhältnisse anzuwendende Recht vom **18.5.1992**, ABl. EU 1992, Nr. L 333, S. 1.

➜ Gesetz über Boden und städtische Ordnung, Ley sobre el Régimen del Suelo y Ordenación Urbana (LS), RDL 1/1992 vom **26.6.1992**, BOE Nr. 156 vom 30.6.1992 (in weiten Teilen durch Urteil 61/1997 des TS vom 20. März 1997 für verfassungswidrig erklärt).

➜ Real Decreto über ausländische Investitionen in Spanien (sobre Inversiones Extranjeras en España), RD 671/1992 vom **2.7.1992**, BOE Nr. 160 vom 4.7.1992 (heute außer Kraft).

➜ Resolución der Dirección General de Transacciones Exteriores vom **6.7.1992**, BOE Nr. 168 vom 14.7.1992.

➜ Resolución der Dirección General de Transacciones Exteriores vom **26.10.1992**, BOE Nr. 261 vom 30.12.1992.

➜ Grunderwerbsteuergesetz, Ley sobre el Impuesto de Transmisiones Patrimoniales y Actos Jurídicos documentados (LITP), RDL 1/1993 vom **24.9.1993**, BOE Nr. 251 vom 20.12. 1993.

➔   Gesetz über Steuern, öffentliche Beamte, Arbeitslosigkeit, Ley de impuestos, funcionarios públicos, desempleo, Gesetz 22/1993 vom **29.12. 1993**, BOE Nr. 313 vom 31.12.1993.

➔   Gesetz über Wechsel und Änderung von Hypothekendarlehen, Ley 2 / 1994 vom **30.3.1994**, BOE Nr. 80 vom 4.4.1994.

➔   Real Decreto Ley 8/1994 vom **5.8.1994**, über den die städtischen Liegenschaftskammern als Körperschaften des öffentlichen Rechts abgeschafft werden, BOE Nr. 189 vom 9.8.1994.

➔   Richtlinie des Rates der Europäischen Union vom **26.10.1994** zum Schutz der Erwerber im Hinblick auf bestimmte Aspekte von Verträgen über den Erwerb von Teilzeitnutzungsrechten an Immobilien (94/47/EU), ABl. L 280/83 vom 29.10.1994 (Time–Sharing–Richtlinie).

➔   Gesetz über städtische Miet– und Pachtverträge, Ley de Arrendamientos Urbanos (LAU), Gesetz 29/1994 vom **24.11.1994**, BOE Nr. 282 vom 25.11.1994.

➔   Real Decreto über die Änderung einiger Artikel der Notar– und Hypothekenverordnung im Hinblick auf die Zusammenarbeit zwischen den Notariaten und den Eigentumsregistern zum Zwecke der Sicherheit des Immobiliarrechtsverkehrs (modificador de determinados artículos de los Reglamentos Notarial e Hipotecario sobre la colaboración entre las Notarías y los Registros de la Propiedad para la seguridad del tráfico inmobiliario), RD 2537/1994 vom **29.12.1994**, BOE Nr. 20 vom 24.1.1995.

➔   Real Decreto Legislativo 1/1995 vom **24.3.1995**, mit dem das Gesetz über die Arbeiterstatuten gebilligt wird, BOE Nr. 75 vom 29.3.1995.

➔   Verordnung über die Besteuerung bei Vermögensübertragungen und der Beurkundung von Rechtsgeschäften (Reglamento sobre el Impuesto de Transmisiones Patrimoniales y Actos Jurídicos Documentados — RITP), RD 828/1995 vom **29.5.1995**, BOE Nr. 148 vom 22.6.1995.

➔   Ley 19/1995 vom **4.7.1995**, zur Modernisierung der landwirtschaftlichen Nutzungen, BOE Nr. 159 vom 5.7.1995.

➔   Real Decreto 1561/1995 vom **21.9.1995** über besondere Arbeitszeitregelungen, BOE Nr. 230 vom 26.9.1995.

➔   Ley Orgánica 10/1995 vom **23.11.1995**, mit der das spanische Strafgesetzbuch grundlegend erneuert wurde, BOE Nr. 281 vom 24.11.1995.

➔   Gesetz über Gesellschaftsteuer, Ley 43/1995, vom **27.12.1995**, del Impuesto sobre Sociedades, BOE vom 28.12.1995.

➔   Prozeßkostenhilfegesetz, Ley de asistencia jurídica gratuita, vom **10.1.1996**, BOE Nr. 11 vom 12.1.1996.

➔   Real Decreto 314/1996 vom **23.2.1996** mit dem der Real Decreto 1081/1989 über die Anerkennung von Bescheinigungen und anderen Befähigungsnachweisen der Mitgliedstaaten sowie über die effektive Ausübung des Niederlassungsrechts und des Rechts auf freie Dienst-eistungen der Architekten geändert wird, BOE Nr. 64 vom 14.3.1996.

➔   Real Decreto 297/1996 vom **23.2.1996** über die Eintragung von Mietverträgen im Eigentumsregister, BOE Nr. 64 vom 14.3.1996.

➜ Real Decreto 1638/1996 vom **5.7.1996** über wirtschaftliche Transaktionen mit dem Ausland, BOE Nr. 165 vom 9.7.1996; Orden des Wirtschaftsministeriums vom **9.7.1996**, BOE Nr. 168 vom 12.7.1996 zum selben Thema sowie Resolution vom **9.7.1996** der Dirección General Política Comercial e Inversiones Exteriores, BOE Nr.168 vom 9.7.1996.

➜ Decreto, welches die Durchführungsverordnung zum Prozeßkostenhilfegesetz verabschiedet, Real Decreto 2103/1996, vom **20.9.1996** por el que se aprueba el reglamento de asistencia jurídica gratuita, BOE Nr. 231 vom 14. 9. 1996.

➜ Anweisung vom **2.12.1996** der Generaldirektion für Register und Notariate, BOE Nr. vom 17.12.1996.

➜ Gesetz 13/1996 vom **30.12.1996**, mit dem steuerliche, administrative und soziale Maßnahmen ergriffen werden, BOE Nr. 315 vom 31.12.1996.

➜ Real Decreto 537/1997 vom **14.4.1997** welches den Reglamento über die Gesellschaftssteuer billigt, BOE Nr. 98 vom 24.4.1997.

➜ Real Decreto 495/1997 vom **14.4.1997**, mit dem die Kompetenzen für städtische Liegenschaftskammern den Balearen zugewiesen werden, BOE Nr. 102.

➜ Decreto 65/1997 vom **21.5.1997**, mit dem die Comunidad Autónoma der Balearen die ihr zugewiesenen Kompetenzen über die städtischen Liegenschaftskammern annimmt, BOCAIB Nr. 65 vom 29.5.1997.

➜ Gesetz über Berufskammern, Ley 2/1974 vom 13.2.1974, BOE Nr. 40 vom 15.Februar, zuletzt reformiert durch das Gesetz 7/1997 vom **14.4.1997**, BOE Nr. 90 vom 15.4.1997.

➜ Real Decreto, welches die Ergänzungsnormen zur Durchführungsverordnung zum Hypothekengesetz über die Eintragung von Verfügungen städtebaulicher Natur im Grundbuchamt verabschiedet, Real Decreto 1093/1997, vom **4.7.1997**, por el que se aprueban las normas complementarias al reglamento para la ejecución de la Ley Hipotecaria sobre inscripción en el Registro de la Propiedad de actos de naturaleza urbanística«, BOE Nr. 175 vom 23.7.1997.

➜ Gesetz zur Telekommunikation, Real Decreto–Ley 1/1998 vom **27.2. 1998**, que establece el régimen jurídico de las infraestructuras comunes en los edificios para el acceso a los servicios de telecomunicaciones, BOE Nr. 51 vom 28.2.1998.

➜ Gesetz über Boden und Wertbestimmungen, Ley sobre Régimen del Suelo y Valoraciones (LRSV), Ley 6/1998 vom **13.4.1998**, BOE Nr. 89 vom 14.4.1998.

➜ AGB–Gesetz, Ley sobre Condiciones Generales de la contratación, Gesetz 7/1998, vom **13.4.1998**, BOE Nr. 89 vom 14.4.1998.

➜ Gesetz 25/1998, Ley de Modificación del Régimen Legal de las Tasas Estatales y Locales y de Reordenación de las Prestaciones Patrímoniales de Carácter Público, vom **13.7.1998**, BOE Nr. 167 vom 14.7.1998.

➜ Real Decreto 1867/1998 vom **4.9.1998**, welcher bestimmte Artikel des Reglamento Hipotecario modifiziert, BOE Nr. 233 vom 29.9.1998.

➜ Einkommensteuergesetz und andere steuerliche Normen, Ley del Impuesto sobre la Renta de las Personas Físicas y otras Normas Tributarias, Gesetz 40/1998, vom **9.12.1998**, BOE Nr. 295 vom 10.12.1998.

➜ Einkommensteuergesetz für Nichtresidente, Ley del Impuesto sobre la Renta de no Residentes y Normas Tributarias (LIRPFN), Gesetz 41/1998, vom **9.12.1998**, BOE Nr. 295 vom 10.12.1998.

➜ Time–Sharing–Gesetz, Ley sobre derechos de aprovechamiento por turno de bienes inmuebles de uso turístico y normas tributarias, vom **15.12. 1998**, BOE Nr. 300 vom 16.12.1998.

➜ Haushaltsgesetz für 1999, Presupuestos del Estado para 1999, Gesetz 49/1998, vom **30.12.1998**, BOE Nr. 313 vom 31.12.1998.

➜ Gesetz über Erbschaft– und Schenkungsteuer, Ley 29/1987, de 18 de diciembre de 1987, del Impuesto sobre Sucesiones y Donaciones, BOE vom 19.12.1987, zuletzt reformiert durch die Ley 49/1998 vom **30.12.1998**, BOE Nr. 313 vom 31.12.1998.

➜ Real Decreto, mit dem der Reglamento zur Einkommensteuer für Nichtresidente verabschiedet wird, Real Decreto por el que se aprueba el Reglamento del Impuesto sobre la Renta de no Residentes, RD 326/1999, vom **26. 2. 1999**, BOE Nr. 50 vom 27.2.1999.

➜ Gesetz 8/1999, welches das spanische Wohnungseigentumsgesetz reformiert, Ley de Reforma, vom **6.4.1999**, BOE Nr. 84 vom 8.4.1999.

➜ Real Decreto–Ley 6/1999 vom **16.4.1999**, mit dem dringende Maßnahmen zur Liberalisierung und Stärkung des Wettbewerbs erlassen werden, BOE Nr. 92 vom 17.4.1999.

➜ Real Decreto über ausländische Investitionen, Real Decreto sobre inversiones exteriores, RD 664/1999, vom **23.4.1999**, BOE Nr. 106 vom 4.5.1999.

Abogado — Rechtsanwalt, der sich um die Interessen seines Mandanten kümmert und den notariellen Kaufvertrag *(Escritura Pública de Compraventa)* vorbereitet.

Aceptación de herencia — Erbschaftsannahmeerklärung.

Agente de la Propiedad Inmobiliaria (API) — Mitglied einer Maklerkammer.

APIs — sind Immobilienmakler mit Kammerzugehörigkeit. Daneben gibt es die Institution der GIPES.

Arras — Handgeld oder Draufgabe. Wenn *Arras* vereinbart sind, kann der Vertrag in der Regel dadurch aufgelöst werden, daß der Käufer anerkennt, sie zu verlieren, oder der Verkäufer, sie doppelt zurückzuzahlen.

Arrendador — Vermieter.

Arrendatario — Mieter.

Asiento de Presentación — Grundbuchlicher Eingangsvermerk nach Vorlage der Escritura oder aber der notariellen Telefaxmitteilung an das Eigentumsregister hiervon.

Cédula de habitabilidad — Bewohnbarkeitsbescheinigung.

Cédula de calificación urbanística — eine von der zuständigen Gemeinde ausgestellte Bescheinigung über die Bebauungskoeffizienten eines Grundstücks.

Certificación Negativa de Residencia — Nichtresidentenbescheinigung, erforderlich für den Grundstückserwerb durch Nicht–Residenten.

Certificado final de obra — Architektenbescheinigung über die Beendigung der Bauarbeiten.

Comunidad de Propietarios — Eigentümergemeinschaft.

Condición resolutoria — Auflösende Bedingung in einem Vertragsverhältnis, wenn bestimmte Voraussetzungen nicht erfüllt werden.

Contrato — Vertrag.

Contrato de Arrendamiento — Mietvertrag.

Contrato de obra — Werkvertrag.

Contrato de opción — Optionsvertrag. Dieser bindet den Verkäufer und gibt dem Käufer gegen Zahlung eines zumeist 10%igen Optionsbetrages das Recht, innerhalb des Optionszeitraums die Option für ein Immobilienprojekt auszuüben.

Contrato privado de compraventa — privatschriftlicher Kaufvertrag, der die Vertragsparteien bereits bindet.

Declaración de Obra Nueva — Neubauerklärung. Diese ist in notarieller Form zu erklären, wenn das Grundstück bebaut worden ist.

Demanda — Klage.

Denuncia — Strafanzeige.

Derecho de tanteo / retracto — Vorkaufs– und Rückkaufsrecht, das z.B. Mietern zusteht aber auch bei ländlichen Grundstücken zu berücksichtigen ist.

Embargo — Pfändung eines Grundstücks, wodurch das Verfügungsrecht des Inhabers betroffen ist.

Escritura Pública de Compraventa — Synonym für notariellen Kaufvertrag, wenngleich das Wort *Escritura* allein nur "öffentliche Schrift" bedeutet.

Expediente de dominio — Gerichtsverfahren zwecks Ersteintragung als Eigentümer eines im Grundbuch bisher nicht registrierten Grundstücks oder aber zur Korrektur der im Grundbuch zu gering angegebenen Grundstücksgröße.

Fianza — Kaution, Bürgschaft.

Finca — Liegenschaft, wird oft auch verwendet für ein bebautes Grundstück.

Hacienda — Finanzamt.

Herencia — Erbschaft.

Hipoteca — Hypothek. Die Grundschuld existiert nicht in Spanien.

IBI *(Impuesto sobre bienes inmuebles)* — Gemeindliche Grundsteuer.

Impuesto sobre Actos Jurídicos Documentados — Stempelsteuer, etwa bei einer Zusammenlegung oder Teilung von Grundstücken (0,5%).

Impuesto de transmisiones patrimoniales — Grunderwerbsteuer.

Impuesto municipal sobre el incremento del valor de los terrenos de naturaleza urbana — Gemeindliche Wertzuwachsteuer, populärer Ausdruck: *Plusvalía.*

Impuesto sobre el patrimonio — Vermögensteuer.

IPC — Preisindex für Konsumgüter, die Mieten werden in der Regel alljährlich dem IPC angepaßt.

IRPF (auch kurz *Renta* genannt) — Einkommensteuer.

IVA *(Impuesto sobre el valor añadido)* — Mehrwertsteuer.

LAU *(Ley de Arrendamientos Urbanos)* — Spanisches Mietrechtsgesetz.

Licencia de obras — Bauerlaubnis.

Linderos — Grenzen eines Grundstücks.

NIE *(Número de identificación de extranjeros)* — Ausländersteuernummer.

NIF *(Número de identificación fiscal)* — Steuernummer.

No residente — Gebietsfremder mit Wohnsitz im Ausland.

Nota simple informativa — Unbeglaubigter Grundbuchauszug.

Notario — Spanische Urkundsperson. Zuständig u.a. für öffentliche Kaufverträge und Hypotheken.

Plusvalía — Gemeindliche Wertzuwachssteuer. Siehe auch *Impuesto sobre el incremento del valor de los terrenos de naturaleza urbana.*

Poder — Vollmacht. Vielfacht werden Objekte mittels Vollmachten verkauft oder gekauft *(Poder para vender, Poder para comprar).*

Precontrato — Vorvertrag.

Prescripción — Verjährung.

Propiedad Horizontal — Wohnungs– und Geschäftsraumeigentum aufgrund des Gesetzes Nr. 49/1960, reformiert durch das Gesetz Nr. 8/1999.

Ratificación — Genehmigung.

Registro de la Propiedad — Grundbuchamt.

Representante Fiscal — Steuerlicher Vertreter.

Saneamiento — Gewährleistungsansprüche bei Mängeln der Kaufsache.

Segregación de Fincas — Abtrennung einer Parzelle vom Muttergrundstück.

Servidumbre — Dienstbarkeit, z.B. Wegerecht eines Dritten etc.

Solar — Baugrundstück.

Suelo rústico — Landwirtschaftlich nutzbarer Boden.

Suelo urbano — Städtischer Boden.

Suelo urbanizable — Urbanisierbarer Boden.

Suelo no urbanizable — Nicht urbanisierbarer Boden mit nur geringer Aussicht auf Bebauung.

Tarjeta de residencia — Aufenthaltsgenehmigung.

Usufructo — Nießbrauch.

Valor catastral — Katasterwert, steuerlicher Wert des Objekts.

G. Wichtige Regeln zum Immobilienkauf in Spanien

✗ Eine Checkliste für den Käufer ✗

1. Lassen Sie sich das Eigentumsrecht Ihres Vertragspartners durch Vorlage seines notariellen Kaufvertrages *(Escritura Pública de Compraventa)* mit Eintragungsvermerk des Grundbuchamtes *(Registro de la Propiedad)* und durch Grundbuchauszug nachweisen.

2. Bevor Sie schriftlich oder mündlich etwas vereinbaren (auch mündliche Verträge können nach spanischem Recht gültig sein), vergewissern Sie sich genau über das ins Auge gefaßte Objekt, insbesondere über folgendes:

a) Ist der Eigentümer alleinverfügungsberechtigt oder bedarf es zur Wirksamkeit des Vertrages der Zustimmung seines Ehegatten? Falls der Verkäufer nicht der Eigentümer ist, ist die Vollmacht zu prüfen;

b) Belastungen;

c) Baulandqualität;

d) Gemeindliche Bebauungspläne;

e) Bestehen von Miet– und Pachtverträgen hinsichtlich der Liegenschaft;

f) Steuerschulden, für die die Liegenschaft haftet; so sollten insbesondere die Zahlungsbelege für die *Grundsteuer (IBI — Impuesto sobre Bienes Inmuebles)* der letzten fünf Jahre vorgelegt werden. Auf diese Weise erfahren Sie zugleich die Höhe der künftig von Ihnen zu entrichtenden Grundsteuer;

g) Umlagenrückstände, sofern das Objekt dem Wohnungseigentumsgesetz unterfällt;

h) Überprüfung der Grundstücksgröße und –grenzen;

i) Kaufen Sie ein Grundstück mit Haus, sollten Sie Wert darauf legen, daß das Haus auch im Grundbuch eingetragen ist und sich durch Vorlage der letzten Wasser– und Stromrechnungen oder der Bewohnbarkeitsbescheinigung vergewissern, daß es keine Probleme mit der Wasser– und Stromversorgung geben wird.

3. Formularverträge sind zwar leicht auszufüllen, verheißen aber meist nur Gutes für den Vertragspartner, der das Formular entworfen hat. Ausgewogene Individualverträge verursachen indes häufig Kopfzerbrechen. Das Bestehen auf Individualvereinbarungen kann zugegebenermaßen die Stimmung bei den Vertragsverhandlungen beeinflussen, verändert aber zumeist auch entscheidend deren Ergebnis.

4. Lassen Sie sich auch anscheinend nebensächliche Zusicherungen und offensichtliche Selbstverständlichkeiten schriftlich von ihrem Vertragspartner bestätigen. Vereinbaren Sie stets im Vertrag, welches Recht Anwendung finden soll.

5. Denken Sie bei Vermögensdispositionen stets an das Motto: Vertrauen ist gut, Sicherheit besser; welche Garantien werden geboten, damit das Versprochene und vertraglich Vereinbarte — notfalls auch gerichtlich — durchgesetzt werden kann?

6. Bestehen Sie als Käufer auf umgehenden Abschluß eines notariellen Kaufvertrages *(Escritura Pública de Compraventa)* und Ihrer Eintragung als Eigentümer im Grundbuch, selbst wenn Ratenzahlungen vereinbart sind.

7. Wird ein im Bau befindliches, noch nicht fertiggestelltes Objekt aufgrund von Ratenzahlungen vom Bauträger gekauft, so ist seitens des Verkäufers der Nachweis zu erbringen, daß hinsichtlich der Ratenzahlungen eine Versicherung oder Bankbürgschaft abgeschlossen worden ist.

8. Bei Baugrundstücken ist darauf zu achten, daß sie Baulandqualität haben und die Mindestgröße für eine spätere Bebauung erfüllen.

9. Man sollte sich über die mit dem Grundstückserwerb verbundenen Steuern und Kosten informieren. Zur groben Orientierung kann gesagt werden, daß sich die Kosten eines Immobilienerwerbs (Notar, Grundbuchamt und Rechtsanwalt oder Gestor) auf ca. 3 bis 4% des notariellen Kaufpreises belaufen. Diesem Betrag ist sodann noch je nach Fall die 6%ige Grunderwerbsteuer oder die 7% bzw. 16%ige Mehrwertsteuer hinzuzufügen. In diesem Zusammenhang sei daran erinnert, daß die Verkäufer häufig auch die Bodenwertzuwachssteuer *(Plusvalía)* auf den Käufer vertraglich abwälzen.

Ferner sollte sich der Käufer bei einem in Spanien nicht ansässigen Verkäufer vor vollständiger Kaufpreiszahlung informieren, ob der Steuereinbehalt in Höhe von 5% vorzunehmen ist oder nicht.

10. Auch bei anscheinend einfach gelagerten Fällen ist es für einen Ausländer ratsam, vor Vertragsabschluß einen sachkundigen Berater hinzuzuziehen. Sein Honorar beträgt nur einen Bruchteil des Schadens, der durch einen unredlichen Vertragspartner oder einen fehlerhaften Vertrag verursacht werden kann.

Immerschmitt

Die Haftung des Bauunternehmers für Mängel

Eine rechtsvergleichende Studie zum spanischen und deutschen Recht

€ 38,-

edition für internationale wirtschaft
Frankfurt a. M. 1999

H. Was bei einem spanischen Immobilienverkauf zu beachten ist

✗   Eine Checkliste für den Verkäufer   ✗

Überprüfung des Grundbuchs

Ein Vergleich der Ist–Situation mit der des Grundbuches zeigt häufig, daß keine Übereinstimmung besteht. Beispielsweise ist das spanische Grundbuch *(Registro de la Propiedad)* nach dem Tod eines Ehepartners oder eines Elternteils nicht umgeschrieben worden, so daß der Erbe nicht ohne weiteres über das Objekt verfügen kann. Es ist zuvor die Erbschaftsannahme in notarieller Form zu erklären, und die Erbschaftsteuern sind zu entrichten. Bei Scheidung von Ehepartnern wird häufig in dem Scheidungsfolgenvergleich vereinbart, daß das bisher auf beide Ehepartner eingetragene spanische Grunstück im Rahmen der Vermögensauseinandersetzung nunmehr einem allein gehören soll. Auch hier ist darauf zu achten, ob diese Umschreibung, die häufig schwierig zu gestalten ist, durchgeführt worden ist.

Da in Spanien der Eigentumserwerb an Immobilien auch durch privatschriftlichen Vertrag in Verbindung mit der Übergabe möglich ist, wohingegen in Deutschland die Eintragung im Grundbuch rechtsbegründend ist, wird beim Kauf nicht immer mit der notwendigen Sorgfalt darauf geachtet, ob der Eigentümer tatsächlich im Grundbuch eingetragen ist. Dies läßt sich durch Anforderung eines Grundbuchauszuges feststellen. Dieses 'Röntgenbild' zeigt an, ob es hinsichtlich des Grundbuchs Schwierigkeiten rechtlicher Art geben wird, wenn der Käufer tatsächlich gefunden ist. Bisweilen ist festzustellen, daß sich längst gelöschte Hypotheken immer noch im Grundbuch befinden. Hier muß notfalls mit der Bank über die Löschungsbewilligung verhandelt werden.

Überprüfung des Handelsregisters

Ist Eigentümerin der zu verkaufenden Immobilie eine Gesellschaft, ist häufig festzustellen, daß sich die Gesellschafter in der Vergangenheit nicht um die Unterhaltung der Gesellschaft gekümmert haben. So stellt sich bei der Vertragsvorbereitung bisweilen heraus, daß das Amt des Geschäftsführers ausgelaufen ist und auch das Handelsregister mangels Vorlage der Jahresbilanzen geschlossen worden ist.

Grundstücksgröße richtig angegeben?

In Spanien stimmen die im Grundbuch angegebenen Grundstücksgrößen oft nicht mit der Wirklichkeit überein. Wenngleich die wahre Größe und nicht die im Grundbuch angegebene maßgeblich ist, wird hierdurch häufig ein potentieller Käufer verunsichert. Im Rahmen eines sogenannten *Expediente de Dominio*–Verfahrens kann man erreichen, daß die wirkliche Grundstücksgröße auch in das Grundbuch gelangt.

Beim genauen Studium eines Grundbuchauszugs ist es schon vorgekommen, daß ein dem Eigentümer nicht bekanntes *Embargo* (Sicherungsarrest) festgestellt worden ist. Dies kann beispielsweise vorkommen, wenn die Steuern nicht bezahlt oder von der Finanzverwaltung nicht verbucht sind.

Aus dem Grundbuchauszug ist auch ersichtlich, ob ein auf dem Grundstück errichtetes Haus im Grundbuch eingetragen ist. Dies erfolgt durch notarielle *Neubauerklärung (Escritura Pública de Declaración de Obra Nueva)*. In dieser Urkunde wird das Objekt im einzelnen beschrieben. Diese Urkunde und ihre Eintragung im Grundbuch sind für einen Verkauf unbedingt erforderlich, weil der Erwerber schließlich kein Baugrundstück kauft, wie es möglicherweise noch im Grundbuch beschrieben ist, sondern ein Hausgrundstück.

Achtung bei Strandgrundstücken!

Bei Strandgrundstücken ist mit Blick auf das spanische Küstengesetz immer die Stellungnahme der zuständigen Küstenbehörde einzuholen, bevor der neue Eigentümer im Grundbuch eingetragen wird. Liegt etwa das Haus ganz oder teilweise zu nahe am Strand *(zona marítima terrestre)*, wird das bisher für den Verkäufer eingetragene Eigentum nicht in dieser Weise auf den Erwerber umgeschrieben; es kann in diesen Fällen durchaus vorkommen, daß aufgrund der Gesetzeslage der Erwerber lediglich ein dreißigjähriges Nutzungsrecht wegen zu großer Strandnähe erwirbt. Bei einem Baugrundstück in Strandnähe sollte bereits im Vorfeld abgeklärt werden, ob die Bebauung des Grundstücks mit den Bestimmungen zum Küstenschutz vereinbar ist.

Verkäufersteuern

In steuerlicher Hinsicht muß der Verkäufer wissen, daß der Käufer in der Regel 5% des Kaufpreises einzubehalten und innerhalb von einem Monat nach notarieller Beurkundung beim spanischen Fiskus *(Delegación de Hacienda)* zu hinterlegen hat, wenn er aus spanischer Sicht ein sogenannter *no residente* (Gebietsfremder) ist. Der Steuereinbehalt ist ausnahmsweise dann nicht vorzunehmen, wenn der in Spanien nicht ansässige Verkäufer die Immobilie zum 31.12.1996 bereits 10 Jahre in seinem Eigentum hatte und seitdem auch keine Neu–, Um– oder Anbauten vorgenommen hat. Die Abführung der 5% durch den Käufer erfolgt im voraus auf die vom Verkäufer infolge des Grundstücksverkaufs zu entrichtende Einkommensteuer in Höhe von 35% auf den Nettogewinn. So trifft den in Spanien nicht residenten Verkäufer die Pflicht, innerhalb von drei Monaten die definitive Steuererklärung zu dem Grundstücksverkauf abzugeben und ggf. noch Nachzahlungen zu entrichten. Unter Umständen erhält der Verkäufer aber auch von den einbehaltenen 5% etwas zurück. Die dreimonatige Frist beginnt zu laufen, sobald die 1–Monatsfrist zur Abführung des 5%igen Einbehalts abgelaufen ist. Nach spanischem Steuerrecht beträgt die Spekulationsfrist 10 Jahre, so daß der spanische Staat den Zugewinn abschöpft, der seit dem Erwerb des Grundstücks abzgl. der Erwerbskosten, Amortisation, Inflationsausgleich etc. entstanden ist.

Darüber hinaus besteht eine gemeindliche Wertzuwachssteuer *(Plusvalía)*, die den Wertzuwachs des Bodens ohne Aufbauten besteuert. Diese Steuer hat der Verkäufer als derjenige zu entrichten, der den Wertzuwachs tatsächlich oder buchmäßig erzielt hat. Häufig wird aber mit dem Käufer über diesen Punkt eine anderslautende Regelung im Rahmen des Kaufvertrages geschlossen, etwa in der Weise, daß man sich diese Steuer teilt oder der Käufer hierfür aufkommt.

Vertragsabwicklung im Ausland

Die Zahlung des Kaufpreises für die spanische Liegenschaft muß nicht unbedingt in Spanien erfolgen; im Rahmen der Kapitalverkehrsfreiheit innerhalb der EU ist es durchaus zulässig, die Abwicklung des Kaufvertrages selbst im Ausland vorzunehmen.

Als Verkäufer sollte man Wert darauf legen, daß nach Möglichkeit der gesamte Kaufpreis bei Protokollierung des notariellen Kaufvertrages gezahlt oder die Sicherheit der Zahlung gewährleistet ist, etwa durch Hinterlegung auf einem Rechtsanwaltsanderkonto.

Wird dennoch ein notarieller Ratenkaufvertrag abgeschlossen, sollte sich der Verkäufer entsprechende Sicherheiten einräumen lassen, z.B. Restkaufpreis–Hypothek oder Vertragsauflösungklausel *(cláusula resolutoria)*. Zusätzlich sollte der Käufer verpflichtet werden, eine Gebäudeversicherung abzuschließen, in der der Verkäufer so lange als Begünstigter eingesetzt wird, bis der Kaufpreis vollständig getilgt wird.

Gehört das spanische Grundstück verschiedenen Miteigentümern und ist beispielsweise einer von diesen, etwa durch dauernde Krankheit oder durch einen ständigen Auslandsaufenthalt, an der Mitwirkung bei der notariellen Vertragsverhandlung verhindert, so sollte dieser einem der übrigen Miteigentümer eine entsprechende notarielle Verkaufsvollmacht erteilen. Eine ins Spanische übersetzte deutsche notarielle Verkaufsvollmacht ist mit der Apostille zu versehen, wonach eine nationale Urkunde gewissermaßen internationalisiert wird, d.h. auch im Ausland Gültigkeit erlangt.

I. Stichwortverzeichnis

Edition für internationale Wirtschaft

Der deutsch-spanische Fachverlag
für Recht und Wirtschaft

Wir sind von Kopf bis Fuß auf Spanien eingestellt

Edition für internationale Wirtschaft

Verlagsauslieferung: Postfach 1425
D-61284 Bad Homburg
Tel. 061 72/94 17 05   Fax: 061 72/94 17 06
e-mail: info@edition-spanien.de

Bücher über Spanien

Almanach Spanien - Kalender zu Kultur und Alltag.
ISBN 3-934377-02-5 (Ausgabe 2002) Fotos. Kart. Taschenkalender. Euro 8.-

Winfried Jenior: Tapas - Spezialitäten aus Spanien. Vorwort von Juan Madrid
ISBN 3-928172-46-8, 6. Aufl. 160 S. Farbfotos. Glossar. Kartoniert. Euro 8.-

Juan Goytisolo: La Chanca Dt. von Einar Schlereth, Nachwort v. Felix Hofmann
ISBN 3-934377-31-9, Fotografien von Carlos Pérez Siquier, 198 S. Euro 18.-

Juan Goytisolo: Campos de Níjar
Dt. von Einar Schlereth, Nachwort v. Felix Hofmann
ISBN 3-934377-32-7, ca. 200 S. Fotos. Erscheint Anfang 2002

Gerald Brenan: Südlich von Granada
ISBN 3-928172-51-4, Dt. v. Winfried Jenior, 368 S. Fotos. Gebunden. Euro 17.-

Gerald Brenan: Das Gesicht Spaniens
Bericht von einer Reise durch den Süden
ISBN 3-9801438-9-9, Dt. v. Felix Hofmann, 300 S. Kartoniert. Euro 17.-

Ian Gibson: Lorcas Granada
Ein Führer durch das heutige Granada - auf den Spuren von Federico García
Lorca   Dt. v. Ingrid Mylo und Felix Hofmann
ISBN 3-928172-14-X, 230 S. Fotos. Pläne. Gebunden. Euro 17.-

Peter Hilgard: Der maurische Traum. Dimensionen der Sinnlichkeit in al-
Andalus. ISBN 3-928172-77-8, 240 S. Gebunden. Fotos. Euro 17.-

Felix Hofmann (Hg.): Andalusische Ansichten. Lesebuch nicht nur für Rei-
sende ISBN 3-928172-79-4, 240 S. Gebunden. Euro 17.-

Spanien Direkt. 4000 Adressen aus den Bereichen Kultur, Politik und Wirtschaft.
ISBN 3-934377-36-X, ca. 260 S. Fotos. Ersch. Ende 2001, Euro 14.-

Johannes Schmid: Spanische Fischküche. Zeichn. von Johannes Schmid
ISBN 3-934377-33-5, 240 S. Kartoniert. Erscheint Ende 2001, Euro 14.-

Rolf Neuhaus: Fiestas – Spanien im Festrausch
Kalender mit mehr als 800 Fiestas
ISBN 3-934377-30-0, 304 S. tlw. farbigen Fotos Kartoniert. Euro 14,-

Eugen Heinen: Sephardische Spuren. Reiseführer durch die Judenviertel in
Spanien und Portugal
Band I ISBN 3-934377-34-3, 256 S. kartoniert, Euro 14,-
Band II erscheint Ende 2001, ISBN 3-934377-35-1, ca. 500 S. kart. Euro 34,-

VERLAG WINFRIED JENIOR
Lassallestr. 15, D-34119 Kassel
Tel.: 0561-7391621, Fax 0561-774148
e-mail: jenior@aol.com   www.jenior.de

Schomerus

€ 24,-

TIME-
SHARING
IN SPANIEN

edition für internationale wirtschaft
Frankfurt a. M. 1999

ERSTE ADRESSE.

Buchen Sie den Platz mit den besten Erfolgsaussichten im Ferien- und Auslands-Immobilienmarkt.
Die Kombination WELT und WELT am SONNTAG bietet Ihnen am Wochenende im großen Immobilienmarkt deutschlandweit unerreichte Vorteile:

• 2,87 Mio. Leser (AWA 2001)
• Hohe Farbigkeit
• Große Themenvielfalt
• Umfassende Informationen auf vielen Sonderthemenseiten

Nutzen Sie das einmalige Potenzial der Kombination für Ihren Anzeigenerfolg
im Ferien- und Auslands-Immobilienmarkt.
**Weitere Informationen erhalten Sie telefonisch unter 0 40/3 47 - 2 44 91
oder per Fax: 0 40/3 47 - 2 73 30**

DIE ANZEIGENKOMBINATION.